Frank Jankowski | Letter oder die Verrückung des Alltags

Das Buch

Die Verrückung des Alltags auf der Suche nach dem letzten Augenblick, nach dem was bleibt von der Großen Liebe.

In Letter, einem Vorort von Hannover, kann man nicht erwachsen werden, nur alt. Deshalb flieht Hermann nach München, wo er Svetlana begegnet, einer lettischen Pianistin. Hermann will Svetlana, und er wird sie verlieren, denn in ihrer Liga enden Familientragödien nicht bei pro familia, sondern in europäischen Geschichtsbüchern.

Er zieht weiter nach Berlin. Doch die Wende ist eine schlechte Zeit für Gerechte.

Bis er sich erneut verliebt. Hermann zeugt ein Kind, setzt seine Beziehung in den Sand, schlittert in eine Obsession, wird verlassen, von seinen Freunden, von allen guten Geistern und verlegt sein Leben mehr und mehr in einen Brief an seine Große Liebe Svetlana.

Mit Beendigung des Briefes ist Hermann vollständig isoliert und zermürbt. Als wäre er Jahr um Jahr sitzen geblieben in der riesigen Klasse eines ungeheuren Dorfgymnasiums.

Aber einmal will er beweisen, dass das Leben ein Kunstwerk ist. Ein Gesamtkunstwerk aus Verve, Präzision und Mut. Hermann hat nichts mehr zu verlieren. Er wird seine Jugendliebe Svetlana aufspüren, sie entführen und ihr den Brief vorlesen. Sechs Tage vor Silvester. In einer abgelegenen Jagdhütte.

Frank Jankowskis Roman ist ein packendes und geistreich-komisches Portrait einer Liebe in den Zeiten des Umbruchs. Manchmal sind es die angeblichen Verlierer, die aus der Krise als Sieger hervorgehen.

Der Autor

Frank Jankowski, 1963 in Gifhorn geboren, studierte in München und Berlin u.a. Philologie und Theaterwissenschaften. Der passionierte Foto-Designer schreibt Bühnenstücke und Drehbücher. »Letter oder die Verrückung des Alltags« ist sein erster Roman. Er lebt und arbeitet in Berlin.

Frank Jankowski

Letter
oder die Verrückung
des Alltags

Roman

Kato Kunst & Verlag
Berlin

1. Auflage 2007

© by Kato Kunst & Verlag, Berlin 2007
ALLE RECHTE VORBEHALTEN

Coverdesign: Jin-A Ryou
Lektorat: Britt Somann
Satz: Andreas Hoffmann, Berlin
Druck & Bindung: Elbe Druckerei Wittenberg GmbH
Printed in Germany

ISBN 978-3-938572-04-7

info@kato-verlag.de
www.kato-verlag.de

Für Helena Karlotta

Einstimmung
An der Schlange der Adoleszenz vorbei

Bitte lecken Sie Ihre Finger nicht an.

Jetzt ist es zu spät. Es wird immer zu spät sein.

Haben Sie eigentlich nichts Besseres zu tun?

Sorgen Sie für Ruhe!

Natürlich sind Sie nicht von der Polizei. Sie träumten davon, mit Gewalt über die Gesellschaft zu herrschen. Und weil das in der Wirklichkeit nicht so einfach ist wie im Film, sind Sie das Gegenteil geworden.

Zum Richten sind wir immer bereit, nicht wahr? Wie zum Huren…

Na schön. Bilden Sie sich ein Urteil. Aber biegen Sie die Seiten nicht so weit auf.

Noch mal von vorn:

Der Sklave, ohne den es Hermann Strauchler – so – gar nicht gäbe, gehörte Hermanns Urururgroßeltern, die, mit Kautschukhandel reich geworden, nach Brasilien ausgewandert waren.

Dort wurde Marta, die jüngste Tochter der Auswanderer und zugleich Hermanns Uroma, eines Tages von einer Korallenschlange bedroht. Der besagte Sklave kommt dem Mädchen zu Hilfe, packt die Giftnatter, um sie unschädlich zu machen, erwischt aber nur den Schwanz des Reptils, der haargenau wie der Kopf aussieht, und wird in die Hand gebissen.

Korallenschlangen machen das so, das ist ihr Trick.

Der Eingeborene wusste das offenbar nicht. Was er weiß: Dass es aus ist. Dass jede Hilfe zu spät kommen wird. Dass er noch genau so lange leben wird, wie sein Blut braucht, um das Schlangengift ins Herz zu pumpen und dessen unermüdliche Muskulatur für immer vom Arbeiten abzuhalten, es sei denn...

Ein aberwitziger Gedanke befällt den Leibeigenen der Strauchlers und soll nur einen Atemzug später seine Umsetzung erfahren:

Er packt die Machete, die er sonst zum Freischlagen der Kautschukpflanzen benutzt, legt seinen Unterarm auf eine sich aufbäumende Wurzel, taxiert das gebissene Gliedmaß und trennt es sich oberhalb des Ellenbogengelenks mit einem virtuosen Hieb vom Rumpf ab.

Und Marta erzählt diese Geschichte später ihrer Tochter.

Und diese wiederum ihrem Enkel Hermann, als er etwa zehn Jahre alt ist und mit Schüttelfrost auf ihrer Couch liegt – spreizbeinig auf den Notarzt wartend, weil er sich beim Klettern über einen Zaun den Hoden aufgespießt hat.

Das Wort »Hoden«, das ihm zuvor nicht unbedingt fremd, aber auch nicht gerade vertraut gewesen ist, wird er ab sofort mit Ehrfurcht gebrauchen.

Eine wesentliche Rolle müssen sie spielen, diese beiden Tollkirschen, und einen direkten Draht zum Kopf müssen sie haben. Vielleicht so etwas wie ausgelagerte kleine Zusatzgehirne oder Ersatzaugäpfel. Jedenfalls können sie ausgesprochen faszinierende Schmerzen bereiten.

Dass sie auch etwas ganz anderes können, findet Hermann Strauchler sechs Jahre später heraus. In den Sommerferien. Die er zum ersten Mal allein zu Hause verbringen darf, während Mutter Strauchler in den beiden dänischen Meeren badet, und zwar genau dort, wo ihre Vorfahren sich mit den Engländern die furchtbarste Seeschlacht aller Zeiten geliefert haben.

Hermann ist nicht allein. Sein Freund Cord ist gerade von Menorca zurückgekommen. Per Flugzeug. (Cord ist schon oft geflogen, Hermann noch nie – Dänemark ist einfach zu nah).

Die beiden sitzen also auf dem Balkon, und Cord erzählt von seiner Urlaubsbekanntschaft. Und diese Urlaubsbekanntschaft erblüht in Hermanns Fantasie zum begehrenswertesten Wesen, das er sich vorstellen kann. Ein Fabelgeschöpf von nymphenhafter Anmut und sommerfrischem Gemüt. Achtzehn Jahre, zwei Jahre älter als er selbst. Und schlank und braungebrannt sei sie gewesen. Und noch dazu eine Französin. Und Cord hat es mit ihr getan. Am Strand. Oft.

Der Bericht weckt in Hermann Strauchler ein Verlangen, das eigentlich schon lange nicht mehr richtig geschlafen hat. Sein Freund spürt das und blickt ihn an, als wisse er Rat. »Wie viel Kohle kannst du locker machen?«

Mutter Strauchler hat ihrem großen Jungen eine volle Kühltruhe und fünfzig Mark hinterlassen, und Cord erstellt ein Finanzierungsgutachten, wonach diese Mittel bei weitem hinreichen. Er ist mit diesem Talent gesegnet, andere Menschen davon zu überzeugen, dass sie unbedingt etwas wollen, wovon er selbst viel mehr will, dass sie es wollen.

Und so nehmen sie das Haushaltsgeld und machen sich auf.

DIE DURCH DIE HÖLLE GEHEN ist in jenen Tagen angelaufen; Hermann sieht das Plakat mit Robert de Niro: Sniperstrickmütze auf dem Kopf, Jagdgewehr in den Händen, das Grauen vor Augen. Überlegt noch, ob er nicht doch lieber...

Sie sind am Fußgängereingang der Ludwigstraße angekommen.

Hinter einer drei Meter hohen Wand aus Graffitibeton sind Pinkelbecken angebracht. Der radioaktive Uringeruch

markiert eine Art Bannmeile, und das Ensemble der vier
Keramiktrichter erinnert Hermann an eine Erschießungsmauer. Und als er davor steht, neben ihm der Freund, und
sie beide ihre Duftmarken setzen, betrachtet er das Leben
in seiner Hand, als sähe er es zum letzten Mal.

Die Ludwigstraße ist auf der einen Seite eine Fabrikmauer. Auf der anderen ist sie ein nach Rassen getrenntes
Terrarium weiblicher Ungeniertheit.

Ein dämmerlichtiges Panoptikum bürgerlicher Überdrüssigkeit.

Eine Menagerie falsch verstandener Kosmetik.

Ein Kabinett femininer Ambivalenz.

Eine Beischlafzentrale.

Cord bezwingt das Lampenfieber wie ein alter Theatermime. Kaum hat er seinen Hosenstall – vorübergehend –
geschlossen, schlendert er die beleuchteten Vitrinen entlang,
als sei er der Kurator dieses Museums. An jedem Schaufenster hält er ein kleines Schwätzchen, verhandelt, lacht,
duzt.

Hermann selbst geht die Sackgasse zweimal auf und
wieder ab, ohne seinen Schrittrhythmus zu verändern. Er
schämt sich. Sein Freund nicht. Der nimmt ihn beiseite
und fragt aufgeregt, wie ihm die Tigerlily im drittletzten
Fenster gefallen habe. Hermann geht hin, sie zu betrachten. Keiner musterte eine Berufsmäßige je unauffälliger.

Anerkennung: Cord hat Geschmack. Den teuersten von allen.

Man will sich für später verabreden, doch die Verständigung ist fahrig, gleitet ins Ungefähre, und schon ist Cord im Eingang des drittletzten Fensters verschwunden.

Hermann Strauchler tritt an das Schaufenster heran, dessen Insassin er schon beim ersten Abschreiten auserkoren hat. Sie ist die einzige, die ihn beim Vorbeigehen nicht herangewunken, nur angesehen hat. Ein sanfter, gerader Blick. Sie ist wesentlich älter als er, aber auch wesentlich jünger als etwa seine Mutter. Ähnlich gebaut wie die Unterwäsche-Trägerinnen in der Zeitschrift, die seine Großmutter immer enträtselt. Bescheiden geschminkt. Sitzt in einem Flokatisessel. Ihre Haut ist heller als die ihrer Kolleginnen. Sie raucht. Sie ist entspannt. Sie lächelt milde, kippt das Fenster auf.

»'N Abend. Hast du Lust, mal reinzukommen?«

Hermann zögert.

»Ich müsste erst wissen, was das kostet.«

Eigentlich findet er es unangemessen, dieser Frau Forderungen zu stellen, aber sie nimmt daran keinerlei Anstoß.

»Kommt drauf an, was du möchtest.«

»Na ja, ich möchte... also ich weiß nicht so recht, wie ich das formulieren soll. ›Mit dir schlafen‹ ist wahrscheinlich nicht das richtige Wort...«

Eigentlich bedeutet es sogar das Gegenteil von dem, was gemeint ist, wird Hermann Strauchler später wissen.

Man ist doch wach dabei, immer wacher, hellwach.

In Johann Heinrich Zedlers 68-bändigem Universallexikon von 1734 steht es mit Doppel-F:

»Beischlaff heisset die fleischliche Vermischung des männlichen Geschlechts mit dem weiblichen, welche allen bekannt ist...«

Hermann wird sich diesen Zedler im Rüschenhemd mit Pludermanschetten vorstellen. Über dem Hemd eine lange braune Weste und einen Schoßrock, so sitzt der königlich preußische Lexikograph in einer dunkelhölzernen Schreibstube und denkt darüber nach, wie man den Begriff »Beischlaff« definieren kann, ohne Anstoß zu erregen. »Die fleischliche Vermischung, welche allen bekannt ist« – wie zeitlos. »Sonst ist anzumerken«, hat der Mann noch geschrieben, der Hermanns Ururururgroßvater sein könnte – Hermann Strauchler hat vierundsechzig davon und kennt von keinem einzigen den Beruf – »Sonst ist anzumerken, dass von dem allzu häufigen Genuss des Beischlaffes große Krankheiten entstehen, doch man sich nicht weniger viele Ungelegenheiten zuziehen kann, wenn man solchen ganz und gar unterlässt.«

Miteinander schlaffen!... Nein, dann schon lieber »Geschlechtsverkehr«, wenn das auch irgendwie schlecht und verkehrt klingt, und wenn auch mit »Verkehr« kaum jemand eine malerische Landstraße meint, auf der zwei Automobile einander begegnen, sondern vielmehr ein unüberschaubares Gewirr von über- und untereinander verlaufenden, sich kreuzenden, sich ineinander verwickelnden, parallelen und windschief zusammengeführten Asphaltbahnen und Betonpisten, auf denen Tausende von zum Verwechseln ähnlichen Kraftfahrzeugen sich unter einer Dunstglocke träge dahinschleppen.

Hermann Strauchler wird die meisten Wörter ablehnen, die zur Abgrenzung der Geschlechter erfunden worden sind. Eigentlich alle. Erst recht diejenigen, die die Überwindung dieser Abgrenzung ausdrücken. – »Orgasmus«! – Nach einer Unannehmlichkeit klingt das ja geradezu.

Weshalb? Drückt ein ganzes Volk solch eine Sache durch ein ausländisches Wort aus? Was ist das für eine Sprache, die zum Ausdruck höchster Wonne fremde Wortschätze anpumpt? Warum hat man sich kein eigenes Wort ausgedacht, so wie man sich für negative Beschleunigung »bremsen« ausgedacht hat? Hermann wird sich das nicht erklären können. Ist da irgendwann einmal ein Grieche gekommen und hat einer Deutschen das Wort beigebracht? »Avtó ine Orgasmo!« Oder eine Griechin einem Deutschen? Haben denn die Deutschen bis dahin keinen eigenen Bedarf an dieser Vokabel gehabt? An dieser Sache? An diesem Gefühl? An diesem Ursprungserlebnis aller Strebungen und Wollungen?

Die Frau drückt lächelnd ihre Zigarette aus.

»Verkehr zwanzig – beide nackt dreißig.«

Das Bild zweier nackter Leiber in glühender Umarmung taucht einen Moment lang vor dem sechzehnjährigen Hermann auf. Einer der Leiber ist unendlich biegsam, weich abgerundet und schön, der andere ist sein eigener. Hermann nickt. Sein Mund ist trocken. Die Frau erhebt sich.

»Ich mache dir auf.«

Ein Summen ertönt – so durchdringend wie der letale Stromstoß des Milgram-Experiments, das Hermann im großen Physiksaal als Schwarzweißfilm gesehen hat. Er tastet nach dem Fünfzigmarkschein in seiner Hose und drückt die schwere Eisentür auf. ›Sie würde Panzergranaten standhalten‹, fährt es ihm durch den Kopf. ›Und wenn drinnen das Inferno durch die Gänge wütete, man würde es draußen nicht einmal riechen‹. Die Tür schlägt härter und plötzlicher als ein Verkehrsunfall in ihren Rahmen zurück, auch innen klinkenlos. Das Treppenhaus ist eng und halbdunkel. Es bietet Schutz vor den Blicken der anderen.

Oben auf einem Absatz steht die Frau aus dem Schaufenster. Das überrascht ihn irgendwie. Die Dinge scheinen tatsächlich ihren Lauf zu nehmen.

»Kommst du mit?«

Hermann folgt ihr die steile lange Stiege hinauf. Sieht zwei Gesäßbacken, die einander wie Majongkugeln umschmiegen. Die Verlockung, das anzufassen, nimmt kindische Ausmaße an. Aber das ist nicht drin. Sie ist unberührbar – un-be-rühr-bar.

»Wie heißt du eigentlich?«

»Hermann« sagt Hermann Strauchler.

»Hermann ist ein schöner Name. Sind gleich da, Hermann.«

»Und du?«, fragt Hermann, um die Konversation nicht abbrechen zu lassen.

»Eve. Kannst auch Eva sagen.«

Hermann wittert den Rosenduft, der von Eves warmer Haut ausströmt, ihn unnötig berauscht. Und dann tut er es doch, streckt seine Hand nach ihr aus, legt sie auf Eves Hüfte, fühlt die warme Haut und wartet darauf, dass sie ihn ermahnen, die Hand wegscheuchen werde, aber das tut sie nicht, sie tut überhaupt nichts, außer die Treppe hinaufzusteigen, immer weiter. Nachdem Hermann seine Hand zurückgezogen hat, kommt es ihm vor, als habe die Berührung gar nicht stattgefunden. Deshalb wiederholt er sie, diesmal mit beiden Händen. Und so treffen sie in einer Art Polonäse vor dem Zimmer ein.

Hermann bleibt in der Mitte des Zimmers stehen, sieht an der Wand eine goldglitzernde nackte Negerin auf schwarzem Grund, sieht ein Waschbecken, einen rosafarbenen Überwurf über dem Kingsize-Bett und ein paar Omakissen mit aufgestickten, ebenfalls glitzernden

Säugetiersäuglingen. Er kann nicht sagen: Entspricht das
dem Geschmack der Bewohnerin oder dem Geschmack
des durchschnittlichen Besuchers?

»Gibst du mir was?«

Hermann hat keine Ahnung, was sie meint. Ein Kleidungsstück? Ist das ein Ritual? Einen Kuss? Verhütungsmittel?

»Das Geld.«

Hermann beeilt sich, den Fünfziger herauszuziehen. »Erst die Ware, dann das Geld« hat sein Stiefvater immer gesagt. Nun ja, Ausnahmen bestätigen die Regel...

Eve nimmt den Schein entgegen.

»Hast du schon mal mit einem Mädchen geschlafen?«

»Na klar, mehrmals.«

»Aber du bist zum ersten Mal im Puff, oder?«

»Ja.«

Sie streicht ihn glatt, den Geldschein.

»Weißt du was? Wenn du möchtest, mach' ich's dir französisch. Das ist viel schöner, und dann nehmen wir uns auch für das erste Mal ein bisschen mehr Zeit.«

Hermann weiß nicht, was französisch bedeutet, vertraut ihr, geht auch davon aus, dass ihm nichts anderes übrig bleibt.

»Musst allerdings 'n Zwanziger drauflegen. Aber du hast wirklich viel mehr davon, als von so 'ner schnellen Missionarsnummer, wo ich die ganze Zeit auf die Uhr gucke!«

Hermann bereut, den Schein nicht vorher gewechselt zu haben, und nickt.

Mit dem längs gefalteten Schein deutet Eve auf das Bett, lächelnd.

»Zieh dich schon mal aus.«

Während Hermann versucht, seine Kleidung möglichst ungeniert abzulegen, wandert sein Haushaltsgeld in die Spardose einer Prostituierten. Wenn das seine Mutter erführe...

»Wie alt bist du denn, Hermann?«

»Ich? – Neunzehn.«

Neunzehn klingt glaubwürdiger als achtzehn.

Sie setzt sich neben ihn auf die Bettkante. Noch nie ist Hermann Strauchler einem nackten weiblichen Oberkörper so nahe gewesen. Er berührt ihn. Der kleine Finger ertastet einen straff überspannten Rippenknochen, der Daumen meldet eine erstaunlich sympathische Allianz von Weichheit und Stabilität menschlicher Natur. Und der Mittelfinger erkundet den Rand des Vorhofes, der sich wie Lippen anfühlt. Diese Brust ist echt. Teil einer lebendigen Frau.

Ganz behutsam umschließt Hermann die ganze Form, das ganze Wesen der Brust mit seiner Handfläche und hält daran fest, wie er ein verängstigtes Vöglein festhalten würde.

Dann geht alles sehr schnell: Das ganze Begreifen und Erfahren: Was »französisch« bedeutet. Dass man Frauen wie Eve nicht auf den Mund küsst. Dass ein wildfremder Mensch wahrhaftig besser weiß, was ihm gut tut, als er selbst. Und dass Flüsse bergauf fließen können.

Hermann ahnt: Das könnte ein Grund sein, das Leben zu lieben. Um es jedoch zu glauben oder gar zu wissen, ist es zu plötzlich vorbei. Eve drückt ihm einen Waschlappen, ein Stück Seife und ein sauberes Handtuch in die Hand, inszeniert ein bisschen die Hure und schickt ihn fort.

Er hat das Bedürfnis, sich anzuschmiegen. Mit ihr einzuschlafen. Kann aber die Männlichkeit, teuer erkauft, nicht mit einem solch kindischen Ansinnen gleich wieder kaputt machen. Verabschiedet sich höflich. Geht.

Freund Cord hat schon den ersten Zigarettenstummel zwischen seiner Schuhsohle und dem Asphalt zerbröselt. Auch er ist ein anderer Mensch geworden. Sie sei ihm hörig gewesen. Ein wilder Sinnestaumel zwischen unersättlicher Lüsternheit und tiefzärtlichem Verlangen. Zweimal sei sie gekommen, oh lykischer Apoll! Auch habe sie ihm das Geld zurückgeben wollen, doch er habe das abgelehnt. Eine Hure sei eine Hure.

Die Nacht vor dem ersten Tag

1 | Relaxans

Hermann zieht den Reißverschluss hoch. Sein Strahl hat ein dampfendes Loch in die Schneedecke gebrannt. Er dreht sich um, stapft zur Hütte zurück, steigt die Außentreppe hinauf, entriegelt die Eisentür zur Dachkammer und tritt ein.

Nur leise!

Leise hängt er seinen Pelzmantel über die Türklinke. Einen Kleiderständer gibt es hier oben nicht. Auch keinen Schrank. Nur das Nachtschränkchen und den Plastikhocker. Und das Bett, in dem die Frau schläft, Hand- und Fußgelenke mit Paketklebeband ans Bettgestell gefesselt. Hermann beugt sich über ihr Gesicht und lauscht. Sie atmet gleichmäßig, und er ist froh darüber, mehr als froh – dankbar.

Bis zum letzten Moment hat er daran gezweifelt, dessen fähig zu sein: Einen gesunden erwachsenen Menschen zu rauben...

Dankbar setzt er sich auf den Hocker und betrachtet die
Schlafende. Ihr Gesicht ist entspannt und glatt. Nichts an
ihr ist in all den Jahren gewelkt. Alles nur gereift. Und: Sie
hat Ähnlichkeit mit seiner Mutter. Erst jetzt fällt ihm das
auf!

Er versucht, sich an die Mutter zu erinnern, doch seine
Erinnerungen sind bruchstückhaft. Und jedes Stück ist
umwölkt oder verregnet: Die Sommerferien in Dänemark;
der graue Strand, vom grauen Meer lustlos und zwanghaft
beleckt; das türkise Frottee…

Dass man sich ausgerechnet daran erinnert!

Als es zerschlissen war, hat sie Waschlappen daraus
genäht. Die später dann Putzlappen wurden. Einer davon
lag immer auf der Küchenheizung. Jetzt wahrscheinlich
auch…

Ach.

Es ist wohl so weit. Sie hat sich bewegt, scheint aufzuwachen. Ja. Sie blinzelt. Erschrickt. Seinetwegen. Wegen
des Mannes, der sie vom Fußende ihres Bettes aus anstarrt.
Ein ersticktes Quieken.

Hermann räuspert sich und spricht eine Empfehlung
aus, die er sich lange vorher zurechtgelegt hat.

»Bleib ganz ruhig!«

Die Frau bleibt tatsächlich ruhig. Selbstverständlich
braucht sie eine Weile. Zu erfassen, dass sie nicht träumt.

Zu erkennen, dass sie nicht zuhause ist. Und offensichtlich lehnt sie diese Erkenntnis ab, rigoros ab.

»Ich habe dich hierher gebracht, weil ich dir etwas...«

Versteht sie überhaupt, was er sagt?

»Ich will dir nichts tun. Alles wird gut. Hörst du?!«

Man muss ihr Zeit geben.

Hermann schlägt ein Bein über das andere, faltet seine Hände um das freie Knie und legt dabei seinen Handschweiß trocken.

»Möchtest du etwas trinken?«

...

»Oder einen Apfel?«

Irgendwo hat er einmal gelesen, dass beim Apfelessen weniger Kalorien aufgenommen werden, als man allein schon durchs Kauen wieder verbraucht. Sie anzusehen ähnelt dem Prinzip mit den Äpfeln: Je länger er es tut, desto abwegiger die Aussicht auf Sättigung.

Er steht auf, geht zum Fenster, das vergittert ist. Seine Hände zittern. Er versteckt sie in den Hosentaschen.

Die spärlichen Geräuschpartikel, die ein Wald in einer windstillen Nacht noch erzeugt, werden von der Schneedecke geschluckt. So schluckt ein frisch geknüpfter Teppich Staubkörner.

Er hat damit gerechnet, dass sie hektische, hysterische Unternehmungen anstellen werde, dass sie aufspringen werde, versuchen werde, zu flüchten...

Vielleicht hängt ihre Ruhe mit dem Relaxans zusammen, das er ihr hat geben müssen.

Sie mochte doch Äpfel immer so gerne! Ist fast süchtig danach gewesen, so wie andere Menschen nach Kaffee. Sie hat den Geruch geliebt, den frischen, saftig-süßen Apfelgeruch. Zu sehen, wie ihre Schneidezähne sich in dieses raffinierte Obst eingegraben und das Mark aufgeknackt haben, das hat Hermann immer sehr gefallen.

»Svetlana! Ob du einen Apfel möchtest...!?«

Die Augen der Angesprochenen scheinen nach einem Mal zu suchen, nach irgendeinem Zeichen für den Wahnsinn des Mannes, der ihren Namen ausgesprochen hat.

»Du denkst, ich bin geisteskrank. Aber du brauchst keine Angst zu haben.«

Kerzenscheine spiegeln sich in der Klinge des Schweizermessers, das Hermann aufgeklappt hat. Er durchtrennt das bisterfarbene Klebeband.

Diese Mühelosigkeit, mit der sich das Unzerreißbare aufschlitzen lässt, diese groteske, hochspezialisierte Synthetik!

»Besser, ich lasse dich jetzt eine Weile allein.«

Hermann deutet auf die Holz- und Brikettvorräte neben dem Kanonenofen.

»Das Holz ist für tagsüber, die Kohle für nachts. Ich kümmere mich darum. Am besten, du fasst das gar nicht erst an.«

Nachdem er die Tür mit Bedacht verriegelt hat und so auch die Außentreppe hinuntergestiegen ist, betritt Hermann das etwas geräumigere Parterre der Jagdhütte.

Auf dem Tisch in der Mitte des Zimmers liegt eine Pappschachtel von der Größe eines Briefbogens mit der Aufschrift TETENAL BARYT VARIO – 250 SHEETS GLOSSY PHOTO PAPER. Beleuchtet wird die Schachtel von einer Blechlampe, die an einer Gasleitung hängt. Die Leitung führt zu einem neuen Katalytofen, zwei große Propangasflaschen finden darin Platz, eine dritte steht daneben.

Der Ofen ist aus.

Hermann stellt sich vor das offene Kaminfeuer in der gegenüberliegenden Ecke des Raumes. Auf dem Kaminsims lehnt der Kopf eines Hirsches mit vollendetem Geweih.

Er weiß, das Geweih hat sechzehn Enden, zählt trotzdem, diesmal in Viererschritten.

Vier, acht, zwölf...

An Schlaf ist vorerst nicht zu denken.

Hermann legt ein paar Holzscheite nach, die von den Flammen gierig umzüngelt werden, setzt sich an den Tisch und betrachtet die Schachtel, betrachtet sie lange, sieht, wie seine Fingerspitzen sich daran anschmiegen, wie sie den Deckel der Schachtel abheben und ihr einen Stapel Papier entnehmen, der durch vier reclamgelbe Papierbögen in fünf gleich große Abschnitte unterteilt ist. Mit diesen Bögen hat er das jeweilige Tagespensum seiner Vorlesung markiert.

Er fängt an, den Brief zu lesen, zückt gleich darauf einen Kugelschreiber aus der Innentasche seines Jacketts und streicht die Anrede auf drei Pünktchen zusammen.

2 | Tag der Versöhnung

Erschrick nicht, wenn ich nach all der Zeit in Dein Leben einbreche. Seit Jahren, Monaten, Tagen warte ich auf den richtigen Moment. Heute ist mein dreiunddreißigster Geburtstag – der richtige Tag, damit anzufangen. Aber wie? Was sagt man, wenn man einander so viele Jahre nicht gesehen, nicht gesprochen hat?…

Ein leeres Blatt ist kinderleicht, aber ein halbvolles, das wiegt gut und gerne seine paar Stunden…

Ein Foto von ihr hat er sich hingestellt.

Um die Schattierung ihrer Wangen herauszuarbeiten, hatte er es bei kleinster Blende mit einem hauchdünnen Polfilter auf Barytpapier belichtet. Eigentlich ist es danach kein Foto mehr gewesen, eher ein Bildnis: Basil Hallwards Gemälde, bevor es anfängt zu altern…

Mit dem Porträt hatte er einen Einstieg erzwingen wollen, ist stattdessen einer Fliege gefolgt, hat sie erledigt, im Aschenbecher beigesetzt und dann über die Jahreszeit nachgedacht.

Der Sommer liegt noch vor uns, man kann sich darauf freuen, so, wie man sich samstags auf den Sonntag freut, weil man ausschlafen kann. Ich nicht. Ich kann immer ausschlafen. Ich lehne Sonntage ab. Sonntage sind wider die Natur, unterdrücken das Individuum, dienen allein als Beweis, dass die Vorfreude des Menschen größer ist als die Freude selbst, denn ab Sonntagmittag grämt man sich ob des bevorstehenden Montags – ist es nicht so?... Aber ich schreibe um den heißen Brei herum. Ich habe Angst – das ist der heiße Brei. Angst, Du könntest mich vergessen haben. Verachtung wäre besser als Vergessen. Hass erst recht, denn Hass ist ja sogar eine Leidenschaft...

Hermann entsichert den Kugelschreiber, streicht die Passage durch und kratzt sich am Nacken. Sein Augenmerk richtet sich auf den Hirsch, schweift ein Stück nach links, ins Ungefähre, wo er von Bildern abgelöst wird, die Vergangenheit sind – Bilder von der kurzen Begegnung mit ihr, als er ihr den Brief hat zustellen wollen.

Er hätte sie berühren können, so nah ist sie an ihm vorbei gegangen. Dreizehn Jahre nach diesem unseligen, entarteten Abschied. Fast vierzehn.

Sie hat ihn nicht erkannt, nicht einmal gestutzt...

Wer behauptet, Vergesslichkeit erschwere einem das Leben, hat von gewissen Angelegenheiten keine Ahnung – das Gegenteil ist der Fall: Es ist das Gedächtnis, die Erinnerung, die einem das Leben schwer macht.

Drei volle Jahre und mehr hat er an dem Brief geschrieben, mehrmals ganze Packen wieder verworfen, weggeworfen.

Das Schreiben ist nicht seine Sache gewesen – bis er dann angefangen hat, die Sätze gegeneinander abzuwägen, mit ihren Rhythmen zu spielen, über einzelne Wörter nachzudenken, wo sie herkommen, wo er sie hin haben will, und schließlich sogar über einzelne Silben. Und als er seinen Wunsch nach einem Wiedersehen endlich formuliert, den Brief abgeschlossen hat, will er sichergehen, dass sie ihn auch wirklich erhält, stellt Erkundigungen über sie an, lässt eine Bekannte bei ihren Eltern anrufen. Und fährt persönlich nach München. Letzten Winter.

In der Kanzlei wähnt er sie, zieht trotzdem, bevor er in ihre Straße einbiegt, die schwarze Persianer-Schapka tief ins Gesicht und klappt den Pelzkragen seines Ledermantels hoch. Es beginnt zu schneien, und das ist gut so, denn der gefrorene Regen rechtfertigt jedes Zittern. Dann wartet er, bis jemand das Haus verlässt. Jemand Unbekanntes.

In ein pompöses Vestibül tritt er ein. So hat er sich ihr Zuhause vorgestellt, auch die beiden enormen Goldspiegel und den Holz getäfelten, leise klappernden Aufzug, der gerade ankommt, dessen Flügeltüren jetzt aufgestoßen werden – natürlich von ihr.

Nein.

Doch. Sie ist es – an den Haaren herbeigezogen. Er duckt sich im Affekt, äugt ihr dann, während die Hitze langsam ausdampft, hinterher.

Sie hat ihre Frisur im Spiegel geprüft, hat ihn gar nicht wahrgenommen. Kein noch so leises Zucken. Sie geht an ihm wie an einem Reklamezettelverteiler vorbei aus dem Haus, den matschigen Bürgersteig entlang, ohne sich umzudrehen oder einem solchen Impuls zu widerstehen.

Langsam geht er ihr nach, immer langsamer. Stellt Fragen. Ein windiger, kalter Regen von Fragen. Wird sie einen dreihundertseitigen Brief von jemandem lesen, den sie im Vorbeigehen nicht mehr erkennt? Wird sie dem Brief die Aufmerksamkeit widmen, die notwendig ist, lebensnotwendig? Wird sie der Bitte nachkommen, auf die der Brief hinausläuft? Nein. Jede Frage mündet in ein vernünftiges Nein. Und als Hermann wenige Stunden später im Zug nach Berlin sitzt, hält er sein Päckchen noch genauso mit verschränkten Armen vor der Brust, wie in dem Moment, als sie an ihm vorbeigegangen ist.

Was denkt sie jetzt? Was fühlt sie?

Angst? Wut? Langweile? Neugier? Bedauern, irgendein Weihnachtsessen zu verpassen?

Was auch immer sie fühlt und denkt – sie tut es still.
Hermann seufzt, beugt sich über das Blatt, liest weiter.

Ganz gleich, was Du über mich denkst: Das, was geschehen ist, darf so nicht stehen bleiben. Es hat sich wie ein Zentner Fett um mich gelegt, und unter der Fettschicht magere ich immer weiter ab.

Da es ausgeschlossen ist, Dich anzurufen, geschweige denn, Dich zu besuchen, bleibt nur, Dir zu schreiben. Aber dieses Schreiben wird nicht auf drei Seiten passen. Ich muss Dir den Hergang unserer Bekanntschaft noch einmal vor Augen führen, um Dich wieder damit vertraut zu machen. Darüber hinaus muss ich dir von mir erzählen...

Bei dem kleingeschriebenen »dir« stutzt Hermann, überlegt zu verbessern, lässt es bleiben. Ohnehin hätte er sich das Großschreiben der Anredepronomen schenken können. Wie viel Tinte hätte man wohl gespart, wenn er im gesamten Brief alle Anrede-Ds klein geschrieben hätte? Er hebt den Stapel an, biegt ihn, lässt die aufgefächerten Ränder unter dem Daumen hervorflattern. Ein halbes Päckchen Zigaretten? Ein ganzes?

Nicht aus Geiz stellt er solche Überlegungen an, sondern um die Ressourcen vernünftig einzuteilen. Vernunft, hat er lange angenommen, sei ein Überlebenskriterium. Er hat geglaubt, dass vernünftige Spezies länger existieren als mindervernünftige Lebensformen. Jetzt aber weiß er: Vernunft ist der Störfaktor einer Spezies, denn aus der Vernunft entsteht Bewusstsein. Und durch Bewusstsein verkümmert der Instinkt.

Welche Instanz ist für diese Unruhe verantwortlich? Was stellt ihm unablässig diese nervösen Fragen: Ob sie wirklich schläft? Wie kann sie das? Wie kann sie die ganze Zeit so ruhig bleiben? Ob das Betäubungsmittel noch nachwirkt? Oder das Relaxans?

Relaxans.

Ketanest.

Hermann bewundert diese Bezeichnungen, die trotz ihrer Verschiedenartigkeit allesamt etwas Ätherisches, Dämonisches verströmen…

Sevofluran. Pentathol…

Ob sie bereits einen Fluchtplan aushackt? Ob er etwas vergessen hat, ihr irgendetwas gelassen, womit sie womöglich…? Ihr Verstand ist außergewöhnlich scharf, würde den geringsten Fehler aufspüren und ausnutzen…

Nein, ausgeschlossen. Er hat jeden Punkt seines perfekten Plans fein säuberlich befolgt. Die Zweifel und Ängste sind normal. Jeder Verbrecher, der ein Gewissen hat, muss lernen, es zu kontrollieren, muss zwischen Einbildung und Realität unterscheiden. Darin besteht die eigentliche Kunst des Verbrechens. Dostojewski hat einen großen Roman darüber geschrieben, hat gesagt, dass die Verdunkelung der Urteilskraft den Verbrecher wie eine Krankheit überfalle, und Nietzsche sagt, Dostojewski sei der größte Psychologe aller Zeiten.

Kein Grund zur Sorge. Es gibt keine Spuren, und es geht ihr gut. Sie ist verstört, aber unversehrt. Sie wird sich melden, wenn sie etwas braucht. Tief durchatmen, Hermann, weiter beschäftigen!

Wie gut, dass er den Brief hat. Der Brief lenkt ihn ab, stellt ihn auf die gefangene Persönlichkeit ein, rechtfertigt sein Vorgehen, beruhigt ihn...

Ich stelle mir manchmal vor, wie Du lebst.

Dein Badezimmer hat in dieser Vorstellung zwei große Waschbecken, die von einer jungen Ausländerin einmal pro Woche sauber gemacht werden. In meiner Fantasie bist Du eine von den Geheimnisvollen geworden, deren Geheimnis die Einsamkeit ist. Eine von denen, denen die Arbeit ihres Mannes vollkommen gleichgültig ist. Eine von denen, deren Kinder von ausgesuchten Fachleuten betreut werden oder von alljährlich frischen Au-pair-Mädchen aus aller Welt.

Hast Du Kinder? Hast Du ihnen Deine Lieblingsnamen gegeben: Lara, Rebecca? Ich frage mich, wie viele Kinder Du hast, und ob sie von diesem Nathanael Goldstein sind, oder Goldberg...

Nathanael reicht. Ohne »diesen«. Hermann fragt sich, während er die Nachnamen tilgt, warum es keine Familiennamen mit Platin gibt. Platinberg oder Platinstein...

Ich frage mich, was Dein Schwesterchen macht. Sie war damals elf oder zwölf, müsste jetzt Anfang zwanzig sein. Und Deine Großmutter...?

Hätte man mir damals einen Katalog mit Familien vorgelegt und gesagt, Such Dir eine aus, hätte ich Deine genommen.

War da was?

Ein Rufen? Husten? Hermann lauscht, aber nichts geschieht. Ob sie wieder eingeschlafen ist? Umso besser. Er blättert die nur halbvolle Seite um.

Nur die Ruhe!

Ich stand zwei oder drei Stufen unter Dir, auf der Treppe des Instituts für Slawische Philologien. Meine zweite Woche in München. Das Wintersemester hatte gerade begonnen, und das Sekretariat war verschlossen. Erinnerst Du Dich? So fing es an.

Du warst mir schon von oben aufgefallen, nicht alles, nur Dein Gesicht und Dein Haar mit diesem Schimmer junger Kastanien, den die Engländer »auburn« nennen. Ich war erfreut, als Du mich unten auf der Treppe anhieltst und nach dem Weg fragtest, wagte aber nicht zu fragen, wo ich Dich wiedersehen könne.

Ich war erst seit zwei Tagen in München. Und als Letteraner fühlt man sich in einer Stadt wie München am zweiten Tag noch ziemlich klein. Erst recht, wenn man gerade vor dem Siegestor steht – vom Kriege zerstört, zum Frieden mahnend. In Hannover gab und gibt es anstelle des Siegestors nur ein Volkswagenwerk. »Volkswagen« sagt aber kaum noch jemand. Je mehr eine Fabrik wächst, desto mehr schrumpft ihr Name. Das ist natürliche Rationalisierung: Wenn 100.000 VW-Angestellte nur dreimal täglich in ihrer Arbeitszeit »VW« anstatt »Volkswagen« sagen, hat das Unternehmen schon nach einem Jahr 15.200 Stunden gewonnen...

Die einzigen, die Hermann je »Volkswagen« hat sagen hören, sind Ausländer gewesen, Amerikaner, weil die Abkürzung für die eine Silbe mehr hat: »Wie-Dabbeljuh«, »Wouksuägen«.

»Volkswagenwerk« hat auch die Endstation geheißen, wo er als Kind Hunderte von Malen auf den Bus nach Letter gewartet hat, stundenlang, mit dieser Wut auf die Busfahrer im Bauch.

Je größer die Stadt und je weiter östlich sie liegt, desto rücksichtsloser wird man von den Busfahrern stehen gelassen. Berlin ist deutscher Meister darin, Moskau Weltmeister. Wenn einem das einmal klar geworden ist, verschwindet die Wut.

Hermann horcht auf. Die Deckendielen haben geknarzt. Er meint, Schritte zu hören. Anscheinend erkundet sie das Zimmer.

Und nun? Prüft sie die Gitter?

Nein, das Quietschen, das ist… Das sind die Federn des Bettgestells. Noch ein Quietschen. Sie hat sich wieder hingelegt. Wenn sie überhaupt aufgestanden ist… Oder hat die Tür gequietscht? Die Angel? Das Schloss?

Nein, absurd, schließlich hat er selbst sämtliche Scharniere und Schlösser abgeschmiert!

Und wenn doch?

Hermann steht auf, nimmt Mantel und Taschenlampe, öffnet leise die Hüttentür, schleicht die Treppe zur Dachkammer hinauf und lauscht.

Nichts.

Er versucht, durch den Türspalt zu linsen, kann nichts erkennen. Einen Spion hätte er einbauen sollen! Einen großen, falsch herum installierten Spion. Ist doch egal, wenn Adrian sich später darüber wundert. Spielt doch keine Rolle mehr! Hermann wagt nicht zu testen, ob die Tür wirklich verschlossen ist, horcht nochmals daran.

Hört das Hämmern seiner Schläfen. Sonst nichts.

Mit der Taschenlampe untersucht er die Fußspuren auf der Treppe. Findet ausschließlich seine eigenen. Mach dich nicht lächerlich! Kopfschüttelnd schleicht er sich ins Warme zurück.

Was denkt sie über ihn?

Ihr damaliger letzter Eindruck von ihm ist der eines Gewalttäters gewesen. Ihr gestriger ebenfalls. Vierzehneinhalb Jahre liegen zwischen diesen beiden Eindrücken planvoller und konsequenter Gewalt... Was würde sie als das kleinere Übel bezeichnen? Nein – falscher Gedankengang...

Ob sie mittlerweile einen der Äpfel probiert hat? Gute Äpfel. Nicht so gut wie die aus Weinbergs Garten, aber herzhaft.

Ein Stückchen will er noch redigieren.

Hat er den Abschnitt über das Wiedersehen im Propädeutikum der zwölf slawischen Literatursprachen jetzt eben schon gelesen oder...

Ist der Begriff »Zufall« hier überhaupt angebracht? Und wen interessiert der Name des Lektors? Sie wird sich ohnehin an nichts erinnern, hat ja schon nach zwei Semestern auf Jura umgesattelt.

Wichtig ist nur, dass sie in der ersten Vorlesung neben ihm gesessen hat und hinterher mit ihm spazieren gegangen ist.

Alles andere kommt weg.

Deine Eltern waren von Lettland nach Israel emigriert. Du warst sieben Jahre alt, als Ägypten und Syrien am feierlichsten jüdischen Feiertag Israel angriffen – am Tag der

Versöhnung, Jom-Kippur. Du plaudertest vom Lärm einschlagender Bomben am Strand von Tel Aviv. Du plaudertest, als wäre das noch längst nicht die größte Sache gewesen. Und ich bewunderte Dich. Auch weil Du das R rollen konntest, denn ich selbst konnte es nicht, werde es niemals können, jedenfalls nicht vorne, an den Zähnen, so wie ich niemals ein Auge einzeln werde zudrücken können. Dabei hat Zwinkern, gekonntes Zwinkern, so etwas kultiviert Frivoles.

3 | BJÉLAJA SÁWIST

Du warst stolz. Stolz wie eine junge Mutter. Nicht auf eine Leistung, sondern einfach so. Auf Deine Zugehörigkeit. Zur Welt. Zu den Lebenden. Zu den Überlebenden. Der Pest. Zu den Überlebenden der slawischen und arischen Pest. Ich hatte gehört, dass es Überlebende gibt. Angeblich. Irgendwo, in einer sagenhaft blühenden Oase des Orients lebten sie wohl. Ein hermetischer Kreis überlegener, beneideter Schöngeister, die überall auf der Welt eine Art diplomatische Immunität genossen. Das war mein Bild von Euch, vermutlich das Bild vieler Letteraner. Das verstand ich unter dem Wiewort »jüdisch«. Keine Ahnung, weshalb es einem so viel leichter über die Zunge geht als das Hauptwort. Jedenfalls war ich überrascht, dass sie wieder da waren, sich anscheinend wohl fühlten. Dass sie so zutraulich waren und ihre Identität so mir nichts dir nichts preisgaben. Und jedenfalls fühlte ich mich klein neben Dir, durchschnittlich, verzärtelt. Verleugnete Letter.

Letter ist eine Art Vorortschaft, mit waschbaren Tapeten an den Wänden und Anti-Tauben-Spießen auf den Regenrinnen. Stell Dir die Welt als einen Kopf vor, und Hannover als einen Pickel auf der Nase dieses Kopfes, dann ist Letter der nächstgelegene Mitesser. Die Beseitigung der einen Unreinheit wäre ohne die Beschädigung der jeweils anderen nicht möglich, so dicht liegen sie beieinander, Hannover und Letter... Im Lexikon steht »Letter« zwischen »Leukämie« und »Lethe«, dem Strom der Unterwelt, aus welchem die Toten Vergessenheit trinken. Ansonsten ist an dem Namen nichts auszusetzen: Leicht hinzuschreiben, gut auszusprechen, auch für Ausländer, kurz aber nicht zu kurz, auf jeden Fall besser als »Willebadessen« oder »Vecmilgravis«. Solche Ortsnamen zu buchstabieren, kostet Zeit. In einem Ort wie Letter könnte man also immerhin Zeit sparen, aber die gesparte Zeit wird mit der Warterei auf die Busse wieder verplempert. Insofern ist der Zeitvorteil unbedeutend – unbedeutender als ein Tropfen, der ins Meer fällt, wie Ihr sagt – »Káplja v mórje« – der ist noch viel unbedeutender als unser Tropfen auf den heißen Stein, denn der hinterlässt ja ein Zischen...

Hermann stützt seinen Kopf auf dem Handballen auf und horcht. Svetlana ist höchstwahrscheinlich doch wieder eingeschlafen.

Während der ersten Tage ist ihm die Stille hier unheimlich gewesen. Die Tage, als er alles vorbereitet hat. Den Unterstand für den VW-Bulli bauen und die Schilder aufstellen:

»Natogelände. Betreten strengstens untersagt. Vorsicht Schusswaffengebrauch«.

Und:

»Militärischer Sperrbezirk. Fotografieren verboten. Der Standortkommandant«.

Dabei hätte er nicht einmal sagen können, wovor ihm unheimlich gewesen ist. Jetzt weiß er es. Vor ihr. Davor, dass sie sich als stärker erweisen, ihn zwingen könnte, Gewalt anzuwenden...

Jetzt könnte er womöglich schlafen, will das Feuer aber nicht unbeaufsichtigt lassen.

Fotogen, wie es die beiden Wildschweinfelle beleuchtet – die Farbverläufe vom dunkelumbrabraunen Rückgrat über die sienafarbenen Schwarten zu den hellbeigen Außenrändern, die früher unter den Bäuchen verbunden gewesen sind.

Unter einem der Felle hat er beim Fegen etwas Rundes, Metallisches entdeckt, den Griff einer Luke, die zu einer Art Geheimkammer führt. Als er hinunter geleuchtet hat, sind kleine Viecher mit Fell und nacktem Schweif vor dem Lichtkegel geflüchtet.

Hermann öffnet ein Fenster. Die Sauerstoffzufuhr belebt auch die Glut. Blaue Flammen tänzeln empor.

Je mehr sie zu fressen bekommen, desto hungriger werden sie, denkt Hermann, und: Dass etwas so Nervöses mitunter solche Ruhe bewirkt!...

Er beugt sich wieder über den Brief. Von Zeit zu Zeit korrigiert, ergänzt, streicht er etwas, notiert sich eine Bemerkung oder malt ein Zeichen.

Bis er davon abgehalten wird. Durch ein Pochen.

Es muss längst drei oder vier Uhr morgens sein. Svetlana pocht gegen die Tür. Dem Klang nach mit den Fäusten. Hermann erschrickt. Das Pochen schwillt zur Empörung an und wird von Klagelauten verstärkt. Hermann versteht nicht, was sie schreit, glaubt, das Wort »Scheißkerl« verstanden zu haben, aber so redet sie nicht.

Eilig holt er die HK4 aus der Überseetruhe, klemmt sie hinter den Gürtel und deckt den Pullover darüber. Jetzt stampft sie mit den Füßen auf. Er nimmt eine Taschenlampe vom Wandhaken, steigt die Außentreppe hinauf und entriegelt unter Einhaltung gewisser Sicherheitsvorkehrungen das Schloss. Seine Geisel hockt auf dem Bett. Ihr Kinn bebt unter gekräuselter Haut.

»Was ist los?«

Svetlana wendet sich ab und atmet tief ein.

»Ich muss zur Toilette.«

Sie setzt hinter jedes Wort einen Punkt, und es kostet sie große Mühe, die Tränen der Wut zu unterdrücken, und Hermann sieht das und macht sich klar, dass er ihr viel näher ist als sie ihm. Schließlich hat er gerade noch in einem Münchner Café mit ihr geflirtet...

»Einen Moment.«

Er bringt warme Sachen, lässt den Lichtkegel vor seiner Gefangenen die Treppenstufen hinabgleiten, begleitet sie den kurzen, vereisten Trampelpfad durch den Wald zur Wellblechkabine, überreicht ihr die Taschenlampe und wartet in der vom Schnee illuminierten kahlen, kalten Stille auf die befriedenden Geräusche menschlicher Gesellschaft.

Der erste Tag

4 | Der Tod ist verschlungen in den Sieg

Der Vormittag des nächsten Tages ist, als Hermann an Svetlanas Tür klopft, nahe daran, seiner Vorsilbe verlustig zu gehen. Svetlana sitzt, die Decke bis zum Schlüsselbein gezogen, in ihrem Bett. Sie ist erbost. Sie hasst ihre Ohnmacht und die Kälte und die Einöde und ein bisschen auch sich selbst. Sie bereut, dass sie nicht angemessen gegen dieses Vieh, Strauchler, vorgegangen ist, führt sich immer wieder die Situation in der Tiefgarage vor Augen, stampft dem Angreifer rückblickend mit aller Beherztheit ihren Absatz auf die Zehen und gegen das Schienenbein und schreit dabei gellend um Unterstützung.

Hermann platziert im Wellentunnel ihrer Verachtung ein Tablett mit Kaffee, Milch und Zucker auf ihrem Nachtschränkchen. Und wie ein Hotelpage, der ein gutes Trinkgeld in seiner Faust hält, sagt er beim Abgehen:

»Wenn Du reden willst, sag mir Bescheid.«

»Was willst du eigentlich von mir?!«

Ein ganzer Zementmischer voller Antworten rieselt in Hermanns Fingerspitzen. Eine Antwort nach der anderen wird in die Türklinke gestreichelt, die gedrückt werden sollte.

»Silvester mit dir feiern.«

»Hier?!« entgegnet sie ärgerlich, »in diesem... diesem... Verschlag?!«

Hermann hat Verständnis für ihre Verbitterung, es fällt ihm leicht, freundlich zu bleiben.

»Es ist eine Jagdhütte. Sie gehört einem Freund von mir. Sein Förster hat hier manchmal gewohnt. Aber er kam vor kurzem ums Leben...«

Die Faust des Teufels habe ihn niedergestreckt. Der Pfarrer hat diese Worte bei der Beerdigung benutzt. Und dann hat es geheißen, die Rechte des Herrn behalte den Sieg, weshalb Hermann sich auf die Schnitzereien des Altars konzentriert hat, auf die Verrenkung des jungen Idealisten, dessen ausgemergelte, schroffe Nacktheit sich zum Holzschnitzen vermutlich besonders gut eignet.

»Seitdem kommt niemand mehr her.«

Der Förster, ein junger Kroate, hat als Koryphäe gegolten, ist vom Kreis-Forstamt mehrmals zum Berater ernannt worden. Und ausgerechnet er begeht diesen dummen Fehler. Verzichtet auf Einkerbungen neben dem Hauptkeil.

Der Stamm explodiert an der Schnittstelle, und ein Grat von der Größe eines Surfboards blitzt dem Kroaten wie eine gewaltige Schmetterhand vor die Brust.

Svetlana streift ihn mit einem wütenden Blick.

»Der nächste Ort ist über fünfzehn Kilometer entfernt. Wenn du's versuchst… Wenn du versuchst abzuhauen…«
»Der Tod ist verschlungen in den Sieg«, hat der Pfarrer atemlos verkündet, und: Jesus sei da. »Wie die Luft, die man nicht sieht. Er ist da, er ist hier unter uns, ob wir es glauben oder nicht!«
»Bist du dir eigentlich über die Folgen deiner Handlung im Klaren?! – Hast du überhaupt eine Vorstellung davon, wie viele Gesetze du gebrochen hast?!«
Da ist es wieder, das gerollte R, das diesem Wort, »gebrochen«, diese Üppigkeit verleiht, wogegen es die Härte des anderen, »im Klaren«, erweicht, dessen Chrom matt bürstet…
Hermann weiß genau, gegen welche Gesetze er verstoßen hat und mit jeder Entführungsstunde weiterhin verstößt. Und er ist mit dem jeweiligen Strafmaß besser vertraut als ein Chemielehrer mit seiner Elementetabelle.
Freiheitsberaubung, Paragraph 239 des Strafgesetzbuches: Für die, die das tun, ist in Absatz 1 eine Geldstrafe oder ein Freiheitsentzug von bis zu fünf Jahren vorgese-

hen. Sollte die Freiheitsberaubung mehr als eine Woche in Anspruch nehmen, mindestens ein Jahr Gefängnis und höchstens zehn, das ist Absatz 2.

»Ich will dir nichts vormachen, Strauchler. Selbst wenn ich dich nicht anzeigen würde: Die Staatsanwaltschaft wäre verpflichtet, die Tat zu verfolgen. Aber...«

Es verschafft ihm ein Gefühl der Überlegenheit, zu ahnen, auf welchen Zweck dieser Nebensatz hindrängt: Auf die Abwägung zwischen Vergehen und Verbrechen.

»...wenn du jetzt aufgibst, ist es noch kein Verbrechen! Du kommst mit einer Geldstrafe davon! Und selbst die...«

Er fährt mit beiden Händen tief in die Hosentaschen, geht zum Fenster, lehnt sich gegen das Fensterbrett und kühlt seine Stirn an der Scheibe.

»Wir werden hier Silvester zusammen verbringen. Und bis dahin lese ich dir etwas vor. Einen Brief.«

»Da wo ich herkomme, werden Briefe zu denen gebracht, die sie lesen sollen, nicht umgekehrt.«

»Du hättest ihn nicht gelesen. Nicht so, wie ich es gewollt hätte.«

»Du gehst fünf Jahre ins Gefängnis, weil du mir einen Brief vorlesen möchtest?!«

»Ich gehe nicht ins Gefängnis.«

»Achtundneunzig Prozent aller Gewalttäter gehen ins Gefängnis.«

»Ich bin einer von den zweien, die es nicht tun.«

Svetlana legt ihre Nase zwischen Dürers betende Hände und schließt die Augen.

»Was auch immer geschehen wird, ich ziehe das hier durch… Aber du brauchst keine Angst zu haben, ich tue dir nichts. Ich werde dir nur den Brief vorlesen, mehr nicht. Jeden Tag ein paar Stunden, dann lasse ich dich laufen, und du kannst tun, was du willst. Mich anzeigen… Mir Schläger auf den Hals hetzen…«

»Und wenn ich mich weigere zuzuhören, Strauchler?«

Sie hat gar keine Angst. Sie lacht. Das ist gut.

»Man kann sich nicht weigern, etwas zu hören.«

»Ich könnte mir die Ohren zuhalten oder die ganze Zeit laut reden. Oder beides.«

»Und ich, ich könnte dich fesseln oder knebeln. Oder beides.«

Svetlanas Ausdruck ist mit Abscheu und Verständnislosigkeit übersättigt, und wie einen Korkenzieher schraubt sie ihrem Kidnapper diesen Ausdruck mitten ins Gesicht.

»Und wenn schon… Mein Mann wird mich suchen lassen. Er hat Einfluss. Er wird auf dich kommen, Strauchler, und das wird ganz sicher nicht bis Silvester dauern.«

Hermann wundert sich einmal mehr über den Gebrauch seines Nachnamens.

»Ich weiß, dass dein Mann Einfluss hat, aber ich bezweifle, dass er genug Fantasie hat, auf einen Ex-Freund von dir zu kommen, mit dem du seit fast fünfzehn Jahren

keinen Kontakt mehr hattest. Ich habe trotzdem ein paar…
VORKEHRUNGEN getroffen…«

»Ach ja?!«

»Ja. Man wird annehmen, du seist verreist. Ich habe auf deinen Namen zwei Schlafwagen-Tickets nach Rom gekauft. Die Belege liegen im Handschuhfach Deines Autos.«

»Genialer Plan!«

»Außerdem liegt da ein zerknülltes Fax von deinem Liebhaber, aus dem hervorgeht, dass ihr Euch im Zug…«

»Ich habe keinen Liebhaber.«

»Dein Mann wird das aber gerne glauben, denn er hat selbst ein kleines Verhältnis.«

»Ach ja?!«

»Ja. Mit einer seiner Studentinnen. Und zwar seit mindestens einem Jahr, falls es dich interessiert…«

»Du bist krank.«

Hermann ist seiner Sache sicher, nicht krank. Wochenlang ist er ihr und ihrem Mann gefolgt, hat ihre Wege aufgezeichnet, ihre Biorhythmen studiert, hat herausgefunden, dass es ein Kind gibt, einen Sohn namens Cosmo, der die siebente Klasse eines Elite-Internats in Sachsen-Anhalt besucht. Die Entdeckung ist ein Wespenstich gewesen, ein heißer, langsam sich vertiefender Schmerz.

Hermann ist dort gewesen, in Pforta. Schon das Außengemäuer, das die gesamte Anlage – Kirche, Abtei, Kapelle, Mühle, Gärten, Kellereien, Schafstall – umgibt, ist ein gesegneter Wall, um die Kontemplation der jungen Elite zu behüten. Nietzsche hatte dort seine Schulzeit verbracht. Und durch den zweischiffigen Kreuzgang des Hauptgebäudes wandelt dessen Geist so lebendig wie der Ammoniakgeruch durchs Lettersche Gymnasium. Und seltsam reif, beredt und auf eine respektierliche Weise zielstrebig wirken die jungen Leute auf ihn, die in Pforta leben.

Was er nicht versteht: Weshalb Nietzsche geschrieben hat, dass er sich hüte zu sagen, was er von den Deutschen denke. Er hat es doch gut gehabt…

»Wenn du glaubst, dass mein Mann auf so was Abgeschmacktes reinfällt, bist du auf dem Holzweg!«

»Es gibt da noch einen Brief, der morgen früh in eurem Briefkasten liegt« verkündet Hermann und denkt, dass man auf jeden Fall fester Bestandteil der Industriegesellschaft ist, wenn man den Holzweg als etwas Falsches empfindet.

»So eine aus Zeitungsschnipseln zusammengeklebte Buchstabencollage mit einer großen, runden Zahl?«

»Dann hätte ich mir das ganze Ablenkungsmanöver wohl sparen können. Eher das Gegenteil.«

»Was ist das Gegenteil von einer Lösegeldforderung, Strauchler? Bietest du ihm Geld? Willst du mich ihm abkaufen?«

Hermann lächelt.

»Genau diesen Humor habe ich an dir so geliebt.«

Svetlana sieht ihn jetzt an, wie man einem alten Bekannten hinterhersieht, der in einer Zwangsjacke abgeführt wird.

»Es ist ein Brief von dir an ihn. Darin steht, dass du alles weißt, und dass du deshalb über die Feiertage verschwinden musstest...«

»Und du hältst meinen Mann für so verblödet, dass er nicht einmal meine Schrift erkennt?!«

Erstaunlich, wie wenig sie die Neuigkeit einer Nebenbuhlerin beeindruckt. Aber vielleicht ist es ja auch gar keine Neuigkeit.

»Ich habe, glaube ich, einen Weg gefunden, deine Schrift zu imitieren.«

»Du scheinst ja richtig stolz darauf zu sein!?«

»Ich bin zufrieden.«

»Möchtest du mich auch in dieses Geheimnis einweihen?«

Mehrmals hat er darüber nachgedacht, ob er sie in seine Methoden einweihen soll, und sich endlich DAFÜR entschieden. Um keine Zweifel aufkommen zu lassen, dass der ganze Coup perfekt vorbereitet ist.

»Ich habe eine Kontaktanzeige aufgegeben: Schwerreicher, gutaussehender Mann, gute Familie, 36, und so weiter, sucht Freundin zwischen 28 und 38. Überschrift: ›Traumfrau gesucht‹. Mit dem abschließenden Hinweis, dass jede belehrende Zuschrift über meinen schlechten Charakter zwecklos sei. – Ich bekam einen ganzen Wäschekorb voller Zuschriften. Dann habe ich die Bewerberin mit der ähnlichsten Schrift gefragt, ob sie sich fünfhundert Euro verdienen will. Für einen Scherz unter wohlhabenden Freunden.«

»Du bist wirklich…!«

»Krank?«

Svetlanas Nase folgt einem magischen Pendel, während ihr Blick fest geradeaus gerichtet ist. Dann schnauft sie ihre Trance mit einem einzigen Stoß durch die Nase aus.

Die Türklinke wird gedrückt.

»Ich fange erst morgen mit dem Vorlesen an, damit du Zeit hast, dich an die Umstände zu gewöhnen. Bis dahin bleibst du hier im Zimmer.«

Er öffnet die Tür. Eisige Kälte draußen.

»Ich habe Hunger.«

5 | Equus

Unten wickelt Hermann Kartoffeln in Alufolie ein und schiebt sie mit einem Feuerhaken in die Glut des Kamins. Die Garzeit widmet er seinem körperlichen Wohlbefinden: Er tritt vor die Tür und klatscht in die Hände. Er ist beschwingt – zum ersten Mal seit langem.

Mit dem Gesicht zur Waldschneise ins Tal lässt er beide Arme gleichmäßig kreisen – fünfzig Mal vorwärts, fünfzig

Mal rückwärts, fünfzig Mal in die jeweils entgegengesetzte Richtung. Dann neigt er den Oberkörper nach links und nach rechts, jedes Mal ein wenig tiefer, genau dreißig Mal pro Seite. Hüftkreisen, Beinschleudern, Dehnungen, Zaunpfahl-Hantelübungen, Kniebeugen.

Aus seinem Kragen dampft es wie aus den Falten eines frischen Pferdeapfels.

Erst jetzt spaltet Hermann zwei Baumstammzylinder in handliche Scheite. Anschließend begibt er sich wieder ins Warme, nimmt die Kartoffeln aus der Glut, schneidet die Fischlappen in mundgerechte Portionen, wählt aus einem Stapel Bücher drei Romane aus, trägt alles auf einem Tablett nach oben, horcht an der Tür seiner Geisel, entriegelt das Schloss, klopft an, sagt, er habe das Essen vor die Tür gestellt, wartet drei Stufen tiefer, bis Svetlana, übrigens ohne ihn auch nur eines verächtlichen oder irritierten Blickes zu würdigen, das Tablett abgeholt hat, schließt die Tür wieder ab, geht hinunter und nimmt sein Mittagessen ein. Sahneheringe an Backkartoffeln.

Helen hat es geliebt, dieses Gericht. Nach den Reitausflügen hat er es oft aus frischem Matjes zubereitet, mit viel Joghurt und Äpfeln, und dazu Dill und junge Zwiebeln...

Ein wahrer, naturvoller Charakter. Nichts Seichtes ist in ihrem Gesicht gewesen. Es ist unangespannt, entwölkt, tugendschön, wirksam. Es hat gesprochen, ohne sprechen zu wollen. Eine fast unwirkliche Erscheinung. Unschuldig. Lebendig. Strahlend, fest. Steht einfach so da. Auf dem Kopfstein gepflasterten Vorplatz der Berliner Universitätsreithalle, wo die Pferde so leicht den Halt verlieren, wo sie ausrutschen, in Panik geraten.

Der Herbst entblättert an diesem Vormittag seinen Nabel, als stünde er auf der Bühne, und Hermann genießt die Vorstellung der Jahreszeit in vollen Zügen. Und er fühlt die Gewissheit, dass dort, in ihm, wo die Lücke zwei Jahre lang nach Ersatz gesaugt hat, dass dort etwas Neues entstehen kann, etwas, das ganz anders ist als das Alte.

Er legt sich aufs Bett.

Oben herrscht Stille.

Ob sie eines der Bücher liest? Den Burgess? Den Krausser? Den Nabokov? Vielleicht den. Damals im Hochsommer auf dem Tegernsee hat sie dessen LOLITA gelesen. Und es dann zum ersten Mal gesagt: »Ich liebe Dich«. Und sie hat IHN damit gemeint, Hermann Strauchler, daran besteht kein Zweifel. Aber er hat nicht lächelnd davor gesessen, das weibliche Geschlecht atmend, genießend, beherrschend, sondern gegafft. Wie ein Kind den Entstehungsprozess einer riesigen Eisportion begafft.

Vielleicht ist ihr damals zum ersten Mal sein Familienname durch den Kopf gegangen...

Es scheint dunkler geworden zu sein, als Hermann seine Gefangene aufstampfen hört. Er zündet eine Petroleumlampe an, ruft auf ein weiteres Stampfen »Ja, Moment!« nach oben, klemmt seine HK4 zwischen Hosenbund und Bauch und geht zu ihr.

Sie will nicht mehr allein sein.

Sie ist es gewöhnt, Menschen um sich zu haben. Sie braucht die Gesellschaft, wie das Licht die Materie braucht, um sichtbar zu sein. Und schon jetzt, nach dieser einen Nacht, ist sie geneigt zu glauben, dass sie ohne Gesellschaft eingehen wird. Sie ist bereit, alles zu erdulden, sich – ihretwegen – auch alles anzuhören, was er geschrieben hat, um nur die Einsamkeit zu lindern, die man später vor Gericht nicht einmal als gesonderte Anklage wird erheben können.

Paragraph Eins: Wenn ein Mensch sich einsam fühlt, einsam ist oder zu vereinsamen droht, wird der dafür Verantwortliche mit einer Einsamkeitsstrafe nicht unter…

6 | Sonnenstrahlen altern nicht

Wir standen wieder einmal vor dem Studentencafé, und Du musstest wieder einmal in die Musikakademie. Diesmal ludst Du mich ein, mitzukommen.

Auf dem Weg wartete ich darauf, dass Du es sagst: »Aber bitte erwarte jetzt nichts Großartiges von mir!«

oder »Hoffentlich wirst du dich nicht langweilen.« Du sagtest nichts dergleichen. Du schwiegst, lächeltest in Richtung Zukunft. Wir betraten das Akademiegebäude. Der graugesichtige, verbissene Schlüsselverwalter, er lächelte Dich an. Später sollte ich erleben, dass Du sogar Platzanweiserinnen im Kino zum Lächeln bringen konntest...

Die Heldin dieser Zeilen nutzt die Atempause des Vorlesers, um sich auf ein Experiment einzustellen. Sie will das einmal ausprobieren: Nichts zu hören, ohne die Hände zu benutzen oder Laute von sich zu geben. Sie will an etwas anderes denken.

Dass der Mann, der ihr in der prunkvollen Synagoge Schwüre geleistet hat, fremdgeht, beunruhigt sie wenig. Es verschafft ihr den Vorteil der physischen Entpflichtung. Es ist ein Joker und Trumpf zugleich.

Sie selbst hat sich im Laufe der Ehejahre einige Male fremdgelegt, aber es ist kaum je etwas Sinnlicheres dabei geschehen als eine Höhereinstufung ihres Marktwertes. Und Nat tut ja im Prinzip nichts anderes, als seine stetig steigende Kaufkraft zu ermessen. Männer wie er beherrschen sich und ihren Lebensbetrieb so souverän, dass sie...

Was faselt er da? »Jeder außergewöhnliche Mann war einmal ein lächerlicher Schwärmer oder ein Unglücksvogel«? Oh ja, wie überaus passend, mein Lieber. Wie schade um die schönen Worte...

Nun also: Lächerliche Schwärmer oder Unglücksvögel sind die Männer, die sie kennt, nicht. Die beherrschen ihren Lebensbetrieb so souverän, dass sie glauben, ihre teuer versicherten Kunstobjekte selbst geschaffen zu haben.

Oder doch zumindest den Künstler erschaffen zu haben – durch die Vermehrung läppischer Banknoten in läppischen Kungeleien, in Pokerrunden, die sie »Arbeit« nennen und »Stress« und »Unternehmung« und »Spekulation«. Von all den Dingen jedoch, die schön sind, haben sie kein einziges Ding selbst geschaffen. Sie verwechseln »Kaufen« mit »Schöpfung« und »Verkaufen« mit »Weiterentwicklung«...

Ach, von Stendhal! Hast viel gelesen, Hermännchen, wie? Antworten gesucht?

Kein Zufall, dass man »reichselig« nicht zum Gegenteil von »armselig« gemacht hat, denkt Svetlana ohne ein Gefühl des Bedauerns. Aber auch ohne ein Gefühl der Spannung.

Und deshalb, und auch, weil es in der Veranstaltung hier um sie geht, um ihre weiblichen und charakterlichen und künstlerischen Vorzüge, fällt es ihr zunehmend schwerer, den Wortlaut dieser Veranstaltung zu ignorieren. Wenn er auch einem kranken Hirn entstammt. Sie muss dem Besitzer dieses Hirns, der von ihrem Experiment keine Ahnung hat, Recht geben: Man kann wegsehen, aber nicht weghören. Und weil das so ist, wird sie ihrem Peiniger einen Denkzettel verpassen, der seinen ganzen lachhaften Plan mit einem einzigen Handstreich vereitelt.

Und: was wird es da alles zu erzählen geben!

Ich hatte einen hellen Saal mit spiegelndem Flügel in der Mitte und weichen Ohrensesseln an den barocken Wänden erwartet. Wir betraten das Gegenteil. Die engen Steinwände waren leer, bis auf einen Blechkasten hinter Dir: Drei Luftschlitze, ein Griff und ein paar hängen gelassene Farbnasen, sonst nichts. Ein Spind. Links daneben eine glanzlose, zerbeulte Tuba ohne Mundstück.

Dann geschah es: Die erste Taste lupfte ihren Dämpfer empor. Das erste hölzerne Hämmerchen schlug die erste Saite an, versetzte sie in Schwingung. Der erste Ton löste sich aus dem wuchtigen Resonanzkörper, schwang sich auf und verwandelte den ganzen Raum in ein einziges Klavier, unter dessen Fittichen ein großartiges Ballett aufgeführt wurde. Die Klänge wiegten und hüpften und schaukelten und drehten sich durch den Saal, vollführten Pirouetten und Battements, Assemblés in kleinen Dreiergruppen, Echappés im Corps, jeder von ihnen ein begnadeter Solotänzer, jede einzelne Arabeske, Attitüde, Kapriole umarmte die andere, schmiegte sich schwerelos an, verbeugte sich mit geflügelten Pliés und Jetés, flog davon, löste sich auf, verhallte.

Es war spät geworden, bis dieser Satz endlich so dagestanden hatte.

Die Klavierpassage ist wichtig gewesen, hat Konzentration erfordert. Und der kreative Akt, seine bildlichen und akustischen Erinnerungen in diese Form zu gießen, hat ihm eine gewisse Befriedigung verschafft.

Bis wieder einmal das Wasserglas auf seinem Schreibtisch angefangen hat zu vibrieren.

Ein Schlagzeug wird vergewaltigt. Drüben, bei seinem Nachbarn. Ein Elektrogitarrist masturbiert sein Instrument, rubbelt immer hastiger, verkrampft sich, lässt locker.

Ein Publikum grölt.

Der Wasserspiegel glättet sich.

Eine irrsinnige Rückkopplung fährt dem Briefschreiber durchs Rückenmark.

Die Hochspannung knistert wütend vor sich hin.

Nie hat der Nachbar Existenzzweifel als Existenzzweifel wahrgenommen, immer nur als Bedürfnis nach Bier, Cannabis und Krach – und meistens mitten in der Nacht.

Die Kunst sei sittlich, sofern sie weckt, sagt Thomas Manns Settembrini so dahin, weil er Heavy Metal und Hardcore-Gabber noch nicht kennt.

Einschläge einer Abrissbirne, Wiederaufnahme der Kampfhandlungen. Donnerrollen. Die Ohnmacht ist ein Tauchsieder, der im Bauch glüht.

Hermann rennt, um die Wut auszuschwitzen, durch den Schillerpark, setzt sich vor dem gewaltigen Denkmal auf eine Bank, steckt eine Zigarette an, genießt die Ruhe wie Espresso und Brandy nach schwerer Mahlzeit und lauscht seinem ruhiger werdenden Puls.

Angenehm kühl hier.

Er streckt sich auf der Bank aus.

Und schämt sich. Weil er nicht rübergegangen ist. Weil er die Tür des Nachbarn nicht mit der Axt eingeschlagen und all die übrigen Pflichten eines Mannes erfüllt hat.

Und schläft darüber ein.

»Kommt da noch was, oder…?«

»Ja, natürlich.«

Hermann ist ein wenig erschrocken und beeilt sich, den Faden wieder aufzunehmen.

Meine Großmutter spielte auch. Ich durfte immer neben ihr auf dem Klavierbänkchen sitzen. Ich sah, dass ihre Finger die Tasten bewegten, aber ich wusste, dass nicht sie spielte, sondern jemand, mit dem sie in einer geheimnisvollen Beziehung stand.

Mein Großvater mochte das nicht. Er ließ einen Lautstärkeregler in das Klavier einbauen – was dieselbe Wirkung erzielt, als würde man Daunendecken in den Resonanz-

kasten stopfen. Fortan wurde das Bechstein nicht mehr bespielt – außer von mir: Ich benutzte den Lackdeckel als Autobahn für meine Matchbox-Autos. Das goldene Scharnierband diente mir als Leitplanke, und die Brems- und Schlitterspuren dienten meinem Großvater als Grund, mich übers Knie zu legen. Ein Witz gegen das, was er selbst hatte einstecken müssen.

Als Kind hat er die beiden Granatsplitterkrater in der Hüfte des alten Mannes ja oft gesehen. Erst jetzt weiß er, was ihn daran gestört hat:

Sie passten nicht zu ihm. Er war einfach zu gepflegt.

Auf seiner Kleidung oder neben seinem Teller ist niemandem je ein Fleck aufgefallen, und am Rand seines Glases oder seiner Tasse hätte niemals jemand eine Butterspur aufgespürt. Und Bücher sind für ihn das gewesen, was für einen Kardiologen das offene Herz ist. Man durfte sie nicht ganz aufknicken, um die Bindung nicht zu brechen, hatte sich vorher die Hände zu waschen, durfte keinesfalls den Schutzumschlag abnehmen und musste die Seiten auf eine ganz bestimmte Weise umblättern: Indem man mit dem sauberen, trockenen, unter keinen auch noch widrigen Umständen mit Speichel benetzten Zeigefingerkuppenpolster die jeweilige Seite oben rechts vom Buchblock löste, hochlupfte und dann mit der flachen Hand nach links umlegte. Am besten, man ließ die Bücher in

Ruhe im Regal stehen, wo sie alle paar Wochen mit einem eigens dafür angeschafften Schweineborstenpinsel abgestaubt wurden.

Du hättest Dir das niemals gefallen lassen, dass Dir jemand das Klavier stopft. Dein Spiel verwandelte die Kammer in einen Festsaal. Durch den schmalen Spalt eines nicht vollständig verdunkelten Fensters drang ein Sonnenstrahl in den Raum, wurde länger und rötlicher, kroch den Fußboden entlang und erreichte die alte Basstuba.

Dort, wo das Licht ihr Blech berührt hat, an der Stelle, wo es am meisten funkelte, hat der Strahl sein Ziel gefunden. Hundertfünfzig Millionen Kilometer durchs All legt er als nicht wahrnehmbares Energiebündel zurück, um dann mit der unvorstellbaren Geschwindigkeit von dreihunderttausend Kilometern pro Sekunde durch unsere Sphären hindurch, endlich sichtbar werdend, Richtung Europa, Bayern, in die Musikakademie zu dringen und das kunstvoll getriebene Metall des Kornettinstruments glänzen zu lassen. Unzählige Talente hatten es in ihren Armen gehalten. Am Ende seines Weges ist der Strahl acht Minuten alt. Aber Sonnenstrahlen werden nicht alt. Wäre er an der Erde vorbei, etwa auf den Pluto gefallen, hätte er das Alter von fünfeinhalb Stunden erreicht. Um dort welchen Zweck zu erfüllen?

Du musstest los. Dein Klavierschüler wartete in einem anderen Übungsraum. Ich wollte das nicht, fühlte mich fiebrig. Aber Du lächeltest, und Deine Hand streifte wie aus Versehen meine Schulter. Das war, glaube ich, die erste Berührung.

Ich ahnte es damals nicht, aber im Nachhinein glaube ich, dass dieses Erlebnis eine Weiche stellte – auf einem Streckenabschnitt meines Lebens, den ich für eingleisig gehalten hatte.

7 | Eine Träne im Knopfloch

Manchmal schlendere ich abends ganz dicht an den Schaufenstern der Restaurants und Bars vorbei, fange die Blicke der Menschen auf, die da drinnen anderen Menschen gegenüber sitzen, und frage mich, was an einem solchen Abend anders wäre, an einem Abend, da ich Dir begegnete, rein zufällig; was vorher geschehen würde. Ob sich die Begegnung in Form irgendeines Zeichens ankündigen würde?

Vorhin war so ein Abend, an dem ich mit Dir rechnete.

Es ist Herbst.

Ich sah, wie ein Blatt sich vom Ahornbaum löste und auf dem Fußgängerasphalt landete. Eines der letzten hohen Blätter dieses Jahres. Als ich drauf trat, machte es sich unter meiner Sohle flach, und ich wusste, dass es nunmehr aus hundert Einzelteilen bestand.

Du saßest in keiner Bar, kamst um keine Ecke gebogen.

Ich ging nach Hause. Setzte mich an den Schreibtisch. Und hier sitze ich nun und werde das tun, was ich seit längerem nicht mehr getan habe: Weiter schreiben.

Da war dieser erste flüchtige Kuss bei Dir zu Hause. Ich war zum ersten Mal bei Dir, überhaupt zum ersten Mal bei einer Familie, die ihre eigene Musik spielt und dazu singt und tanzt. Ich ließ Dich keine Sekunde aus den Augen, den ganzen Abend lang. Vielleicht, um herauszufinden, wie lange ein Mensch diese fröhliche Kultiviertheit am Stück durchhält. Ich wartete auf den Moment, da Du aus Deiner Rolle, aus der Hitze der Bühnenscheinwerfer heraustreten, Dich in Deine Garderobe begeben und ernst in den großen Kosmetikspiegel blicken würdest. Aber da hätte ich wohl lange warten müssen.

Bei der Verabschiedung standen die Gäste Schlange, Dich zu küssen. Vor mir war der Freund des Hauses, ein Theaterregisseur, an der Reihe, der heimlich, aber reinen Herzens in Deine Mutter verliebt war. Er küsste Dich auf den Mund, zärtlich und zugleich höflich, sinnlich und zugleich freundschaftlich, entspannt und doch auf Dich konzentriert, kurz aber nicht flüchtig. Dann war die Reihe an mir. Ich hätte nicht gewagt, Dich zu küssen, streckte meine Hand aus. Du lachtest. »Nun mein Freund, willst Du Dich nicht anständig von Deiner Gastgeberin verabschieden?!«

Der Abend wühlte mich auf. Ich fühlte mich leicht, aber ich war nicht verliebt. Es war etwas anderes, das mich beschwingte, ein Gefühl, das ich noch nicht kannte, ähnlich wie Stolz, nein, kein Stolz – Familie! Ich fühlte mich zu Hause, das war es. Ein starkes, neues Gefühl, das mich wie der Sog eines verdienten Schlafes erfasste.

Ich meine, wir haben uns danach erst einmal eine ganze Weile nicht mehr gesehen, weil Du in New York warst, bei Deinem Louis. Ich wusste von ihm, aber ich beneidete ihn nicht um Dich. Neid überspannt keine Utopien.

Ungefähr so hat alles angefangen, erinnerst Du Dich?

Ob sie es tut? Er lässt ihr ein paar Augenblicke Zeit zu reagieren. Und da sie es nicht tut, nicht »doch« sagt: »Doch, natürlich erinnere ich mich daran. Du hast ja keine Vorstellung davon, Hermann, wie sehr ich zu diesem Zeitpunkt bereits in dich verliebt war!« Da sie das nicht sagt, liest er weiter.

Obwohl es längst dunkel ist, spielen unten auf der Straße noch Kinder. Ich mag den Lärm spielender Straßenkinder, er klingt nach einer zweiten Gelegenheit, und die Ruhe danach ist irgendwie tiefgründig.

Immerhin hat sie ihm, wohl mehr aus Versehen, einen flüchtigen Blick zugeworfen, eine Mischung aus Vorwurf und Neugier, eine momentane Entgleisung, schon vergessen. Beim Vorleser bewirkt dies eine Entspannung der

Stimmbänder, denn die zumindest vage Gewissheit, einen Sinn zu erfüllen, tut ihnen gut.

Um Dir einen Eindruck von meiner Gegenwart zu vermitteln, müsste ich Dir Deine Nachfolgerin vorstellen, aber manchmal glaube ich, sie ist nur deshalb meine Freundin, weil sie nicht in der Lage ist, unnütze Dinge auszurangieren. Das geht so weit, dass sie nicht einmal zersprungenes Geschirr wegschmeißt. Es ist gefährlich, in ihren Küchenschrank zu greifen, man könnte an die scharfe Abbruchkante einer henkellosen Tasse fassen, ein geklebter Teller oder eine notdürftig reparierte Teekanne könnte beim Herausheben plötzlich wegbrechen und das darunter befindliche, noch heile Geschirr zerstören. Wenn es nach ihr ginge, würde sie nicht einmal die Nachrichten auf ihrem Anrufbeantworter löschen. Jedes Mal wartet sie damit genau so lange, bis das Band voll ist. Dann verkündet eine feminine Roboterstimme die Botschaft »Piep, es können keine weiteren Nachrichten hinterlassen werden, piep«.

Sie heißt übrigens Helen und arbeitet als Psychologin in einem Kinderheim…

Kein anderes Volk bindet dieses Heim sprachlich so eng an die Heimat wie das deutsche. Und in keiner anderen Sprache wird dieser Begriff, »Heimat«, dadurch so lose und fern und fremd. Die meisten anderen Völker nennen die elternlose Aufbewahrungsanstalt für Kinder »Asyl«. Warum nicht das deutsche? Asyl ist doch ein gutes Wort, zweigt vom Stamm des griechischen »Sylon« ab – Plünderung, Raub, Beute –, und die Vorsilbe bezeichnet den Schutz davor.

Ist es Zufall gewesen, dass Helen ausgerechnet diese Stelle angenommen, sich entschlossen hat, fortan hundert verwilderte Kinderseelen zu warten? Nein. Solche Zufälle gibt es nicht.

Auf höchst unangenehme und plötzliche Weise wird dem Grübler bewusst, dass er eine Minute oder Sekunde lang geträumt haben muss. Und genau in dieser Minute oder Sekunde hat sich eins von den Ereignissen angebahnt, die im Moment des Geschehens so grell aufblitzen, dass der Überraschte sich wie ein Tier verhält, das auf nächtlicher Landstraße im Schein des Abblendlichts verharrt.

Svetlana hatte ihn fixiert. Ein Impuls ist ihr durchs Gehirn gefahren: »Frechheit siegt«. Sie gibt diesem Impuls nach, sagt »Darf ich mal kurz?«, nimmt den noch unvorgelesenen Papierstapel und wirft ihn ins Feuer.

Dass Frechheit siegt, ist nur ein Teil der Wahrheit, denn Frechheit ist nichts anderes als bewusstloser Mut, und mit zurückkehrendem Bewusstsein schwindet der Mut.

Langsam steht Hermann auf, setzt zunächst ein, zwei unentschlossene, dann zwei bis drei entschlossene Schritte auf die tapfer ihrem Schicksal Entgegensehende zu, packt sie bei den Revers der Herrenstrickjacke, die er ihr besorgt hat, durchbohrt sie mit einem glühenden Blick und drückt sie in den Sessel zurück. Beide betrachten das viele Papier im Kamin. Die Flammen werden damit längst nicht so souverän fertig, wie man das als Benutzer von Zentralheizungen erwarten würde. Einen Großteil der Blätter könnte man retten. Stattdessen presst Hermann seine Backenzähne aufeinander.

»Ich hätte dich nicht für so dumm gehalten. Was erwartest du? Dass ich die Sache jetzt abblase? Dich nach Hause bringe? Mich stelle?«

Hermann bückt sich und blättert eines der Wildschweinfelle zur Seite. Darunter ist eine Luke zu erkennen. Hermann prokelt den Ring aus der Einlassung, dreht ihn, reißt die Falltür hoch und lässt sie geräuschvoll auf die Dielenbretter fallen. Ein kühler Modergeruch wabert aus dem tiefschwarzen Viereck empor, um sich aufdringlich im ganzen Wohnzimmer auszubreiten.

»Weißt du, was ich jetzt tun werde?«

Svetlana antwortet mit keiner Geste. Aber ihr Ausdruck hat wesentlich an Stolz eingebüßt.

»Ich werde nach Hause fahren, nach Berlin, den Brief ausdrucken, zurückkommen und weiterlesen. Ganz einfach. Das Ganze wird ungefähr einen Tag dauern, wenn nichts dazwischen kommt…« Auf die Senke deutend, fügt er hinzu: »Du wirst in der Zwischenzeit da unten auf mich warten.«

Svetlana verschränkt fröstelnd ihre Arme und starrt ihren Peiniger ungläubig an.

»Du wirst dich warm anziehen und viel trinken… Und dann solltest du beten… Dass ich keinen Unfall baue. Verdursten muss ein beschissener Tod sein. Ich habe gelesen, dass man das Bewusstsein erst kurz vorher verliert.«

Wo hat er diese Information eigentlich her?

Er zieht seine Reisetasche unter dem Bett hervor.

Ach ja: Aus dem Zeitungsartikel über die beiden kleinen Jungen, die in ihrem Kinderzimmer verdurstet waren. Die Mutter hatte die Klinke des Kinderzimmers abgezogen und sie einfach vergessen. Ihr Todeskampf sei lang und qualvoll gewesen, hat der Reporter behauptet.

Svetlanas Augen haben sich mit Flüssigkeit gefüllt. Ein Wimpernschlag sprengt die Follikel auf und löst zwei Rinnsäle aus, aber Hermann nimmt offenkundig keine Notiz davon.

Was mag das Kind gefühlt haben, das als zweites das Bewusstsein verlor? Verlassensein? Als Ahnung? – Die Frage nach der Natur dieser Entartung führt notgedrungen zur Religion – zu Gott – zum Antigott. Der das Menschliche nicht – wie den Förster – mit einem Faustschlag niederstreckt, wenn es darum geht, sich ins Rampenlicht zu drängeln. Bravo, eine Glanzvorstellung, Messere!

Ob das Sterben für die Kinder ein Sieg war, wie es im Märchen heißt? Ein Sieg gegen das steinalte Gespinst mit den roten Augen und der Witterung eines Tieres? Ob die beiden sich im Augenblick des Triumphes um den Hals gefallen, herumgesprungen sind, einander geküsst haben? Ob sie an ein großes Wasser gekommen sind, wo sie sich haben trennen müssen, damit die weiße Ente sie ans andere Ufer bringe? Ob ihnen die Trennung schwer gefallen ist? Ob sich dann der Wald gelichtet hat, und ob sie bald darauf dem Vater um den Hals gefallen sind?

»Sveta! Hör auf zu weinen. Ich hatte nicht wirklich vor, dich da einzusperren!«

Svetlana tupft sich die Feuchtigkeit mit den Ärmeln ab, nimmt ein Taschentuch entgegen und schnaubt ihre Nase ausgiebig und geräuschvoll leer.

»Hör zu!« Hermann bemüht sich um eine ruhige, aber scharfe Stimme und ist mit dem Ergebnis einigermaßen zufrieden. »Ich habe noch eine Kopie des Briefes dabei. Wenn du es noch einmal wagen solltest, auch nur eine einzelne Seite, die ich noch nicht vorgelesen habe, unleserlich werden zu lassen, tue ich genau das, was ich eben gesagt habe. Das schwöre ich dir bei allem, was mir noch heilig ist!«

...

»Und zwing mich nicht, meine Entschlossenheit zu beweisen. Bitte.«

Hermann hat keine Lust, weiter vorzulesen, hat ohnehin erst am nächsten Tag damit anfangen wollen. Er begleitet die Saboteurin auf ihr Zimmer, tauscht bei einer späteren Visite ihre Tagesbekleidung gegen Nahrungsmittel ein, empfiehlt ihr, falls sie noch nicht schlafen könne, die mitgebrachte Lektüre, weist in diesem Zusammenhang nochmals darauf hin, sie möge sich mit dem Feuer in acht nehmen, wünscht ihr eine gute, geruhsame, entspannende Nacht, schließt sie ein, stapft seine Inspektionsrunde ums Haus, isst und denkt nach.

Er ist nicht müde. Beschließt, das zu tun, was er in solchen Fällen immer tut: Eine Kerze ans Bett stellen, zwei Kopfkissen übereinander stapeln, sich – die Hände zwischen den beiden Kissen zum Gebet verzahnt, das Kinn obenauf gestützt – auf den Bauch legen und lesen. Er nimmt sich das Ersatzexemplar seines Briefes vor, blättert die aktuelle Seite auf, liest die Passage über Helen weiter, bleibt, schläfrig geworden, an den Wörtern »Russland«, »Wodka« und »Kommunalwohnung« hängen und befindet sich alsbald im Kreise russischer Freunde, die er, würde er selbst darüber berichten, vielleicht als »Prijáteli« bezeichnen würde. Er beneidet das Russische um dieses Wort, füllt es doch die Lücke aus, die im Deutschen zwischen »Bekannten« und »Freunden« klafft.

Eine dieser Prijáteli ist eine Tatarin, die ihm schöne Blicke zuwirft. Und diese Blicke umspülen seine Schaltkreise mit Dopaminen wie das Bachwasser vor der Hütte die bunten Kiesel umsprudelt. Und da die Schönäugige – wie alle anderen auch – in der großen Kommunalwohnung übernachtet, setzt Hermann es sich, neben den vielen Wodkas, in den Kopf, sich später, wenn alle schlafen, zu ihr zu schleichen.

»Wenn eine süße Frau dich in ihrem Bett erwartet und du gehst nicht hin, ist deine Seele verloren« sagt Alexis Sorbas. Und die Tatarin ist so süß, dass ihm förmlich die Zähne schmerzen. Und sie erwartet ihn. Glaubt Hermann. Und über diese selige Gewissheit schläft er ein.

Mitten in der Nacht aber wacht er wieder auf, zu dem Zweck, die Aufnahme diverser Nahrungsmittel rückgängig zu machen. Und schleicht gleich anschließend zu ihr. Die längst schläft. In einem Doppelbett. Neben einem anderen weiblichen Gast. Es ist stockdunkel, und das Erfühlen und Streicheln der Schlafenden erfordert eine erhebliche Konzentration auf die vom Alkohol fahrig gebliebene Mechanik seiner Hände. Schon bald aber seufzt die warme junge Frau leise vor sich hin und enthüllt das Weiß ihrer Augäpfel. Und dann flüstert sie ihm etwas zu. Etwas, das durchaus wohlgesonnen klingt. Was Hermann Strauchler an dem Flüstern irritiert, ist die Sprachmelodie. Es ist nicht der slawische Tonfall der jungen Schönen, sondern derjenige der deutschen Gräfin Katharina von Tunder ten Tronk, die mit ihm zusammen hier in der Zarenmetropole am finnischen Meerbusen studiert. Hermann ist auf Anhieb nüchtern wie ein OP-Patient, stammelt Ungereimtheiten, kriecht in sein Bett zurück und springt auf eine Rolltreppe auf.

Fühlt unter den Sohlen die scharfe Trennung der Stufen, deren Kanten links abgewetzt sind, während rechts noch die scharfen, spitzen Rillen Halt bieten – Zeugnisse jahrzehntelanger militärischer Disziplin, die niemals links stehen bleibt, niemals redet. Liebespaare nutzen die Rolltreppenfahrten, einander zuzuwenden. Stets fahren die Männer dabei rückwärts hinunter und vorwärts hinauf. Sowjetmünzen kullern zwischen den rasenden Treppen alle Augenblicke hinab, verursachen Geisterbahngeräusche auf den hundertmeterlangen Chromrutschen, werden unten von Kindern oder Bettlern aufgefangen. Passanten, die die Kopeken zum Telefonieren brauchen, tauschen sie ein, geben graue Lappen mit grauen Zahlen dafür hin. Wortlos. Überhaupt, ohne einen Gesichtsmuskel zu kontrahieren.

Vor den U-Bahnstationen grotesk bunt leuchtende Blumenstände: Für eine Nelke, die gestern noch fünf Rubel kostete, zahlt man heute acht und morgen zehn oder zwölf. Gegenüber scharen sich grau gekleidete russische Brillenträger um Bücherstände und reißen den kaukasischen Händlern schrillbunte Schmöker mit amerikanischen und japanischen Monstern aus den behaarten rechten Händen.

In den linken behaarten Fäusten klemmen dicke Stapel von Geldscheinen. Die russischen Klassiker, endlich, endlich kaufbar, bleiben in Zellophan eingeschweißt in den Kisten unter den Tapeziertischen, made in Germany. Zwischen den Ständen bieten müde Greisinnen ihre Waren feil: einzelne Plastiktüten und Papirossi-Zigaretten. Manchmal gehen gedrungene, bis ins Gesicht tätowierte Kanalratten breitbeinig, breitarmig und breitgesichtig zu ihnen, um ihnen das Geld abzunehmen oder sie mit Ohrfeigen zu nötigen, den Umsatz anzukurbeln.

»Platschú« heißt »ich bezahle«. »Plátschu«: »ich weine«. Schreiben: »pisátj« und »písatj« »pissen«…

Der zweite Tag

8 | Eine Landschaft mag schön sein – komisch ist sie nie

Am Morgen begegnet Hermann einem humorigen und satten Patriarchen, der – kein Zweifel – sein Bruder ist und die Verantwortung für eine ganze Menschensiedlung trägt. Am Rande dieser Siedlung erhebt sich die Fassade eines Hauses – älter, städtischer als die restlichen Gebäude. Ein klassisches Bauwerk mit verspielten Erkern, schmalen Friesen, bescheidenen, weichen Reliefs und einem hohen Giebel. Die Fenster sind von ausgeblichenen Frotteestoffen weitgehend verhangen, und die Tür ist verschlossen. Die Fassade sieht ramponiert aus, grau, traurig. Das Haus steht seit Jahren, wenn nicht Jahrzehnten leer, und seine kahle, glatte Rückwand grenzt an eine stark befahrene Autobahn. Hermann will mit seinem Bruder bereden, wie man das halbe Haus, das ihnen gemeinsam gehört, wieder nutzbar machen kann, aber das Gespräch wird behindert...

Hermann öffnet die Augen, steht auf, beugt sich über die Plastikwanne, reibt sich mit dem Wasser die Blässe aus dem Gesicht.

Wie lange hat er mit dem Bruder kein persönliches Wort mehr gewechselt? Drei Jahre? Sieben? Siebzehn?

Fensterläden öffnen; anziehen; Kaminfeuer anzünden; Kaffee kochen. Das ist das, was getan werden muss. Es wird getan.

Hermann streift den Pelzmantel über. – Mit leisen Schritten kommt der Morgen die Schneise herauf gewandert. Eine halbe bis dreiviertel Stunde noch, dann ist er da.

Da hinten, unten, wo Adrians Weizenfelder im Sommer gegen den Wald branden, dämmert die Silhouette eines imposanten, knorrigen Baumes. Eine durch jahrzehntelanges Aststutzen verwachsene Weide. Sie steht frei zwischen zwei Feldern, allein, aber nicht einsam. Eher noch wirken jetzt die kahlen Flure um sie herum einsam. Nur im Sommer sprießt hier und da kleines vorwitziges Zeug aus den stämmigen Ästen. Wie Barthaare aus dem Kinn einer alten Frau. Ihr knotiger Stamm ist schwarz und in etwa so dick wie die Treckerreifen, die Adrian für druckempfindliche Äcker aufziehen lässt. Der Baum verkörpert etwas Gegenständliches, aber Hermann kann nicht sagen, woran ihn der Anblick erinnert.

Die Sachen seiner Gefangenen unter den Arm geklemmt, steigt er die Stufen zu ihrer Kammer hinauf, horcht, hört das Quietschen des Bettgestells, klopft an, horcht – nichts –, pocht gegen die Tür.

»Svetlana?!«

Keine Antwort.

»Bist du wach?«

Kein Geräusch.

»Sveta!«

Angestrengtes Lauschen. Nichts zu hören. Selbst ihr Bettgestell tut, als hätte es nie einen Laut von sich gegeben, als wäre es dazu überhaupt nicht in der Lage. Hermann zieht den Schlüssel aus seiner Hosentasche.

»Ich schließe jetzt auf!«

Keine Antwort. Na schön.

»Ich komme jetzt rein.«

Das Schloss leistet keinen Widerstand. Wie von selbst springt der Bolzen in den Zylinder zurück. Klack. Ein Laut der Verbundenheit. Hermann selbst hat es ausgebaut, gereinigt und geschmiert. Er tritt einen halben Schritt zurück und drückt die Tür behutsam mit dem Fuß auf. Vorsicht ist geboten. Svetlana ist die Gefangene, er der Wärter.

Im Film wäre seine Daseinsberechtigung ausschließlich die, überrumpelt zu werden. Dutzende von Gefängnisfilmen handeln davon. Stromschläge aus der Türklinke, Pistolen aus Seife, Stolperdrähte, Schläge von hinten auf den Kopf, mit Bleistiften Hände auf Tischplatten festnageln…

Es heißt, ein israelischer Gefängnisinsasse namens Uziel Gal habe sich einst aus einem Bettgestell eine Maschinenpistole zurechtgebastelt. Eine funktionierende Schnellfeuerwaffe, aus einem simplen Gefängnisbett. Rückstoßlader mit feststehendem Lauf und Masseverschluss, zwanzig Schuss im Magazin, sechzig Meter Einsatzschussweite. Sie wird patentiert, Uzi getauft, in Ramat Ha Sharon am Fließband fabriziert und von dort in alle Welt verhökert, verschekelt, zu Tausenden. Auch an die Bundeswehr, vor allem an die. Die deutsche Fachpresse bemängelt die Unhandlichkeit der Uzi, ihre schwer zu haltende Feuerlinie, die Lage des Laufes, dessen Drall-Länge, und dass die Visierlinie zu hoch über der Laufachse liegt. Nichtsdestoweniger ein Exportschlager. Dessen Konstrukteur leer ausgegangen ist, schlimmer noch: Er ist von einem Bleihagel perforiert worden.

Vorsicht ist unbedingt geboten. ›Ein solch genialischer Tüftler im Warschauer Ghetto, ein einziger bloß‹, denkt Hermann, während er die Tür öffnet, ›und der Staat Israel hieße heute, wenn es ihn überhaupt gäbe, nicht Israel, sondern Uziel‹.

Svetlanas Gesicht ist von der Tür abgewandt. Jedenfalls ist es keine aus Kissen, Feudeln und sonstigen Requisiten hingebosselte Vortäuschung menschlicher Physiognomie, was da liegt, sondern ein lebendiges Wesen mit Lungentätigkeit. Kein Zweifel, keine Gefahr. Hermann tritt ein, zieht die Tür hinter sich zu, legt ihre Sachen über den Bettpfosten und befiehlt einen Guten Morgen.

Keine Reaktion. Er kniet vor dem Eisenöfchen nieder, facht es mit leichten, hellen Holzscheiben an, legt Briketts nach und wendet sich endgültig der Geisel zu.

»Sveta...« Crescendo: »Svetlana! Ich möchte, dass du jetzt aufstehst, dich anziehst und mit runterkommst.«

Er hat sich darauf gefreut, sie wiederzusehen. Schon nach diesen sieben oder acht Stunden der Trennung hat er die Wiedersehensfreude als Leichtigkeit gespürt. Er hat damit gerechnet, dass die Freude nicht auf Gegenseitigkeit beruht, aber...

»Hör zu. Ich habe keinen Bock auf dieses Spielchen.«

Er hätte »Zeit« sagen sollen. Das wäre richtiger, autoritärer. Keine ZEIT für solche Spielchen. Zu spät. Er muss handeln. Wenn er sich JETZT nicht durchsetzt, ihr JETZT nicht die Grenzen markiert, wird sie ihm auf der Nase herumtanzen. Er muss einen Akzent setzen.

Hermann setzt einen energischen Schritt an ihr Bett heran – »Du zwingst mich dazu!« – und zieht ihr die Daunendecke weg.

Die Entdeckte krümmt sich, als könne sie dem Unterkörper mit dem Oberkörper die Decke ersetzen oder umgekehrt.

»Komm mit runter, es gibt frischen Milchkaffee.«

Svetlana wechselt die Seite.

»Ich werde überhaupt nichts tun.«

»Doch, wirst du! Aber vorher wirst du dich noch erkälten.«

Nachdem er beide Fenster sperrangelweit geöffnet hat, kommt es ihm vor, als hätte er die Tür eines gigantischen Tiefkühlsaals aufgesperrt. Wahrscheinlich ist die Hölle nicht heiß, sondern kalt, das ist viel bedrohlicher. Ihn fröstelt bei diesem Gedanken.

»Wichser!«

Ob er will oder nicht, ob es angemessen ist oder nicht, tief in seinem Innern erregt ihn der Begriff, als hätte sie ihm eine Obszönität ins Ohr gewispert.

»Du kannst ja richtig vulgär sein!«

»Fuck you!«

Hermann nimmt das nicht persönlich. Trotzdem. Er muss die Oberhand behalten, und wie es aussieht, liegt seine Hand momentan unten.

»Was erwartest du von mir? Dass ich dich eine Woche lang hier liegen lasse? Glaubst du, ich mache Spaß?! Das ist kein Spaß!«

»Du wiederholst dich. Arschloch!«

Sie benimmt sich wie ein junges Pferd, das beritten werden soll. Es wehrt sich mit allen Mitteln gegen den Fremdkörper auf dem Rücken, gegen die harten Waden an den Flanken, gegen die Domestizierung, die Unterwerfung: Es buckelt, steigt, taucht weg, macht eine

Vollbremsung, versucht, die Last abzustreifen. Fantasiebegabte Pferde legen sich sogar auf die Seite und rollen über, womit sie dem Bereiter ein hohes Maß an Geschicklichkeit abverlangen. Früher oder später ist der Wille zur Selbstbestimmung gebeugt. Meistens viel früher als man das von solch einer herrlichen, muskulösen Größe erwartet. Irgendwann sieht jedes noch so stolze Ross ein, wie sinnlos es ist, sich gegen das Schicksal, den Gott, den Cavallero aufzubäumen, und schon im nächsten Augenblick lässt es sich weicher aussitzen als ein altgedientes Dressurpferd.

Hermann ist davon ausgegangen, dass auch Svetlanas Wille mit dem gestrigen Vorfall ein für alle Male gebeugt sei, doch allem Anschein nach ist ihre Zähmung im Laufe der Nacht wieder verwildert.

Mit Unbehagen sieht er sein Opfer zittern, und ein Vergleich drängt sich auf: Der zwischen ihm und jenen Bestien, die Kinder in Badewannen haben erfrieren lassen. Zweifel bekriechen, bewimmeln sein Herz, räkeln sich dort, veranstalten Tamtam. Hat er sie unterschätzt? Ist die flötende, Prosecco nippende femme volée von einst zur nervenbemuskelten Jeanne d'Arc metamorphosiert? Ist aus der schreckhaften, Gewalt verabscheuenden, sensiblen Pianistin, die damals zu feige gewesen ist, auf Wiedersehen zu sagen, eine schmerz- und angstverachtende Heroine ausgepuppt? Aber wie? Wodurch? Durch die Geburt eines

Kindes? Kann diese Abhärtung vierzehn, fünfzehn Jahre lang nachhalten? Nein. Sie blufft. Sie steht kurz vor der Kapitulation. Sie muss bluffen. Bitte bluffe!

»Menschenskind, wir sind hier doch nicht in der Oper! Wir sind allein, keine Zuschauer, nur du und ich! – Aber wenn du darauf bestehst, schreibe ich dir ein Attest aus, dass du eine Heldin bist! Dass du dich bis zum letzten Blutstropfen gewehrt hast!… Also hör jetzt endlich auf, die Märtyrerin zu spielen und lass uns eine Runde spazieren gehen!«

Versöhnlich hält er ihr den Pullover hin.

»Ich will dir doch nichts tun, Herrgottnochmal! Im Gegenteil… Und mir wird übel bei dem Gedanken, Gewalt anzuwenden. Aber…«

Die Widerspenstige steht auf. Gott sei Dank!

Sie streift ihre Sachen über. Den Schlafanzug behält sie an, vor Scham oder vor Kälte, oder beides. Fertig angezogen fasst sie den Drängenden herausfordernd ins Auge, beinahe so, als wäre sie und nicht er die Siegerin der Pokerpartie, doch zumindest so, als fordere sie Revanche.

»Ich beuge mich der Gewalt, aber ich gehe unter keinen Umständen mit dir spazieren!«

Der Kaffee ist, als die beiden sich im Wohnzimmer der Jagdhütte eingefunden haben, nur noch lauwarm. Hermann setzt Milch auf, serviert einen durchaus noch gut genießbaren Café au lait und gönnt ihr und auch sich selbst eine Verschnaufpause.

»Darf ich dich mal was fragen?«

»Hast du ja damit schon getan.«

Svetlana stellt den entleerten Blechbecher vor sich auf den Tisch, verschränkt die Arme und senkt ihren Blick. Sie wird ab sofort jede Antwort verweigern, überhaupt jegliche Kommunikation vereiteln.

»Warum eigentlich? Ich verstehe das nicht.«

»Was?« Sie beißt sich auf die Lippen.

»Warum du nicht mitgehen willst. Du hättest sogar die Möglichkeit, abzuhauen. Ich meine, wenn überhaupt, dann da draußen, im Wald.«

Hermann hebt seine Arme, verzahnt die acht dreigelenkigen Finger hinter dem Kopf und massiert mit beiden Daumen seinen Nacken. Dann geht er zum Fenster.

Heller wird es heute nicht mehr. Der Himmel trägt sein olles, angeschmutztes Graues. Möglich, dass er bald Schnee lässt.

»Ich kann dich nicht zwingen. Wenn du unbedingt hier bleiben willst, bitte. Ich jedenfalls brauche frische Luft und Bewegung.«

Hermann macht sich ans Werk.

Er sperrt die Falltür auf, stellt die Leiter ins Loch, zündet eine Petroleumlampe an und hängt sie an einen rostüberschorften Haken, der womöglich genau zu diesem Zweck dort angebracht worden ist. Der Boden der Geheimkammer ist mit losen, fauligen Brettern ausgelegt. Dazwischen und daneben dümpelt Erdreich. Zwei massige Holzbohlen, die wie die Arme eines erstarrten, vergrabenen Dirigenten aus dem Boden ragen, stemmen die Unterseite der Hütte, trotzen der Verwesung. Aus den vier grob abgespateten Wänden sind hier und da Reliefs herausgewuchert: Vor langer Zeit dort angelehnte, abgestellte Gegenstände. Zweckentbundene Geräte ohne Ecken und Kanten. Von Staub, Feuchtigkeit und Insekten in hundertjähriger Sisyphosplackerei zu amorphen Gebilden umsponnen. Der ganze Raum ist in ein und demselben undurchdringlichen Farbton gehalten – ein graubrauner Rundumüberstrich. Nosferatus Kinderstube.

Ohne ein weiteres Wort zu verschwenden, holt Hermann eine Rolle Paketklebeband und fesselt damit die Handgelenke seiner Gefangenen. Svetlana lässt das widerstandslos über sich ergehen, auch, dass es ihr auf die Wange geklebt und um ihren Kopf gewickelt wird. Hermann packt sie unter den Achseln, wuchtet sie vom Stuhl hoch und bugsiert sie zum Einstieg.

Jede Wette wäre er eingegangen, dass sie schon mit Beginn des Fesselns aufgeben würde, spätestens jedoch nach dem Knebeln, aller-, allerspätestens an der Leiter.

Jede Wette. Und jetzt steigt sie geknebelt und gefesselt in dieses Rattenloch hinein.

Es fällt ihm schwer, seine Schuldgefühle zu ignorieren, aber es gelingt ihm. Er zieht die Leiter hoch, birgt die Lampe, schließt die Luke, stampft mit schweren Schritten zur Tür, öffnet sie, drückt sie von innen wieder zu, verharrt und lauscht.

Die Laute, die ein zu Tode erschrockener Mensch mit geschlossenem Mund erzeugen kann, dieses eingeklemmte, sich überschlagende Geheul, das durch den geschlossenen Resonanzkörper des Kopfes nach außen presst, dieses erstickte, inwendige Kreischen, das hat etwas Beängstigendes, Grauenvolles an sich. Etwas Markerschütterndes, Jenseitiges. Die verstopften Trompeten von Jericho. Hermann hechtet zur Falltür, reißt sie auf.

»Sveta!?! Süße! Was ist passiert?«

Kaum hat er die Leiter hinuntergelassen, windet sich ein ihm fremdes Wesen die Sprossen herauf, führt einen Voodootanz auf und quietscht und trompetet und nässt aus allen Kopföffnungen. Ein brennendes Mammut würde sich kaum anders bewegen. Eigentlich ein komischer Anblick, doch Hermann befürchtet, die Frau drehe ihm durch. Er hat keine Ahnung, was ihr da unten widerfahren ist, jedenfalls scheint sie das Grauen gesehen zu haben. Er zückt das Offiziersmesser und schlitzt das um ihren Kopf gewickelte Packband auf.

»Ratten! Da sind Ratten!«

Svetlana schüttelt ihren ganzen von Ekel befallenen Körper, als habe sie die Ratten nicht bloß gesehen, gehört, gefühlt, sondern absorbiert. Ein Schock, klare, klassische Sache. Ein Schock, weiß Hermann, bewirkt oftmals eine Richtungsänderung des psychophysischen Habitus und wird daher zur Behandlung von Geisteskrankheiten und Depressionen verwendet. Symptomatisch. So führt man sich auf, wenn man einer elefantösen Ratte begegnet und von ihrem elektrischen Rattenschwanz penetriert worden ist. Svetlana ist kurz davor, ihren Verstand, diesen Gasballon, loszulassen und auf ewig zu verlieren. Hermann gibt sich einen Ruck, umarmt sie.

Sie lässt es geschehen, würde die Umarmung vielleicht sogar erwidern, wären ihr nicht im wahrsten Sinne des Wortes die Hände gebunden. Mit gedehnten Zischlauten hofft Hermann, sie beruhigen zu können, doch das Nervenbündel lässt sich nicht darauf ein. Er löst seine Umklammerung, hält ihren Kopf beidhändig fest und fixiert ihre Augen.

»Ruhig, ganz ruhig! Es ist vorbei, hörst du?!«

Svetlana verstummt. In Ermangelung ihrer Hände krallt sie sich mit ihren Augen an seinen Augen fest und findet dort Halt, sicheren Halt. Das Konvulsieren flaut ab, wirbelt aus, weht als entgeistertes Flehen sanft nach.

9 | Arma amens capio

Schließlich stapft man als altes Ehepaar durch einen malerisch verschneiten Wald.

Hermanns Gedanken rotieren um den Traum und das Haus. Was hat es zu bedeuten?

Ist es überhaupt rechtmäßig, das zu erfahren? Zweckmäßig? Hat die Natur es nicht absichtlich so eingerichtet, dass man es nicht weiß? Operiert die Traumdeutung nicht gegen diese Natur an?

Ein gut anderthalb Mann hoher Maschendrahtzaun versperrt den beiden Spaziergängern den Weg. Wie das Bajonett aufs Sturmgewehr ist eine doppelte Stacheldrahtspirale auf den Zaun gepflanzt, der Adrians Wald von einer futuristischen Geisterstadt abgrenzt.

»Falls es Dich interessiert: Das ist ein ehemaliger Natostützpunkt. Von dem Bunker da vorne –« Hermann deutet auf ein hinter Büschen und Bäumen liegendes fensterloses schmutziggrünes Gebäude von der Größe einer Tennishalle – »gibt es hier über hundert Stück. Da wurden Mittel- und Langstreckenraketen drin gelagert. Tomahawk, Pershing Zwei und Cruise Missiles.«

Er spricht diese Wörter gerne aus. Er wäre auch gerne einer von denen, die solche Kunstwerke erschaffen: Buchstabenformationen, die wie Kristalle gewachsen sind. Phonetische Konstrukte, die man nicht künstlich erzeugen kann, die deshalb so etwas wie eine Brücke zwischen der Kunst und der Wissenschaft spannen. Eine gläserne Brücke.

Svetlana, die die ganze Zeit wortlos neben ihm her gewandert ist, beobachtet ihn aus den Augenwinkeln heraus.

»Adrian hat es vor ein paar Jahren für eine Mark zurückgekauft.«

»Wer ist Adrian?«

»Der, dem das alles hier gehört.«

Hermanns Miene hat den Ausdruck eines Kindes angenommen, das zum ersten Mal alleine Fahrrad fährt. Selten hat er sich stärker und freier gefühlt als an den Vormittagen, da er hier Fensterscheiben eingeschossen hat. Ein besserer Ort zum In-die-Gegend-Ballern dürfte in Mitteleuropa schwerlich zu finden sein. Das Gelände liegt weit ab von jedem Gehöft und ist von einem lückenlosen Grenzwall umgeben. Auf den Landkarten existiert es nicht. Strengste Geheimhaltung. Die englischen und amerikanischen Soldaten, die hier stationiert waren, haben das Terrain nie verlassen dürfen. Für ihre Versorgung ist eine Handvoll deutscher Zivilisten verantwortlich gewesen. Einer davon arbeitet seit der Räumung des Stützpunktes als Treckerfahrer auf Adrians Hof.

Hermann bereut ein wenig, während er einen Zaunabschnitt nach dem anderen mit Seitenhieben vom Schnee befreit, dass er sich nicht nachdrücklicher für seine Idee eingesetzt hat, Grafittisprayer einzuladen und das Gelände in eine riesige Kunstausstellung zu verwandeln... Vielleicht hätte er diesen Österreicher ansprechen sollen, dessen Namen er immer vergisst. Der hätte hier eine spektakuläre, gigantische Vernissage inszeniert... Am besten, man hätte ihm ein paar Fotos zukommen lassen. Zu fast allen Jahres- und Tageszeiten ist er hier gewesen, auf der Jagd nach Stimmungen, Perspektiven, Fluchten, einmal sogar mit der großen Kamera.

Da fällt ihm etwas ein.

Er zieht die Pistole des Krach machenden Nachbarn aus dem Halfter unter seinem Mantel und betrachtet sie wie einen Löffel, den man schon hundertmal abgeleckt hat und mit einem Mal dessen gefällige Form entdeckt. Keine Kamera wird je diese griffige, stabile Vollendung erreichen, denkt Hermann, und fragt sich einmal mehr, weshalb noch kein Kamerahersteller sich davon hat inspirieren lassen.

»Mod HK 4« ist in den vorderen Teil des Laufes eingraviert, das »Mod« in Schreibschrift und kursiv. Daneben, über der Stelle, wo der Abzugsbügel mit dem Lauf verschweißt ist, steht »Heckler und Koch GmbH« und darunter, zwei bis drei Punkte kleiner: »Oberndorf/N«.

Der Sucher müsste, wie eine Brille, fest vor dem Auge sitzen. Objektiv und Auslöser könnte man in der Faust halten. Und den Rest, Filmgehäuse, Akkus et cetera, trüge man bequem am Gürtel. Die optischen Elemente bräuchte man bloß durch Glasfaserkabel miteinander zu verbinden. Wie unauffällig, schnell und zielsicher könnte man endlich aus der Hüfte Bilder schießen!

»Hast du etwas BESTIMMTES damit vor?«

Seine Begleiterin ist stehen geblieben und deutet auf die Faust, die den Triumph des Fortschritts umschließt.

»Nein. Jetzt nicht mehr. Du hast sie gesehen, das genügt.«

Das Schießeisen verschwindet unter dem Mantel.

»Arma amens capio, nec sat rationis in armis!«

Wenn sie früher die Inschriften alter Gebäude übersetzt hat, ist er stolz auf sie gewesen. Auf Helen auch. Auch sie beherrscht diese eigentlich längst tote, künstlich am Leben erhaltene Sprache. Vielleicht sind die beiden Frauen einander doch ähnlicher, als es den Anschein hat.

»Und? Was heißt das?«

Heute sieht er in lateinischen Zitaten Nekrophilie, zumal, wenn ihm der Sinn verborgen bleibt.

»Von Sinnen ergreife ich die Waffen, doch auch in den Waffen ist nicht genügend Rat. – Vergil.«

Schade. Nur ein oder zwei Rs.

»Ich bin nicht von Sinnen. Aber ich würde die Waffe trotzdem ergreifen, falls du…

»Falls ich was?«

»Lassen wir das. Lass uns umkehren. Das soll für den ersten Tag genügen.«

»Ai, ai – Mister... Wyatt Earp!«

Svetlana salutiert pazifistisch.

Die Wolkendecke ist hier und da aufgerissen und gestattet der Sonne, scharfe Lichtbalken zwischen die dürren, kahlen Nadelbaumstämme zu werfen. Und wenn der Wind den Schnee von den Baumwipfeln pustet, glitzert Silberstaub.

Den Blick auf dieses Schauspiel richtend, überlegt Svetlana, wodurch dieser Spaziergang sich von anderen Spaziergängen unterscheidet. Es ist nicht nur die Anwesenheit Hermanns. Auch nicht die Abwesenheit ihres Sohnes...

Ach ja!

»Wo ist eigentlich meine Handtasche?«

»Die gebe ich dir zurück, sobald wir hier fertig sind.«

»Das wäre schön. Zumindest Handy und Schlüssel hätte ich gerne wieder.«

Als sie mit dem Schlüsselbund in der Tiefgarage geklimpert hat, ist die Welt noch in Ordnung gewesen. Wie schnell dann alles gegangen ist... Die Wahrnehmung des Lieferwagens mit der Aufschrift »Blumenkurier«. Der aussteigende Mann, der ihr auf seltsam eindringliche Weise bekannt vorkommt. Der überdimensionale Blumenstrauß, den er ihr hinhält. Der weiße Stoffballen, der plötzlich ihr ganzes Gesichtsfeld einnimmt...

»Woher wusstest du, dass ich im Büro bin und dass ich… Woher, verdammt noch mal, wusstest du das alles?«

»Ich habe in eurer Kanzlei angerufen und mich als Freund einer alten Freundin von dir ausgegeben, die dich überraschen wolle.«

»Kein Mensch überrascht jemanden am ersten Weihnachtsfeiertag im Büro!«

Svetlana schüttelt unwillig den Kopf.

»Deine Freunde schon. Erst recht, wenn sie mit ihrem eigenen Flugzeug aus Israel kommen, nach London weiter fliegen wollen und noch nicht wissen, ob sie ein paar Stunden erübrigen können.«

»Solche Freunde habe ich nicht.«

»Deine Sekretärin hat auch gestutzt, aber ich gab zu bedenken, dass Weihnachten nicht gerade der höchste jüdische Feiertag ist. Ich bin sicher, sie wird es dir bei nächster Gelegenheit bestätigen.«

»Was, wenn ich doch nicht ins Büro gefahren wäre? Oder in Begleitung gewesen? Oder zufällig jemand gekommen wäre?«

»Ich wäre am nächsten Tag wieder gekommen.«

Hermann ist skeptisch. Es hat nicht lange gedauert, bis Svetlana sich von dem Schock erholt hat. Nicht lange genug. Er muss auf der Hut sein.

Zurück in der Hütte bereitet er ein Frühstück zu, das Svetlana sich mit großem Appetit restlos einverleibt, ohne auch nur einen einzigen Versuch zu unternehmen, an die Konversation von vorhin anzuknüpfen. Hermann entlarvt dies als einen weitsichtigen Schachzug und bleibt auf der Hut.

10 | Das Ende der Freiheit

Es ist mitten in der Nacht, und ich kann nicht schlafen. Cord hat hier in Berlin eine Stelle als Regieassistent gefunden und sich bei mir einquartiert. Manchmal verursacht er mit seinen Lippen seltsame Geräusche im Schlaf. Er klingt wie ein tropfender Wasserhahn, dessen Tropfen kaum wahrnehmbar wären, hätte sich nicht bereits eine Pfütze gebildet.

Ich habe mir eine Kerze angezündet, mich an den Schreibtisch gesetzt und werde versuchen, den Realismus der Schlaflosigkeit in den Brief einfließen zu lassen.

Hermann räuspert sich, um zu markieren, dass die Vorrede beendet ist.

Wenn Du aufwachtest, schlugst Du die Augen auf und lachtest. Erst lachten Deine Augen, dann Deine Mundwinkel, Dein ganzes Gesicht. Das war es, wonach ich suchte, wonach ich immer noch suche: Nach diesen Morgen. Denn es gibt keinen gültigeren Indikator für den Grad der Zuneigung als das Gefühl beim Aufwachen. Erst danach kommen der Geruch und die Berührung, und dann lange nichts, und erst dann Stimme, Blicke, Worte – das also, was sich auch über ein Bildtelefon übermitteln lässt…

Auf dem Gesicht seines Publikums hat sich etwas verändert, das Hermann irritiert. Es ist kein Lächeln oder Schmunzeln, nur ein Zucken der Mundwinkel. Es ist der Ausdruck einer Katze kurz vor dem Satz auf eine Maus oder auf das, was ihr Instinkt dafür hält. Sie nickt dem Vorleser flüchtig zu, wendet ihren Blick ab.

»Langweilst du dich?«

»Nein…«

Was hat es für einen Sinn, die Rolle des verängstigten Opfers zu spielen?

»…überhaupt nicht.«

Was hält sie davon ab, einfach mitzuspielen? Ohnehin ist das Schweigen nicht ihre Sache.

»Es ist nur…«

Und: Ist er nicht irgendwie auch süß in seiner ganzen Entschiedenheit und Strenge?

»Du beschreibst mich wie eine Heilige, und… ich hatte damals einen etwas anderen Eindruck von dem, was du über mich denkst – gerade beim Aufwachen.«

»Du hast also nichts dagegen, dass ich dir vorlese?«
»Nein.«
Gib dir einen Ruck Svetotschka!
»Im Gegenteil.«
»Hm.«

Die Geräusche von Cords Lippen vermitteln mir eine Vorstellung von der chinesischen Tropfenfolter. Es heißt, man erlebe jeden einzelnen Tropfen schon nach erstaunlich kurzer Zeit als Schlag mit dem Hammer. Ich empfinde Hochachtung vor demjenigen, der sich diese Methode ausgedacht hat.

Dieses Buch, »Raffinierte Torturen«...
Wo er das nachgelesen hatte. War 1763 gedruckt worden. Damals hatte die Folter nicht Folter sondern »Peinliche Frage« geheißen. Ein gelungener Euphemismus, findet Hermann, der bei der Lektüre den Bezug zur Gegenwart verloren hat, zum Karies, zum Aspirin, und dann, irgendwie, vielleicht deshalb, angefangen hat, eine Art Hitliste der raffiniertesten Foltermethoden zu führen. Zum Sieger kürt er den Chinesen mit den Kopftropfen. Das kann niemand überbieten. Zum Studium der späten Inquisition fehlen ihm die Nerven, aber die Kaiserin, Maria Theresia, erhält einen der Treppchenplätze für ihre »Theresiana«. Sie und Iwan der Zweite – nomen est omen. Die Methode Iwans war auf Familienväter zugeschnitten

worden: Man erschlägt Frau und Kinder des zu Quälenden, hängt den Leichnam der Frau mit gespreizten Beinen in den Türrahmen des Hauses und zwingt den Mann, sein Haus nicht anders als vermittelst Durchkriechens unter dem Leichnam seiner Lebensgefährtin zu betreten und zu verlassen, bis dieser in Fäulnis übergegangen ist. Des Weiteren nagelt man die Kinderleichen auf diejenigen Plätze, die sie am Esstisch eingenommen haben, und zwingt den Vater, sich mehrere Tage oder gar Wochen hindurch ihren entseelten Hüllen gegenüber zu setzen.

Mein Brief fällt ausführlicher aus, als geplant.
Fährt Hermann fort.
Um Dir ein möglichst vollständiges Bild zu geben, muss ich Dir Helen vorstellen, Deine Nachfolgerin. Ich habe sie bereits erwähnt.

Alles an ihr war, ich finde kein moderneres Wort dafür: reizend: Jedes Detail, von den Art-decohaften Nautilusschalen ihrer Ohren bis hinunter zum Abdruck ihrer Füße im nassen Sand. Selbst die Stellen, die bei allen Frauen gewöhnlich oder plump, ja meistens unansehnlich sind – ich meine die Kniekehlen – selbst die waren bei ihr anmutig, sehnig, spannend.

Ich hatte das Gefühl, niemals zuvor stärker gewesen zu sein. Und die Reise von ihr zu mir, von Zehlendorf nach Wedding, per Fahrrad, die machte ich in fünfunddreißig Minuten. Singend.

Ob Svetlana sich für die Mutter seines Kindes interessiert? Immerhin spielt sie nicht an ihren Haaren herum und wippt nicht mit den Knien. Er zweifelt trotzdem, überlegt, ob der Gesamtzusammenhang unverständlich wird, wenn er die folgende Passage stillschweigend übergeht. Er überfliegt die nächsten Zeilen, die das erste Jahr mit Helen beschreiben.

»Du warst auf dem Weg zwischen Zehlendorf und Wedding stehen geblieben.«

»Ja.«

Dass die Geisel schon am zweiten Tag eine so aufmerksame Zuhörerin sein würde...

Andererseits: Was bleibt ihr übrig? Und warum soll sie ihre Gabe des Anpassens, des Schönredens, Schönnehmens nicht nutzen? Sie gehört ja zu diesen bewundernswerten Persönlichkeiten, die jeder Misere irgendeinen Vorteil abgewinnen, aus jeder noch so bedrückenden Situation das Beste herausziehen können. Nein, sie GEHÖRT nicht bloß dazu – sie ist die amtierende, unangefochtene Großmeisterin. Hermann begegnet ihrem fordernden Blick. Es wäre unangebracht, ihr seine Gedanken ins Bewusstsein zu heben. Er entscheidet sich GEGEN den Absatz, steckt das Blatt unter den Stapel, beeilt sich, den Anschluss zu finden, findet ihn und bemüht sich um eine besonders angenehme und verständliche Vorleseart.

Wenn es stimmt, dass äußeres Chaos ein Zeichen innerer Ordnung ist, wie Cord behauptet, dann herrscht in Helen eine außergewöhnlich strenge, gründlich durchdachte innere Ordnung, denn sie ist über jegliche Art von äußerer Ordnung erhaben. Einschließlich über die der Sprache. Hat sie mit ihren Heimkindern Schwarzer Peter gespielt, sagt sie, ich solle ihr nicht den schwarzen Peter in die Schuhe schieben, und bei anderer Gelegenheit: Ich möge nicht den Schwarzen Peter an die Wand malen. Ich beneidete sie um diese Freiheit des Instinkts, liebte das. Liebte sie.

Und als sie dann mitten im Gewühl der Steglitzer Schloßstraße von einem Bein aufs andere hüpfend verkündete, sie erwarte ein Kind, wurde mir schwindelig. Ich sehe die Szene deutlich vor mir: Sie rannte mir entgegen, jubelte »Herzlichen Glückwunsch!« Und ich dachte zuerst, ihr Lieblingscousin, ein hohes Tier beim Fernsehen, hätte mir eine Anstellung verschafft. Und dann dachte ich, dass das Hüpfen in ihrem »Umstand« leichtsinnig sei. Und dann: Jetzt ist es also soweit: Ende des Abschnittes »Freiheit«. Ein unbekanntes Gefühl. Dem Taumeln ähnlich, wenn man zum ersten Mal vom Zehner springen muss: Man kann nicht sehen, ob Wasser im Becken ist; man weiß es, aber es ist nicht zu erkennen, die Wasseroberfläche ist spiegelglatt. Auch kommt einem das Becken aus der Entfernung zu klein vor.

Während man fliegt hat man keine Angst, sich weh zu tun oder die Badehose zu verlieren. Das einzige, was man denkt, ist: ›Mach das Beste draus! – Hermann!‹ Und dann, viel früher und härter als erwartet, schlägt man auf, verstaucht sich den Nacken und verliert seine Badehose.

Zum Glück war ich diesmal nicht allein. Helen war bei mir, und ich zweifelte nicht, dass sie es auch bleiben würde.

Es gab unendlich viel, was ich meinem Kind mitzuteilen, beizubringen hatte. Ich arbeitete fieberhaft an meiner Dissertation – eine Neuinterpretation altrussischer Birkenrindeurkunden. In Wahrheit aber, in biologischer Bedeutung, war es natürlich die Arbeit an einem Nest.

»Altrussische Birkenrinden? Snátschit, ty pradolzhál rússkuju utschjóbu?«

»Da.«

»I kóntschil doktorom?«

»Njét...«

11 | Die Schaltstelle zwischen Fühlen und Denken

Zwei Monate später weckte mich ein Stromschlag. Es war der Augenblick, wo man in den Schlaf abtaucht, wo der Körper zusammenzuckt, um eine Spannung zu entsorgen. Dies aber war nicht bloß ein entsorgendes Zucken, sondern mehr, viel mehr. Ich war verwirrt, beunruhigt. Stand auf, trank ein Glas Wein, rauchte eine Zigarette, legte mich wieder hin, schlief ein. Ein Stromschlag. Ein richtiger – ich würde es beschwören, wenn ich müsste –, ein so gewaltiger, dass ich befürchtete, den nächsten nicht zu überleben. Es war ein Starkstromschlag, der vom Mittelpunkt ausgeht, vom Dasein, von der Schaltstelle zwischen Fühlen und Denken... Irgendetwas stimmte nicht, etwas Grundsätzliches. Ich hoffte, bei Helen schlafen zu können, machte mich auf den Weg. Als ich ihre Wohnung betrat, hörte ich sie weinen. Nur Augenblicke danach fingen die Unterleibskrämpfe an. Ich hielt sie für hysterisch. Sie rannte durch die Wohnung, beide Hände in ihren Schritt gepresst. Sie sah mich nicht. Ich schob sie hinaus, auf die Straße, hielt ein Taxi an, während sie wie ferngesteuert weiterrannte, in Richtung Frauenklinik...

Das Blut. All das Blut. All das viele Blut...

Es gibt Momente, da wird man in die Natur zurückgestoßen, und selbst Taxifahrer werden zu Artgenossen.

Hermann seufzt, ohne sich vom Text zu lösen.

Man liest ja das Wort »Leben« nicht umsonst rückwärts »Nebel«. Kaum dass ein Nebel geboren wird, drohen ihm die Sonnenstrahlen schon den Garaus zu machen. So hat es eine ganz ähnliche Beschaffenheit mit dem Leben: Der erste Atemzug ist schon ein Seufzer zum Tod.

Die Aufmerksamkeit seiner Zuhörerin ist von olympischer Straffheit. Sie sieht nicht durchs Fenster, ihre Unterschenkel wippen nicht, sie wickelt keine Haarsträhne um den Finger und zerbeißt kein Kaugummi. Sie muss kein Gähnen durch einen leisen erzwungenen Husten bezwingen und erforscht nicht die Lichtbrechungen irgendeines Glasgefäßes. Läge ein Bierdeckel vor ihr, würde sie den nicht falten und bekritzeln. Und sie würde auch keinen Vogel füttern, wenn einer da wäre, oder eine Katze kraulen. Kurz: Die ganze Zeit sitzt sie in ihrem Sessel und sieht dem Lesenden unverwandt ins Gesicht, ohne sich zu rücken. Und immer lebendiger wird ihr Blick.

Helen verbrachte die beiden folgenden Tage in der Frauenklinik, starrte gegen die Vorhänge, wo wildgelockte Teddybären sich mit Blechtrommeln und bunten Bällen vergnügten. Ihr Frohsinn, ihre Freude auf diese Initiation... Ihr Stolz auf den Bauch, ihre Aufregung um die Geburt, die Herausforderung der Mutterschaft, diese Träume, diese Möglichkeiten... Das alles war mit den Fleischbrocken in die Kanalisation abgegangen, und es entfernte sich nicht bloß von uns, sondern es entfernte uns beide, Helen und mich, von einander. Es zerriss einen Strang zwischen uns.

Es war meine Schuld. Dessen war ich mir sicher. Ich begreife nicht, wie man so verrohen kann, ohne es zu merken. Ich bin nicht einmal im Krankenhaus die ganze Zeit bei ihr geblieben.

Die Buchstaben »lieben« flimmern unter Hermanns Augen.
Die nächste Seite ist die einhundertunddritte.
Er liegt gut in der Zeit, kommt schneller voran als geplant. Dagegen ist nichts einzuwenden.
»Hast du Hunger?«
Die überraschend Angesprochene bewegt ihre Augen, als müsse sie ihre Optik auf völlig andere Lichtverhältnisse einstellen.
»Dass du jetzt ans Essen denken kannst!«

Hermann schließt die Truhe auf und entnimmt ihr eine Konservendose. Darauf abgebildet, in leuchtend kadmiumorangen Tönen: Der Doseninhalt, oder was man daraus machen könnte.
Svetlana geht zum Kamin, betrachtet das Hirschgeweih, fährt mit den Fingerspitzen über die Rose und weiter an den Sprossen entlang, dreht sich um und betrachtet das spärliche Inventar.
Sie hat diesen unergründlichen Ausdruck der trauernden Frau, die der Maler Schiele mit Öl auf Holz gebracht hat. Mit einem Auge sehnt sich die schwarz Gekleidete nach der leeren, fernen Finsternis und mit dem anderen durchdringt sie den Betrachter, falls der überhaupt Manns genug ist, ihr, ihrer Forderung nach Unterwerfung zum Trotz, in die Augen zu blicken. Kleiner als ein Backblech ist dieses Bild gewesen. Hermann ist davon in irgend-

einem Museum befallen worden und hat es nie mehr ganz abschütteln können.

Oder bildet er sich das nur ein?

Die Ravioli werden auf zwei tiefe Campingteller verteilt und mit frisch geriebenem Parmesan bestreut.

»Vielleicht magst du zum Nachtisch einen Apfel.«

Svetlana hat Luft geholt und lenkt die von ihrem Plastikteller aufströmenden Dampfschwaden von sich ab.

Die Äpfel jedoch, die Hermann nach dem Vorbild kaukasischer Markthändler zu funkelndem Glanz aufpoliert und auf einem derben Leinentuch zu einer Ehrenkohorte gruppiert hat, bleiben auch diesmal unberührt.

Es ist die Zeit, da der Tag ins reife Alter kommt, da sein Klimakterium, seine Menopause anbricht, da er anfängt, aus seinem Gleichgewicht zu kippen. Es ist die Zeit des Tages, da Hermann für gewöhnlich, wenn er allein ist, ein Schläfchen hält. Lediglich in der Bibliothek, wenn aus dem Mund manch eines Lesers Speichelfäden in den Lehrwerken versickern, ist er stets aufrecht sitzen geblieben, hat sein Haupt nicht auf den Bücherstapel sinken lassen, hat sich diesen Fug, diese Schwelgerei nicht gegönnt, hat die Neigung mit Automatenkaffee und Straßenluft niedergekämpft – und mit dem belebenden Eindruck der überlegenen Selbstbeherrschung. Hier aber, unter den Kronen des teutonischen Urwaldes, ist noch kein einziger Tag nach hinten übergekippt. Hier treten die Tage aufrecht ihrem

Untergang entgegen, hier braucht Hermann sein Schlafpensum nicht zu stückeln. Auch jetzt nicht. Seinem Gast jedoch gönnt er die Pause.

»Hältst du Mittagsschlaf?«

Svetlana lacht. Ein sympathisches Lachen, beinahe ansteckend.

»Nein, schon lange nicht mehr.«

»Umso besser, dann schlage ich vor, wir setzen noch einen Kaffee auf und machen dann weiter.«

Mit einem Nicken läutet Svetlana den Nachmittag ihres zweiten Entführungstages ein.

12 | Testosterone Protuberanzen

Der Kaffee würzt den Geruch des Holzfeuers dunkelfein nach. Hermann nippt an seinem nur noch halbvollen Becher, stellt ihn leise zurück auf den Tisch und zügelt so seine Eile beim Vorlesen.

Im Juni schriebst Du mir einen Brief aus Port Washington, Long Island, New York. Er handelt von der amerikanischen Fernsehkultur, die Du verspottest, von der Reizüberflutung und von Deiner unersättlichen Neugier.

Wie alle aus dem Osten hattest Du diesen Drang nach Westen, nach Amerika. Als hätten die Amerikaner unsicht-

bare Gummibänder über den Atlantik gespannt, die alle gleich lang sind, weshalb der Zug von Omsk auch viel straffer ist als von, sagen wir, London aus.

Vier Luftpostseiten Deiner eleganten, engen Frauenhandschrift. Du grüßtest mich »sehr herzlich, küsslich« – eins Deiner Wortspielchen. »MEINE Svetlana«. Es ist der einzige Brief. Ich bewahrte ihn zusammen mit Deiner Postkarte aus Rom und mit einem Stapel kleiner Zettel auf, die Du mir im Laufe unserer Zeit auf den Schreibtisch gelegt hast: Ruf mich an, Komm vorbei, Triff mich hier, Wann sehen wir uns wieder, Triff mich dort, Vergiss nicht, Erinnere mich... Eingerahmt von längst abgelaufenen Exklusivgarantien. Oben: Mein Liebster, mein Süßer, mein lieber Freund, mein liebster Hermann. Unten: Ich muss an dich denken, vermisse dich jetzt schon, Es war zauberhaft, wundervoll, großartig – garniert von diversen Umarmungen und Küssen dahin, dorthin und hierhin. Es mögen an die fünfzig sein.

Erinnerst Du Dich an das Wäldchen mit den Farnbüschen und Wiesen am Münchener Stadtrand?

Wir spielten Guerillakrieg. Ich hatte nicht erwartet, dass Du solche Albernheiten mitmachen würdest, aber du machtest vieles mit, eigentlich alles. Wir rannten im Zickzackkurs durch eine taigaähnliche Vegetation. Bis zur Atemlosigkeit.

Deine Haare lockten sich und hingen Dir ins Gesicht. Unsere Pullover waren mit Kletten, Zweigen und Blättern übersät. Wir hockten unter einem Nadelbaum und lauschten den Geräuschen von Regen und Wind.

Dass man das bemerkt, dieses Sich-wiegen der Bäume, diese Bewegung!

Ich wischte Dir Regentropfen von der Stirn. Es war ein Reflex. Das Spiel war vorbei. Dein Blick war erwartungsvoll, fordernd, beinahe vorwurfsvoll. Ich war erstaunt, dass Du mein Handgelenk nicht wegschobst. Ich küsste Dich. Wir küssten uns.

Dieses kurze, harte, schnelle Wort, »Kuss«, steht für mein Gefühl in keinem Zusammenhang mit dem Wesen der Sache. Aber die Berührung von Gesichtern und Mündern beschreibt man wohl ohnehin am besten im Gebirge, wenn man von einer hohen Stelle aus die Ferne und Tiefe betrachtet, wenn das Schwindelgefühl allmählich in die Beherrschung des freien Fluges übergeht, wenn man erlebt, wie sich die Schwere der ahnungslosen Steinmassen immer gewaltiger gegen die eigene leichte Zeitigkeit und Weichheit absetzt.

Wir liefen zum Auto zurück, Hand in Hand. Es hatte aufgehört zu regnen. Nebelschwaden waren von der satten, duftenden Walderde aufgestiegen, waberten in Kniehöhe, zerfaserten hinter unseren Schritten. Wir fuhren zu mir...

Der Tag, an dem er das formuliert hat, ist auch neblig gewesen. Vormittags hatte er die kryptischen Inschriften altrussischer Birkenrinden studiert, hatte sich in ausweglosen Buchstabenspielereien verheddert, hatte wissen wollen, wie das eigentlich ist, auf Birkenrinde zu schreiben, und war, mit einem großen Messer bewaffnet, in den Schillerpark spaziert.

Ein Pitbull kommt angedackelt – Stakkatotrippeln, beängstigend maschinell, schnüffelt an ihm. Herrchen und Frauchen und Onkelchen tragen Schnurrbärtchen und bunt-glänzende Polyesterkleidung. Absurd, dass sie ihn »Chef« nennen. Was ihm einfalle, den Baum kaputt zu machen, wenn das jeder täte... Es ist aufwendig, ein handgroßes Stück Birkenrinde vom Stamm zu lösen. Aber es dient einem wissenschaftlichen Zweck. Hermann gibt das zu bedenken und löst damit kehliges, trockenes Gelächter aus, das bei dem Ältesten in einem offenbar schmerzenden Husten gipfelt. Hermann bittet sich aus, das hechelnde Tier mit den räuberisch funkelnden Zähnen beiseite zu nehmen – Zähne, die vom Standpunkt der Ästhetik aus betrachtet gehörig überproportioniert sind. Man wirft ihm Pampigkeit vor. So ist das immer. Er zieht diesen Menschenschlag auf sich. Von tausend Passanten, die sich an einer Gruppe engäugiger, blassgesichtiger Nichtsnutze vorbei trauen, ist er derjenige, an dem sich ihr Schmerz über die fehlende Mutterliebe entfacht.

Er hat Grundlagenforschung betreiben wollen, wissenschaftliche Studien, nichts weiter. Und mit einem Mal ersetzen Kubins Machwerke die Parklandschaft durch ein erdrückendes Schwarzweiß.

Hermann gibt nach.

Der später erbeutete Birkenrindelappen wird über Wasserdampf geschmeidig gemacht und beschrieben. Neue Erkenntnisse werden dadurch nicht erworben. Und wenige Tage danach setzt Kandidat Strauchler seinen Doktorvater davon in Kenntnis, dass er seine Hoffnung, ein guter Philologe zu werden, drangegeben habe und wieder versuchen wolle, als Fotograf zu arbeiten.

Das ganze Studium umsonst. All die Klarheiten: Einfach futsch – wie ein Schnupfen, der ins Taschentuch tropft.

Ich ließ Badewasser ein. Du hättest vor mir baden können, wolltest nicht. Als ich, darüber nachdenkend, wie es wohl weitergehen werde, in der Wanne lag, klopftest Du an. Ich war nicht in der Lage, das Erlebnis Deiner Entkleidung zu genießen. Mit jedem Stück Haut, das ich an Dir entdeckte, kam mir das Ereignis unwirklicher vor. Unverdienter.

Das Wasser stieg. Das erste, was ich fühlte, waren die unsichtbaren Stöppelchen an Deinen Beinen. Das hatte ich noch nie gefühlt. Du warst nicht mehr die wache, lachende Freundin, sondern ein feuchter Traum. Zu aufregend für mich. Du gehörtest nicht in dieses Badezimmer, warst in die falsche Wirklichkeit projiziert worden...

Nichts an diesem Tag, an diesem Ablauf von rund vierundzwanzig Stunden – ein Zeitabschnitt, für den das Russische die praktische Vokabel, »Sutki«, bereithält – nichts daran, kein Geschehnis, keine Fortsetzung ist vorher absehbar gewesen.

Und als wir dann beide angezogen in der Küche standen und mit nassen Haaren geröstetes Knoblauchgraubrot an tiefgekühltem Rahmspinat und Rühreiern zubereiteten, fragte ich mich unentwegt, wann Du Deine Tagesutensilien zusammensuchen und Dich verabschieden würdest. Das war das Besondere an diesen Sutki, das Spannende: Diese Ungewissheit, die dann mit jedem einzelnen Schritt, mit jeder Entwicklungsstufe unserer Annäherung, von der bestmöglichen Variante überrascht wurde.

»Nicht so schnell! Ich kriege ja nur die Hälfte mit!«
 Sie hat Recht. Er ist in Eile geraten. Aber es ist gut, dass sie alles mitkriegen will, was er geschrieben hat, IHR geschrieben hat.

Wir rauchten ein Bröckchen Haschisch. Es löste eine mehrstündige Folge testosteroner Protuberanzen aus, schmeichelte sich in Gestalt rosarötlicher Wölkchen in unsere Hypo- und Epithalamoi und erwuchs als eine Art Taktstock aus meinen Händen. Ich dirigierte das Leben. Ein großartiges Opus: Andante, andante con moto, accrescendo, allegretto, allegro… Unter Deiner Hand stockten die Säfte der Pflanzen, verstummte die Brandung des Ozeans. Und auch das Gegenteil geschah unter Deiner Hand: Aus Felsen und Stein gedieh üppiges Leben.

Svetlana greift, offenbar ohne sich dessen bewusst zu sein, nach einem Apfel und macht sich daran, ihn zu verspeisen. Und während Hermann beobachtet, wie sie vor ihm sitzt, die Beine übereinander geschlagen und – beißend, kauend, schluckend – die unentwegt emporstrebenden, unermüdlich nach oben fuchtelnden Bewegungen des Feuers betrachtet, bahnen sich Erinnerungen an. Verzerrte, aus dem Bauch und aus der Kehle, nie aus der Lunge stammende, erstaunte, gierige, klagende Erinnerungen – ausschließlich offene Vokale, bald gedehnt, bald gepresst, bald gesogen, bald geschnauft… Er drängt sie beiseite, indem er sich wieder seiner Sache widmet.

Ich hatte mich darauf gefreut, Dir nahe zu sein. Sagen wir mal so: Ich hatte damit gerechnet, nein: darauf gehofft, zwei, drei Gläser von jenem Wein trinken zu dürfen, der in Supermärkten in Vitrinen aufbewahrt wird. Was Du mir zu trinken gabst, strapazierte das Sortiment gewöhnlicher Supermärkte bei weitem über. Es war, um in der Metaphorik zu bleiben, eine bis zum ersten Nachtfrost gereifte, aus reinem Vorlaufmost gegorene Trockenbeerenauslese. Und ich durfte trinken, so viel ich wollte und konnte. Und ich tat es. Und als ich aufwachte, warst Du Wirklichkeit, und die Wirklichkeit war noch besser als der Rausch. Es war, als hätte ich auf die quälendste, schwierigste Frage über Nacht eine klare und befriedigende Antwort gefunden...

Hermann überlegt, ob er sich rechtfertigen soll. Ob er überhaupt weiterlesen soll. Und entscheidet, dass Kitsch keine Krankheit ist, sondern eine Neigung, ähnlich wie Homosexualität. Und der einzige Weg, damit ins Reine zu kommen, ist der, sich dazu zu bekennen und die Neigung zu sublimieren. In diesem Fall bedeutet das: Weitermachen. Prononciert und selbstbewusst weiterlesen.

Am nächsten Abend gingen wir tanzen. Dass der Türsteher nicht auf die Knie fiel und seine Muskelhände faltete, dich anzubeten, das überraschte mich. Es wurde heiß. Ich pustete Dich an, pustete im Rhythmus des Saxophonspielers, hätte das so weit treiben können, bis ich ohnmächtig hingesunken wäre, aber das hätte nur mir Spaß gemacht, niemandem sonst. Dann standen wir an der Bar und planten. Ich schlug vor, am nächsten Abend zu kochen. Der letzte Abend vor einer Deiner Abreisen nach New York.

Du sagtest begeistert zu.

Ich schlug vieles vor, Du sagtest alles zu.

Wir besiegelten die Verabredung mit Sekt. Ich zählte dem Barkeeper, der unsere Zeichen aufmerksamer als ein Auktionator befolgte, in dieser Nacht mein halbes Bafög auf den Tresen, und alle taten, als geschähe das dort jede Nacht.

Und als ich am nächsten Tag mit sirrenden Fingerspitzen und leichtem Magen durch die Straßen spazierte, müde von den beiden Nächten, in denen wir nur wenige Stunden geschlafen hatten, stieg dieser mädchenhafte Wunsch in mir auf, Dir wie einer Puppe neue Kleider zu kaufen, Dich zu schmücken, zu dekorieren. Ich kaufte tatsächlich etwas und räumte die Wohnung auf. Als ich fertig war, riefst Du an und sagtest ab. Ich habe den Grund vergessen, er spielte auch keine Rolle. Ich trank allein, aß den Fisch nackt, ohne Zutaten. Und es gelang mir sogar, ihn in spiritus sanktus zu Deinem Leib zu machen.

Die Besitzerin dieses Leibes weicht dem Blick aus, von dem sie ohne hinzusehen weiß, dass er auf ihr ruht, setzt ihre Handflächen wie ein Spitzdach auf ihren Nasenrücken und streichelt unendlich zart über ihre Wangenknochen. Mit dem so geglätteten Gesicht ist sie bereit, sich dem Blick des Vorlesers zu stellen. Diesmal ist Hermann derjenige, der ausweicht.

13 | Kein Stahl dringt so tief wie ein richtig gesetzter Punkt

Cord ist jetzt seit fast fünf Monaten in Berlin. Zum Billard- oder Backgammonspielen hat er keine Zeit mehr, dafür kommt er manchmal zum Abendessen zu Helen und unterhält uns mit seinen Theater-Anekdoten.

Als Vierzehn- oder Fünfzehnjähriger hat er mal ein eigenes Stück geschrieben – um den weltlichen Dingen ihre Gewöhnlichkeit zu nehmen, sie zu kultivieren, wie er sich ausdrückte. Und um zu kämpfen: Schließlich dringe kein Messer so tief wie ein richtig gesetzter Punkt, hat er einmal vor der ganzen Klasse verkündet. Und weil unser Lehrer darüber geschmunzelt hat, ist Cord ihm böse geworden: »Wollen Sie mich unterrichten, oder suchen Sie Freunde im Klassenraum?«

Hermann hat das damals sehr beeindruckt.

Freundschaft ist, glaube ich, ein Beweis für eine höhere Stufe der Zivilisation. Eine Weiterentwicklung vom Affen weg. Man hat ja schon so viele Messlatten angesetzt, uns von den Tieren abzugrenzen. Erst ging man davon aus, sie besäßen kein Selbstbewusstsein, würden sich nicht selbst erkennen. Aber sie erwiesen sich sogar als eitel, zupften an ihren Wimpern und Brüsten herum, sobald man ihnen einen Spiegel hinstellte. Dann behauptete man, es gebe im Tierreich keine gleichgeschlechtlichen Zärtlichkeiten, das können nur wir Menschen. Bis man im Basler Zoo zwei alte Aasgeiermännchen beobachtete, die sich aneinander rieben. Ob es aber nun ausgerechnet Freundschaften sind... Nein, vermutlich nicht. Ich glaube, was uns tatsächlich von den Tieren unterscheidet, ist die Nacktheit. Nacktheit ist DAS Kriterium zur Abgrenzung aller anderen Primaten. Affen können sich nicht ausziehen, können ihr größtes Sinnesorgan nicht einfach so binnen weniger Sekunden völlig entblößen. Nacktheit ist der edelste Beweis menschlicher Überlegenheit.

Folgerichtig müsste das Fühlen bei uns die größte Bedeutung einnehmen, so wie das Riechen bei den Hunden. Auf mich trifft das zu: Ich finde nichts sinnvoller oder schöner, als mit diesem menschlichsten aller Sinnesorgane ganzheitlich zu fühlen.

»Mit der Haut. Ja...« Svetlana ist äußerst konzentriert. Vielleicht merkt sie nicht einmal, dass sie kommentiert. Ihr Ausdruck wirkt zutraulich – Stimme und Augenpartie spielen da hübsch zusammen.

Seit ich zu Helen übergesiedelt bin, streiten wir uns beinahe täglich. Weil ich nur noch schlafe, sagt sie. Und weil ich aggressiv sei. Natürlich führt sie die Aggression auf meine Kindheit zurück, hat sogar versucht, mir die Zusammenhänge zu veranschaulichen.

Das erste, was ein Mensch aufbaue, sei ein Schutzwall, und das Baumaterial dafür nenne man Liebe. Wenn man dem Säugling dieses Material verweigere, müsse er sich seinen Schutzwall selbst erschaffen – mit einem Material, das er aus sich selbst schürfen müsse, das nenne man Aggression.

Sie hat bestimmt Recht, aber das hilft uns nicht weiter. Ich bin derartig angespannt, dass ich mich neulich sogar geprügelt habe, mit zwei Halbstarken, morgens vor der Bäckerei. Taktisch gesehen war ich der Sieger, aber es war ein Pyrrhussieg. Als ich die Brötchen aufsammeln wollte, machte ich eine falsche Bewegung. Seitdem gehe ich, wenn überhaupt, in gebeugter Haltung. Der Schmerz geht vom untersten Wirbel aus. Ich habe aberwitzige Verrenkungen ausprobiert, aber es gibt keine Position, wo er nachlässt. Irgendetwas drückt mit aller Macht von innen nach außen, etwas, das nicht heraus kann.

Fünfundsechzig Liter Tränen sondert ein Mensch in seinem Leben ab. Ein Hundertstel davon jetzt, dann ginge es mir besser. Immerhin gerate ich durch den Schmerz in einen Zustand der Uneitelkeit. Der Schmerz erinnert mich permanent an mich selbst und verhindert, dass ich mich inszeniere.

»Hermann?«

»Ja?«

»Kannst du mir, bevor du weiter liest, einen Gefallen tun?«

»Kommt drauf an.«

»Nur eine Kleinigkeit.«

»Na?«

»Kannst du mir bitte ein Taxi rufen?«

Wie eine Detektivin spürt sie ihn auf.

»Oh! – Es sieht nett aus, wenn du lächelst.«

Ist das die Wiege der Sicherheit, die sie da in Bewegung zu setzen versucht?

»Was für einen Gefallen?«

»Mittlererweilen sind es zwei: Ein Stück Papier und einen Stift. Bitte.«

»Mittlererweilen«. Sie sagt es immer noch, hat sich den Lapsus nach all den Jahren nicht abgewöhnt.

»Wozu? Willst du Beweismaterial sicherstellen?«

Oder… hat sie das Wort absichtlich so ausgesprochen? Kann ein Mensch, kann SIE so berechnend sein? So geschickt, abgefeimt? Aber wozu?

»Ich möchte mir etwas notieren.«

»Und was?«

Nein. Allenfalls ein amerikanischer Fernsehdetektiv wäre dazu in der Lage.

»Das erfährst du noch früh genug.«

Hermann nimmt ein vorgelesenes Blatt, faltet es, bricht seinen Bleistift durch, spitzt die kurze Hälfte an und legt ihr beides hin.

»Warum hast du das getan?«

»Was?«

»Den Stift abgebrochen.«

Hermann zögert, beschließt höflich zu bleiben und bei der Wahrheit.

»Um das Risiko einer Blutvergiftung zu minimieren… Die Verletzungsgefahr ist bei einem so langen und spitzen Gegenstand ziemlich groß.«

»Wenn auch nicht ganz so groß…« Ihr mitleidiger Ausdruck wird von leisem Frohlocken entlastet. »…wie bei einem richtig gesetzten Punkt, nicht wahr?«

Einmal mehr vermisst Hermann Strauchler die Gabe der Schlagfertigkeit und lässt seiner geistreichen Geisel notgedrungenermaßen das letzte improvisierte Wort.

Die Tage saugen die Wochen und Monate in ihrem Strudel mit sich fort und reißen die Ereignisse, die zuvor Pyramiden gewesen sind, in ihre Sandkörner auseinander, um sie in alle Winde zu zerstreuen. Cord hat inzwischen eine Wohnung gefunden und mir ein paar Foto-Aufträge im Theater verschafft. Leider hat er seine größte Chance vertan, berühmt zu werden. Als Regisseur eines Klassikers.

Er hätte alle Register ziehen müssen, und ich beschwor ihn, das auch unbedingt zu tun: Das Stück in einer Raumstation oder Irrenanstalt oder wenigstens in einer Sauna stattfinden zu lassen. Cord antwortete, dass sei zu aufdringlich, nicht subtil, nicht apokalyptisch genug – oder sagte er »apodiktisch«? Jedenfalls müsse sich die Einsam-

keit aus der Realität, aus der bitteren, abgestumpften Alltäglichkeit speisen. Und die Entbindung der Wahrheit dürfe keinesfalls gedoppelt werden. Cord spricht so, kann sogar in Aufregung so sprechen. Er brauche eine naturalistische Szenographie, in der man sich leer und verlassen fühlt und selbst im Hochsommer friert.

Sein Juwel hat er ihm angeboten, den wertvollsten, geheimsten Locus seiner Sammlung: Die Dorfeinfahrt von Letter. Die Kreuzung unweit des Mietshauses, in dem sie gemeinsam einen Teil ihrer Kindheit und Jugend verbracht hatten. Hermann hat viele Fotos davon. Eine Serie bei aufziehendem Gewitter. Wenn er sie dem Richtigen verkaufen könnte, wäre er ein gemachter Mann. Das Ende der Welt hat er fotografiert. Von dort rollt die Apokalypse los, und dort kommt sie auch wieder an. Alle Viertelstunde röhrt ein Auto in überhöhter oder untertriebener Geschwindigkeit über die Kreuzung. Das als akustische Untermalung, hatte er seinem Freund vorgeschlagen. Nur die vergänglichen, sich auflösenden Fahrgeräusche von rechts nach links, oben nach unten, diagonal. Mal ein Hupen aus der Ferne, wie ein Seufzer sich gehen lassend, verlierend...

Cord hat nur gegrinst und ihm einen Vogel gezeigt.

Seine erste Aufführung wird zugleich die letzte. Die Zuschauer schlafen während des ersten Aktes ein, verlassen den Saal, buhen. Die besseren Kritiker lassen vor lauter Mitleid Milde walten, und die schlechten begreifen nur vage, was geschehen ist: Dass Cord das Stück wie ein Heimorgelschüler vom Blatt abgespielt hat. Ohne Mut, ohne Druck. Dass er das Drama klebriger und glibbriger und mickriger auf die Bühne gemacht hat als ein ausgespiehenes Gummibärchen. Dass er kläglicher versagt hat als ein olympischer Dressurreiter, der von seinem eigenen Pferd rutscht. Vor Scham wird er noch am selben Abend krank.

Hermann hat die Witterung des höflichen, stillen, stickigen Umtrunks im Anschluss an die Premiere in der Nase. Er fasst sich an dieselbe und räuspert sich. Vor Svetlana liegen zwei Apfelgriebsche, die sich braun eingefleckt haben. Alles in Ordnung.

14 | Eine Litfasssäule mit der Aufschrift »Enttäuschung« oder: Wo ist der nächste Flughafen?

Wieder sind mehrere Wochen tatenlos verstrichen. Ich schlafe und schlafe und werde zusehends müder davon. Zwischendurch lese ich Alexis Sorbas.

Irgendetwas stimmt nicht, scheint immer weniger zu stimmen, etwas Grundsätzliches, und ich weiß nicht, wie ich es berichtigen soll. Das einzige, worauf ich mich noch verlassen kann, ist das Gefühl der Wirklichkeit, wenn ich Dir schreibe, weil es das einzige ist, was einen Sinn erfüllt, auch wenn ich es hinterher meistens wieder vernichte.

Dünen belangloser Ereignisse. Die Zeit schichtet sie beliebig um.

Meine Mutter feiert ihren 65. Geburtstag. Ist die Sitzverteilung ein Abbild des Stellenwertes, den ein Gast im Leben des Gastgebers einnimmt?

Es ist still. So still wie der Moment nach einem symphonischen Satz, bevor das Räuspern einsetzt, das große schwindsüchtige Abhusten.

Das gelbe Trennblatt liegt offen.

Die Umrisse eines Mantels zeichnen sich darauf ab, eines dunkelblauen Staubmantels, getragen von einer jungen Frau, die ihm bekannt ist, mehr noch: Er ist verliebt in sie, unsterblich verliebt... Er blickt zu der Frau auf, hoch auf, zu ihrem Gesicht, und entdeckt darin die Scheu vor einer zu großen Herzenswärme. Die Sonne scheint, und die Frau hält seine Hand. Passanten, männliche Passanten drehen sich nach ihr um, doch sie hält nur seine Hand, niemandes Hand sonst... Was, Hermann überlegt, hat er bei den Blicken der Männer empfunden, die das Wesen seiner Mutter gestreift haben? Irgendetwas muss er gefühlt haben, etwas Funkelndes...

Weshalb stellt ihn sein Gedächtnis immer wieder vor diese Situation? Was ist daran so besonders? Drei, vier Jahre alt mag er gewesen sein... Ist er womöglich gerade abgeholt worden? Heimgeholt?

Hermann sieht aus dem Fenster. Wäre der Schnee in diesem Jahr nicht so früh und so üppig gefallen, wäre es jetzt viel dunkler. Mehrmals schon hat er diesen Gedanken gedacht.

»Hermann?!«

Erst jetzt sieht er sie an.

»Was?«

Er gibt ihr ein seriöses Nicken. Mehr braucht sie nicht. Sie will es sagen.

»Das mit heute Morgen... Das nehme ich dir nicht übel. Ich habe es provoziert.«

Es ist unbehaglich geworden. Hermann hört nicht mehr, was sie sagt. Solange er über dem Brief gesessen und vorgelesen hat, ist die Welt in Ordnung gewesen – in keiner guten oder schönen Ordnung, aber doch wenigstens in einer funktionierenden Ordnung. Nun ist die Ordnung gestört – wie nach einem überschwänglichen Kompliment für eine Arbeit, die man mit dem geringstmöglichen Aufwand erledigt hat.

Im Hintergrund spricht Svetlana, die schöne Lettin.

Ihre Gestalt entfernt und verfremdet sich. Ihre Silben und Wörter verwischen zu undurchdringlichen Schlieren.

Unter schadenfrohem, sensationsgierendem Beifall hat ihn die lettische Zauberin auf die Bühne gebeten. Ihn, das Monster Strauchler. Mit schrillem Firlefanz zaubert sie ihre Angst weg.

Wo ist sie geblieben? Im Zylinder? Nein. Da ist keine Angst mehr drin. Da ist – O Wunder – Verlegenheit drin! Applaus. Wie ein Flamingo stelzt sie auf ihren Pfennigstiletten über die Bühne. Ein Trommelwirbel setzt ein. Nach zwei, höchstens drei geschickten Handgriffen löst sich der Gehrock von ihrer Schlankheit ab und segelt durch die heiße Manegenluft.

Was für Linien! Eine Magierin! Nur wenige Frauen präsentieren ihren Körper in Strapsen so vorteilhaft...

Wo ist jetzt plötzlich die Verlegenheit abgeblieben? Im Slip? Versautes Luder! Aber geil!

Die Augen der Zauberin huschen wie tausend Spots über die Publikumsgesichter.

Zuneigung! Sie zieht eine lange bunte Zuneigung aus ihrer Wäsche, und diese Zuneigung wird immer länger, unendlich lang. Ja ist das denn die Möglichkeit?! Aus einem so knappen Stück Stoff! – Tolle Vorstellung!

Die Künstlerin verrenkt sich zu einem Knicks. Und schon verschwindet die Zuneigung im Jackett des Letteraners, übrigens kein Monster mehr, sondern en passant in einen Clown verwandelt. Die Lettin stopft das lange Band umständlich und auffällig in seine Innentasche, tritt einen Schritt zurück, schließt die Augen, konzentriert sich. Trommelwirbel verdeutlichen den Denkprozess: Ein Gewirr von synapsendurchschießenden Botenstoffen…

Ein Blitz. Plötzliche Ruhe, Stillstand, Dunkelheit, Lichtkegel: Die Zauberin fasst in die Clownsjacke, ihre flinken Hände fahren in alle Taschen, ihr Gesichtsausdruck verfinstert sich, sie tastet immer wilder. Einige Zuschauer grinsen wissend: Das ist keine Panne, das gehört zur Show. Immer ekstatischer wühlt die Zauberin in dem Kleidungsstück, kriecht förmlich in es hinein, schon ist ihr Kopf hinter dem derben Tweed verschwunden, dann ihre Arme, und plötzlich: – Ist sie weg. Verschwunden!

»Cannes!«

»Wie bitte?«

»Was hältst du von Cannes? Wir verbringen Silvester an der Riviera oder auf Kreta. Auf jeden Fall nicht hier in dieser Kälte und Nüchternheit. Ich meine, wenn mein Mann sowieso glaubt, ich wäre mit meinem Liebhaber verreist…«

Sie schmunzelt schnippisch, grinst beinahe.

»Wir nehmen uns genau die Zeit, die du brauchst, um mir den Brief vorzulesen – und dann reden wir über alles. Was hältst du davon? Morgen früh packen wir unsere Sachen und fliegen mit der nächstbesten Maschine in

Richtung Süden. Ich meine es ehrlich: Wo ist der nächste Flughafen?«

Ein Lächeln hastet über ihren Mund – von einem sternschnuppenartigen Schmerz nicht zu unterscheiden.

»Ich habe zwei Kreditkarten in meiner Tasche. Mehr brauchen wir nicht…!«

»Und dann?«

»Dann?!« Die Zauberin verwandelt ihr Gesicht in eine Litfasssäule mit der Aufschrift »Enttäuschung«.

»Dann verüben wir gemeinsam Suizid oder zeugen zwei bis drei Kinder und leben glücklich bis an unser Ende! – Woher soll ich wissen, was danach passiert? Du hast gesagt, du lässt mich hinterher laufen. Und ich kann dir keine Garantie geben. Ich könnte es natürlich, aber du würdest mir nicht glauben!«

Die Verlassenheit, die den Menschen Hermann Strauchler in diesem Moment anfällt, ist enorm. Und der Versuchung zu widerstehen, diese Verlassenheit zu lindern, und sei es nur für den nächsten Moment oder für die nächste Woche, JA ZU SAGEN, LASS UNS GEHEN! JA!, fordert ihm eine Willensstärke ab, für die man ihn unter allen anderen Umständen mit Preisen und Belobigungen überschütten würde.

Selbst wenn sie wirklich glaubt, was sie da sagt, überlegt Hermann, der das seiner skeptischen Anlage gemäß bezweifelt. Selbst wenn sie mir jetzt tatsächlich Achtung oder gar Zuneigung entgegenbringt – für meine unternehmerische Initiative, mein Durchsetzungsvermögen, kurz: für meinen Auftritt als Mann. Selbst dann würde sie ihren Respekt spätestens in dem Augenblick wieder verlieren, wo ich Ja sagte. Ja, lass uns gemeinsam in die Sonne fliegen. Ich würde alles verlieren, mit einem einzigen Ja. Und man darf nicht einmal SIE dafür verantwortlich machen. Niemand kann einer Frau ihre Natur vorwerfen.

»Svetlana?«

»Ja?«

Hermann ist bemüht, sein Timbre zu glätten. Ohne Erfolg.

»Du träumst!«

»Ja, stimmt.«

Ein Lächeln der Anerkennung huscht über ihr Gesicht.

»Aber es war den Versuch wert, findest du nicht?«

Die Frau, die das gesagt hat, ist nicht mehr die quirlige Studentin, die ihre Stube zum Mittelpunkt der Weltkarte erklärt. Svetlana hat sich im Laufe der vergangenen anderthalb Jahrzehnte offenbar immer gezielter gesammelt, sich eine immer exklusivere Kollektion von Erfahrungen zugelegt. Die Hermann nicht kennt, nicht einmal Einzelstücke davon, die aber dazu beigetragen hat, dass sie eine erwachsene Frau geworden ist. Eine Frau, die nicht mehr alles preisgibt, was sie weiß und kann.

Er nickt.

Pumpernickel, Käse und Cornichons werden serviert. Hermann hat in der Vorbereitungsphase für Abwechslung gesorgt. Sein Gast erkennt das an, und er, für die Enttarnung ironischen Potentials zu erschöpft, nimmt das Kompliment ohne Argwohn entgegen.

Man beschließt, die Nachtruhe einzuläuten. Hermann geleitet seine große Liebe nach oben, um sie mit einer doppelten Umdrehung des Schlüssels vor den nächtlichen Gefahren des Urwaldes abzuschirmen. Gleich darauf begibt er sich ebenfalls zu Bett.

Systematisch stopft er die Längsseiten der Decke unter seine exponierten Flanken, trifft – vor die Wahl gestellt, Zehen oder Nasenspitze zu bedecken – eine Entscheidung für die Zehen und fängt an, durch die Gegend zu denken. Es ist, als verspritze er seine Gedanken, die überall haften bleiben. Nicht die Dinge dringen in seinen Schädel, sondern umgekehrt, die Dinge saugen sein Gehirn allmählich leer.

Die Suche nach dem guten alten Kampfgefährten Schlaf verläuft ergebnislos. Ehrgeiziger Versteckspieler, der, lässt sich nicht finden. Wenn, dann findet er, der die Bewegung liebt, der es liebt, aus dem Nichts auf die hinfahrende Hoffnung aufzuspringen…

Der dritte Tag

15 | Ein Symbol für die Unruhe

Als Hermann nicht in aller, aber doch in einiger Herrgottsfrühe dieses dritten Morgens an Svetlanas Tür klopft, kommt es ihm vor, als lebten sie schon Wochen, ja Monate zusammen in der Hütte.

Überraschend weich dringt ihre Stimme durch die verschlossene Tür. Sie wünscht Hermann einen guten Morgen und fragt, ob er auch für diesen Tagesanbruch einen Spaziergang geplant habe. Hermann bejaht. Das Andenken der sprichwörtlichen Porzellankistenmutter wahrend, öffnet er die Tür und legt seiner Geisel, von der nach wie vor keine Gefahr ausgeht, ihre Sachen aufs Bett. Svetlana erbittet frisches Wasser und ist, als Hermann ihr den Wunsch erfüllt hat, gegen Kälte und Voyeurismus gewappnet. Sie beugt sich über den Plastikbottich, schöpft Bachwasser und wendet sich ihrem Bewacher zu:

»Ich würde dir noch einen Kaffee anbieten, bevor wir losgehen, aber meine Küche ist weg.«

Wassertropfen lösen sich von ihrer Nase, ihrem Kinn und ihren Händen, um einer wie der andere auf dem Eichenboden aufzuschlagen.

Zufrieden, dass seine Gefangene ihren guten Willen über Nacht nicht verloren hat, beobachtet Hermann das weiße Frotteetuch, das er vor Jahren aus einem nach damaliger Wertschätzung überteuerten Hotel zum Ausgleich entwendet hat.

Es wird zu einer Art Handpuppe aufgezupft.

Tupfer für Tupfer werden alle nicht abgestürzten Wassertropfen aufgesaugt, dann hechtet die Frotteepuppe im Straddle über das Bettgestell und bleibt auf der Latte hängen. Als expressionistische Skulptur.

»Möchtest du noch einen trinken, bevor wir losgehen?«

»Wenn dein Zeitplan uns einen so großen Spielraum einräumt.«

Ist das ein Zitat oder formuliert sie, die russische Muttersprachlerin, solche Sätze aus dem Stegreif?

Man begibt sich nach unten – Ladies first.

Sie sieht jünger aus, findet Hermann. Und Svetlana liest das in Windeseile von seinen Augen ab: Dass er sie schön findet, dass er vergessen hat, wie sich das anfühlt, und dass er bemüht ist, sich diese Gedanken aus dem Kopf zu schlagen.

Sie belächelt das über ihre Kaffeetasse hinweg.

Zwei Wege führen zur Jagdhütte. Beide sind mit aggressiven Verbotsschildern gesäumt, sowohl der Waldweg, der von der abgesperrten Privatstraße zum stillgelegten Natogelände verläuft, als auch der Pfad, der zu Adrians Feldern führt. Trotz der Vorsichtsmaßnahmen meidet Hermann beide Wege. Um darüber hinaus Begegnungen mit verirrten Wanderern, Jägern oder Reitern vorzubeugen, hat er sich vorgenommen, die Spaziergänge entweder frühmorgens oder abends zu absolvieren.

Gemeinsam durchwandern sie das an die Hütte angrenzende Kiefernwäldchen, überqueren eine breite Schneise, die der Harvester mit seinen monströsen Stahlkrallen geschlagen hat, und betreten einen aus Schwarzpappeln, japanischen Lärchen, Bergahorn und pazifischen Edeltannen bestehenden Mischwald, der zuletzt vor vier Jahren durchforstet wurde. Der verstorbene Förster hat durch fleißiges, akkurates Einzäunen jeglichen Wildschaden verhindert und seinem Chef, Adrian, eine gute Holzernte beschert: Fast sechzig Festmeter pro Hektar, darunter eine Vielzahl kerzengerader Stämme zur Furnierverarbeitung.

Genau hier haben sie damals Pilze gesucht…

Die Kontemplation, die bizarre Artenvielfalt, das System ihrer Giftigkeit, die Fantasie ihrer Namen – ist es das, was die Leute am Pilzesuchen reizt? Das Finden kann es nicht sein. Hermann hat neben Hunderten ungenießbarer Morcheln, Bovisten, Röhrlingen, Täublingen und Ritterlingen nichts weiter gefunden, als eine Versammlung von Pilzen, die wie schneeweiße Tannenzapfen aus dem Laub ragen. Ihre eng anliegenden Glockendächer lösen sich schon nach wenigen Lebenstagen vom Stamm ab, hat Adrian erklärt, und zerfließen zu einer pechschwarzen Masse, weshalb man sie Tintlinge genannt hat. So lange sie aber blütenweiß und phallisch dastehen, sind sie essbar.

Während Hermann die gesamte Herde aberntet, sammelt das kleine Mädchen Herbstlaub in ihr Pilzkörbchen. Zu Hause wird es erfahren, dass der Farbverlauf eines Ahornblattes vom glühend goldgelben Fuß zu den pompejischrot gesättigten Spitzen in der herbstlichen Nachmittagssonne von jubelnder Leuchtkraft sein kann und im Speisesaal, unter dem Kristalllüster nur noch ein angeschmutztes Gemenge aus Terrakotta und Rötel abgibt.

Kurz nach acht. Das kleine Mädchen ist um diese Zeit längst auf den Beinen.

Mehrmals hat er nach einem Vergleich, einem Sinnbild dafür gesucht, dass aus einer Verbindung zweier Menschen etwas Neues entsteht, ein autonomes Stoffwechselsystem, so wie aus der Verbindung zweier Flüssigkeiten eine neue Flüssigkeit oder gar ein Gas oder ein Feststoff entstehen kann, ein Aggregat, das andere Eigenschaften aufweist, andere Temperaturen, Farben, Gerüche... Ein Wesen, das man plötzlich nicht mehr aus einem Instinkt heraus liebt, sondern weil es eine eigene, besondere Persönlichkeit geworden ist. Allmählich löst sich der Sprössling von den eigenen Merkmalen ab, und plötzlich stellt man fest, dass dieses Wesen staunt, herausfindet, dass zwei Flaschen, die man zusammenschlägt, kaputtgehen, nicht mehr zusammenzufügen sind. Plötzlich weiß man, dass der Spross alleine zwischen Gefallen und Gefahr abwägt und dass er kaum Dringenderes von den Eltern benötigt, als abgesteckte Wege, Banden, Grenzen, um sich nicht zu verlieren...

Ob Svetlana durch ihren Sohn ähnliche Erkenntnisse gewonnen hat?

»Cosmo ist übrigens ein schöner Name. Selten.«

Eine Form von Verbundenheit scheint in ihrem Blick zu liegen. Aber Hermann hat das zu oft gesehen und gehört, DAS, was er hat sehen und hören WOLLEN. Er verzichtet darauf, diesem Vater des Gedankens zu trauen.

Svetlana schweigt. Die Gründe behält sie für sich. Und wie man mitunter Grüße an jemanden Unbekanntes ausrichten lässt, schließt Hermann sich den Gründen seiner Wandergefährtin unbekannterweise an.

An einer Kolonie hoch gewachsener Ligusterbüsche, deren ledrige Blätter dem Schnee nur wenig Landeplatz zur Verfügung stellen, mündet ihre Wanderung in einen Trampelpfad. Spuren menschlicher Gemeinschaft entdeckt Hermann hier genauso wenig wie im Unterholz. Eine befriedigende Entbehrung. Beide genießen das mühelose Fortschreiten.

»Du wolltest mindestens drei Kinder haben – hast du damals gesagt. Wieso ist es bei dem einen geblieben?«
»Nur so.«
»Nur so?«
»Ich habe keine Lust, darüber zu reden.«
»Und Cosmo? Ihr müsst es ja damals ziemlich eilig gehabt haben, euch um Nachwuchs zu kümmern. Wie alt ist er genau…?
»Wie ich schon sagte, ich will nicht darüber reden.«

Kaum zweihundert Meter sind sie schweigend nebeneinander her zurück in Richtung Jagdhütte spaziert, als Svetlana buchstäblich aus heiterem Himmel den Kopf schüttelt.
»Was hast du eigentlich vor, wenn du mich wieder… ausgesetzt, ich meine freigelassen hast?«
Sie sind aus dem Wald herausgetreten. Eisiger Bodennebel verwässert den Horizont.
»Ich fahre weg. Ins Ausland…«

»Ja, aber danach? Du wirst dich doch nicht für den Rest deines Lebens im Ausland verkriechen, bloß weil du mich einmal sehen – und nicht einmal anfassen wolltest!«

Hermann hat keinen Sinn für die möglicherweise versteckte weibliche Eitelkeit.

»Ich verkrieche mich nicht.«

»Vielleicht brauchst du das auch gar nicht. Vielleicht stimmt ja alles, was ich in dem Brief an meinen Mann geschrieben habe...«

»Ja, vielleicht...« bestätigt Hermann lustlos.

Er hat damit gerechnet, dass sie es auf diese Weise versuchen werde, hat sich mental darauf vorbereitet. So gleichen die Langsamen ihre Unterlegenheit aus: Situationen im Voraus durchdenken und durchleben.

Die Kälte ist sichtbar. Nichts lockt.

Der Ruf einer Krähe bewegt.

Kein Wunder, dass man im Sommer nie vom Schnee träumt, denkt Hermann.

Im selben Augenblick schlägt ein Blitz in sein zentrales Nervensystem ein. Tausendstel Sekunden darauf ein Gedankenblitz. »Gefahr!« Heißes Adrenalin pulst nach. Die Krähe flattert auf. Gefahr aus dem Hinterhalt. Ein Schlag. Ein Schlag ins Genick. Ein kalter Schlag ins Genick. Hermann dreht sich um.

Einige Schritte entfernt steht seine Geisel und schmunzelt. Und wie eine graue Graphit-Ader das weiße Marmor durchzittert, so ist ihrem Schmunzeln ein Ton des Spottes beigemengt, der ihren Anblick nur noch charmanter gestaltet.

»Getroffen!«

So gut es geht, werden die Reste eines Schneeballs aus dem Kragen geschüttelt. Was würde passieren, wenn er sich bückte, einen Schneeball büke und das Spiel aufnähme? Wie würde es weitergehen?

Eine Schneeballschlacht ist Ausdruck von Lebensfreude. Und auf der Skala der Lebensfreuden kommt über der Schneeballschlacht eigentlich nur noch das Zeremonial, das Lustrum körpereigener Opiate…

Er merkt, dass sein Mund offen steht, klappt ihn zu.

Steckt er jetzt nicht die Grenzen ab, könnte ein Schneeball ins Rollen kommen…

Das Projekt könnte scheitern.

Hermann will das nicht.

Und er weiß, wie man diesem Nichtwillen Nachdruck verleiht.

Er fummelt die Pistole aus dem Futteral, bringt, indem er den Schlitten nach hinten zieht, eine Patrone in den Lauf, drückt mit dem Daumen den Sicherungshebel nach unten, krümmt seinen Zeigefinger – und löst eine Explosion aus, die neben Svetlanas Füßen ein Häufchen Schnee aufsprengt…

Wäre die Stille ein Eisblock, würde der Schuss einen deutlich sichtbaren Sprung darin hinterlassen. Einen

Sprung, der die Lichtgeschwindigkeit für immer einfröre. Als Symbol für die Unruhe.

»Alles bestens.«

Er habe nur ausprobieren wollen, ob das Ding noch funktioniere, fügt Hermann nach einer kurzen Pause hinzu.

Jetzt erst denkt er darüber nach, was ER denken würde, wenn ER um diese Zeit hier spazieren ginge und einen Schuss hörte. Um kurz nach halb neun. Mitten zwischen den heiligsten Feiertagen.

Und wenn schon! Der Herr des Waldes ist fünf Düsenflugstunden entfernt.

Hermann reibt sich die Hände. Seine Begleiterin hat jetzt wieder diesen vorwurfsvollen und zugleich resignierten Ausdruck im Gesicht.

Sie wird kein Wort mehr sprechen, bis sie in der Stube wieder ihren Platz eingenommen hat. Danach auch nicht. Schweigend wartet sie ab, bis Hermann ihr das Frühstück vorgesetzt hat. Schweigend kaut sie ihr Knäckebrot mit Honig auf Frischkäse. Schweigend kehrt sie mit dem Handballen die abgesprengten Splitter des Knäckebruchs vom Tisch, und auf ebendieselbe Weise fügt sie sich kurz darauf in ihre Rolle der Zuhörerin. Milchkaffee nippend.

Für Hermann ist mit ihrem Schweigen jene ursprüngliche Ordnung wieder hergestellt, die zwischen Geisel und Geiselnehmer üblicherweise durch Dialogwüsten gekennzeichnet ist. Das beruhigt ihn. Einerseits. Andererseits rumort irgendwo eine oppositionelle, nicht genehmigte Untergrundzelle, die sich gegen das bestehende System, gegen die gute alte Ordnung zu verschwören droht, womöglich bereits einen konkreten Putsch ausheckt und die man, sobald man sie ausfindig gemacht hat, am besten sofort im Keim erstickt.

16 | Qwertzuiopü

Sitze wieder einmal in der Staatsbibliothek. Um hier unseren gemeinsamen Strang weiter zu verfolgen, den zweiten Abschnitt. Er begann mit Deiner Rückkehr aus dem Land mit den vierstelligen Hausnummern.

Aber ich kann mich nicht konzentrieren. Mein Nachbar ist daran schuld, mein Sitznachbar, ein vollkommen anderer Mensch als mein Wohnnachbar. Dieser hier ist schwächlich. Ich könnte ihn leicht niederkämpfen.

Über dem gelb-grün gestreiften Hemd trägt er ein hellgelbgrünes Kostüm. Und da, wo andere Männer, ganz andere Männer, Komplementärmänner, früher ihre ersten Tätowierungen anbrachten, ist bei ihm ein beigefarbener Knopf angebracht, der nur dem Zweck dienen kann, eine Schulterklappe zu befestigen.

Er zerwühlt seine Bücher, als gelte es, Erdreich auf Verdauungsprodukte zu scharren, schnappt sich einen Plastikkugelschreiber und flieht. Er wird lange hier sitzen, jede Wette. Ich kann ein paar Titel erkennen: Das Neue Testament in drei rot eingeschlagenen Bänden und die Genesis 1 bis 11. Ich würde gerne wissen, wozu er die braucht, aber ich scheue den Kontakt. Ich glaube, er fühlt sich mir verbunden, weil vor mir ein paar Bände der Zedlerschen Enzyklopädie liegen, während alle anderen Pulte mit medizinischen und juristischen Offsetdünndrucken befrachtet sind. Außerdem sind er und ich die einzigen, die Blei und Tinte aufs Papier bringen, während die anderen binäre Codes in ihre Notebooks eingeben. Ein pausenloses, Luft austrocknendes Stipsen und Klacksen. Das Geräusch von hundert Motten, die sich in einen Lampenschirm verflogen haben.

Früher war es hier sehr still. Und die Stille war pure stoffliche Intelligenz. Jeder Seufzer oder Räusperer trat bei den Umsitzenden eine Adrenalinlawine los. Und wir, dieser Theologe und ich, bilden jetzt eine einsame Front gegen die studentische Belagerung des Staatslesesaals. Und das widerstrebt mir.

Die Vergangenheit. Sie spielt nicht mit. Nicht mit mir. Erzwingen werde ich sie. Jetzt:

Du warst in New York. Ich war in München. Dabei hätte es bleiben können. Ich wartete nicht auf Dich. Dein Brief kam. Ich bewahrte ihn auf. Der Sommer brach an.

Von wegen jede Wette! Meine Vorhersage erweist sich soeben als falsch. Meine Menschenkenntnis lässt zu wünschen übrig. Umso besser. Der Bücherwurm ist fertig. Da geht er hin. Gehen ist eine unästhetische Disziplin, witzloser als Trabrennen. Sie sollte nicht Gehen heißen, sondern »Wetzen«.

Weiter im Text: Das Studium machte Spaß. Es war gezielter und zwangloser als das Abitur. Ich fühlte mich wohl. München bedeutete für mich Zeit haben, viel Zeit. Viel Brotzeit vor allem. München war für mich der Viktualienmarkt: Kräuterinseln aus Zitronenmelisse, Ysop und Pimpinelle, schwarze Nüsse als Kompott, Hollerkoch und grüne Feigenmarmelade, Tauben vom Bauernhof, irische Lämmer im ganzen Stück, niederbayrische Krebse und Bachsaiblinge. Und weiße Wurst und weißes Bier.

München war eine Art Vergnügungspark, mit denen die Bayern eine Mark nebenbei machten. Ich auch.

Anfang Herbst muss es gewesen sein, gegen Ende der Semesterferien, als ich Deine Eltern anrief, fragte, wann eigentlich mit Deiner Rückkehr zu rechnen sei. – Heute.

Eine strenge, aber nicht unsympathische weibliche Stimme verkündet eine Botschaft: »Ihr Akku ist nun voll aufgeladen.« Für einen Moment halten alle Motten im Lampion inne.

Eine ganze Bibliothek wird digitalisiert, abstrahiert, atomisiert, in die simpelsten Elemente zerlegt und in einer

Geschwindigkeit wieder zurückgebildet, mit der man innerhalb einer einzigen Sekunde zweihundert Mal von München nach Hamburg und zurück reisen könnte. Und dann findet man alles, Tonnen von beschriebenem Papier, in einem einzigen, ziemlich schweren glasglatten, anthrazitenen Folio-Band wieder, der nur eine Seite hat. Und diese Seite klebt innen an dem dicken Buchdeckel und flimmert. Und die wenigen, fingerkuppengroßen, unter Druck nachgebenden Buchstaben darunter – »Qwertzuiopü...« – ergeben nicht den geringsten Sinn. Seinen Urahnen hätte das Angst eingejagt.

Irgendwann, in nicht allzu ferner Zukunft werden die Notebooks aufhören zu klacksen und zu stippsen, ein Murmeln wird einsetzen, und dieses Murmeln wird sich noch intelligenter anhören als früher die Stille.

Keine Ahnung, warum wir uns ausgerechnet vor dem Prinzregententheater verabredeten, jedenfalls taten wir das. Noch für denselben Nachmittag. Das Theater war in flüssigen Bernstein getunkt und der Platz, mit dem es sich die ewig werktätige Prinzregentenstraße vom Leib hält, war so gut wie menschenleer. Wir betraten ihn zur selben Zeit aus entgegengesetzten Richtungen. Als ich Dich sah, lagen ungefähr hundert Meter zwischen uns. Ich ging langsamer auf Dich zu als Du auf mich, wesentlich langsamer – vielleicht wegen meiner Knie, die dem Klischee eines laschen Tremors nachei-

ferten. Du gingst ein wenig harttraberisch, »hurtig« ist die treffende Bezeichnung dafür, so hurtig, dass jeder dritte oder vierte Schritt in einen Sprung ausartete. Ich stellte mir diesen Gang auf dem New Yorker Asphalt vor, wo er verloren wirkte. Du lächeltest. Es war ein weit gespanntes Lächeln, beinahe ein Lachen, ein stilles, stillstehendes Lachen. Und ich, ich war ergriffen. Von Deiner Schönheit. Ich starrte sie an, als sähe ich sie zum ersten Mal.

Die Umarmung war unbeschreiblich erlösend.

Wenn mir irgendwann einmal eine Wunschfee begegnen sollte, werde ich mir wünschen, diese Minuten zu wiederholen. Das Aufeinanderzugehen. Die Umarmung. Nur diese fünfzehn oder zwanzig Minuten mit Dir auf dem Prinzregentenplatz, bis zu Deinen ersten Worten einschließlich. Das noch einmal ablaufen zu lassen, würde ich mir wünschen. Und zwar unmittelbar vor meinem Tod…

Hermann hat, um seinen Nacken zu entlasten, das Blatt beim Lesen hochgehalten und sich zurückgelehnt. Nun lässt er die Unterarme sinken und prüft Svetlanas Verfassung.

Ihr Ausdruck entzieht sich einer eindeutigen Bewertung. Ihre Grundstimmung scheint neutral, ist vor allem durch Interesse gekennzeichnet. Mit einer Tendenz, vielleicht doch, zur Heiterkeit. Sie erwidert Hermanns Blick auf eine Art und Weise, die etwas Freundliches fordert.

Er will die Sache mit dem Schneeball aus der Welt schaffen. Und wenn man über eine Sache nicht spricht, ist sie nicht geschehen. Nur durch die Sprache gewinnen die Dinge Wirklichkeit.

»Und? Erinnerst du dich?«

Aber noch weiter kann man sie in die Unwirklichkeit, ins Nichtgeschehen zurückdrängen, wenn man ganz andere Dinge zur Sprache bringt.

»Ich meine an die Situation?«

»Ja. Aber ich behaupte, es war das Residenztheater.«

»Ist da ein großer Platz davor?«

»Durchaus.«

»Geschenkt.«

»Und? Wie lauten nun diese ersten Worte, die du mit ins Grab nehmen möchtest?«

»Soll ich weiterlesen? Dann erfährst du sie.«

»Und wenn ich Nein sage, erfahre ich sie nicht?«

Hermann prüft seine Antagonistin auf den Grad ihrer Neugier und kommt zu einem sieghaften Ergebnis.

»Nein, dann nicht.«

»Nu ládna, tagdá, ja skazhú Da.«

»Spasíba.«

Gerade eben habe ich den Freihandbereich nach einem Feensachbuch durchstöbert. So etwas wie einen Verhaltenskodex im Umgang mit guten Feen gibt es nicht. Aber ich gehe davon aus, dass die Umstände, die die Erscheinung einer guten Fee begleiteten, alles andere als alltäglich wären. Oder doch? Vielleicht gerade!?... Was wäre eine alltägliche Situation? Auf Anhieb: Supermarkt. Vor dem Kühlregal. Dort verbringe ich die meiste Zeit meiner Supermarktbesuche. Wenn mir eine Fee erschiene, erschiene sie bei den Joghurts, nicht an der Kasse. Vielleicht würde sie mir von einem Fitnessdrink zuzwinkern und Hallo sagen. Hallo Hermann! Und dann stünde sie plötzlich hinter mir. Hallo, würde sie noch mal sagen, Ich bin eine Parze. Und ich würde nicht wissen, was das ist, weil ich es eben nicht nachgelesen hätte.

Ich glaube nicht, dass man aufschreien und sich die Hände vors Gesicht reißen würde. Ich glaube, in dem Moment, wo man kapiert, dass man es mit einer echten, leibhaftigen Fee zu tun hat, würde man sich ziemlich normal verhalten.

Ich würde mir also wünschen, dass das ursprünglich für mich vorgesehene präletale Prozedere durch das Erlebnis vor der Theaterkulisse in allen geistigen, seelischen und sinnlichen Dimensionen ersetzt wird.

Ist das deine endgültige Entscheidung, würde sie wahrscheinlich fragen. Bist du dir sicher, dass du nicht einfach für den Rest deines Lebens glücklich sein willst? Oder in jedem Moment so viel Geld in deinen Händen halten, wie du im nächsten Moment ausgeben kannst? Oder ein statt-

licheres Fortpflanzungsorgan? Oder Genie – ich könnte dir die Fähigkeiten eines Charitonow anhexen, der in Moskau 1988 beim Damengambit seinen Bauern gegen ein Pferdchen eintauschte. Oder möchtest du, dass ich deine Mutter in ihre Jugendblüte zurückverwandele? Viele meiner männlichen Klienten wollen das.

Ist der Kerl, der sich diesen Unsinn ausgedacht und zu Papier gebracht hat, derselbe, wie der strenge, angespannte Mann, der da am anderen Ende des Tisches sitzt und liest? Und dabei niemals lächelt, niemals aufweicht, sich zwischen all den persönlichen Gedanken niemals ein persönliches Wort, eine persönliche Geste gestattet? Diese Schwärmerei! Was verbindet ihn mit dem Ich seines Briefes?

Hermann spürt die Beobachtung, wird den Abschnitt trotzdem ohne weitere Umschweife zu Ende bringen.

Das Wort »Gott« ist ein ziemlich kompaktes, stabiles, monolithisches Wort, und doch kann man es in alle Richtungen dehnen, in alle Dimensionen beliebig ausweiten, ja man kann es sogar verdichten, zu einer Knallerbse komprimieren. »Gott« ist vielleicht das universellste, das multifunktionalste Wort überhaupt. Du wähltest es zu Deinem ersten. Zwischen seinem Gesagt- und Gehörtwerden lagen nur wenige Zentimeter.

Erst jetzt unterbricht er seinen Lesefluss, steht auf, trinkt Wasser, wirft ihr Blicke zu, skeptische, fragende, bedauernde Blicke.

Wieso weiß er noch so genau, dass ihr Jäckchen pfeilchenblau gewesen ist? Und dass sie darunter dieses leichte, leicht unverschämte Kleid getragen hat?

Weil sie ihm beides gleich nach der Umarmung wie ein eigenes, ihr zugefallenes oder doch wenigstens ihr zugeeignetes Gedicht vorgestellt hat?

Bahnbrechende Erkenntnisse über die weiblichen Proportionen hat er an diesem Abend gewonnen.

Die Sonne und der Mond sind rund, und je runder sie sind, umso heller leuchten sie. Doch Ideale sind starr. Die Sonnen und Monde einer Frau nach exakten Geometrien streben zu lassen, ist reizlos. Vollkommene Symmetrie ist nicht vollkommen. Vollkommenheit ist das, was die geometrische Perfektion überwunden hat. Die menschlichen Kreisformen bedürfen des ex-zentrischen Elements, brauchen die verspielte Abweichung vom Ideal, um das Auge zu locken. Und wenn sie einen Sinn erfüllen, dann den des Eigenzwecks, denn die Natur ist selbstlos, aber kein einziges ihrer Atome…

Vielleicht hätte er versuchen sollen, ihr diese Gedanken mitzuteilen.

Überhaupt wäre es vielleicht besser gewesen, zu schreiben statt zu fotografieren.

17 | GLOCKENLÄUTEN KANN KIRCHTÜRME ZUM EINSTURZ BRINGEN

Hermann wirft dem Feuer einen Happen zu fressen hin, nimmt seinen Platz wieder ein und macht sich daran, eine Episode vorzutragen, die er mehrmals ergänzt hat.

Schnee fiel. Unmengen von Schnee. Zusammen mit Deinen Eltern und Deinem Schwesterchen fuhren wir in die Voralpen, zum Skifahren.

Cord hatte mir schon in unserer Pubertät erklärt, dass man Abfahrten in Schwierigkeitsgrade unterteilt: »Eins« für die weniger Geübten, »Zehn« für die Highcracks und Suizidisten. Die Abfahrten, die er genommen habe, hätten unbedingt die Bezeichnung »Piste« verdient, »Todespiste«, und irgendwo zwischen Dreizehn und Fünfzehn gelegen.

Ich war noch nie Ski gefahren. Du zeigtest mir die ungefähre Körperhaltung, das Umsetzen und den Schneepflug. Ich wollte das Gefühl der Geschwindigkeit spüren, die Bodenwellen, das Pfeifen des Windes, das Spritzen des Schnees vor den Stahlkanten, wollte auf den Hügel. Wir gingen zum Schlepplift, dessen Abfertigungshäuschen von einem ganzen Schilderwald umgeben war. Die meisten Schilder betrafen die Technik des Einsteigens: »Gefahr. Nicht anlehnen.«, »Achtung. Bleiben Sie aufrecht stehen, bis der Bügel sie mitzieht, erst dann hinsetzen.« Auch als Piktogramm. Nur ein Blinder hätte noch etwas falsch machen können.

Der Abfertiger, ein kleiner, ernster Kerl mit dem erloschenen Rest einer selbst gedrehten Zigarette im Mundwinkel und unergründlichen Lachfalten drum herum, nahm meinen Chip, nickte mir zu und nuschelte etwas, das ich nicht verstand. Er wiederholte, ich solle mich nicht anlehnen, und ich lachte. Sie übertrieben es ein wenig. Der Schleppbügel kam angezuckelt, der Mann stieß ein sehr langgezogenes »Nicht« und ein normal getimtes, dafür umso lauteres »Anlehnen« aus, aber da holperte ich schon mit Rücken, Nacken, Hinterkopf über den Bügel, der mir haarscharf zurück über den Kopf senste.

Du lachtest. Die Leute, die hinter Dir standen, lachten auch, und der kleine Mann grinste, was relativ mehr Vergnügen ausdrückte, als das Lachen der anderen. Beim zweiten Anlauf blieb ich so lange aufrecht stehen, bis der Bügel mich erfasst hatte und nach oben zog – erstaunlich weit nach oben. Und als ich oben neben Dir stand, war der Hügel entschieden kein Hügel mehr, sondern ein ausgewachsener Berg. Wie kann man das so verzerrt einschätzen?

Ich forderte Dich auf, ohne mich loszufahren, und Du fuhrst. Kinder im Vorschulalter stürzten sich an mir vorbei in die Tiefe, Dir hinterher. Früher hätten diese kleinen Angeber sich gegenseitig mit Schneebällen beworfen oder Schneemänner gebaut. Was religiöse jüdische Kinder übrigens am Sabbat nicht mehr dürfen: Schneemänner bauen. Weil das Arbeit ist und Arbeit verboten ist, auch wenn sie Spaß macht. Schneeballschlachten allerdings sind erlaubt, stand in der Zeitung.

Ich setzte Dir nach, setzte sofort zweimal um und kam mir sofort feige vor, weshalb ich einen Umsetzer ausließ und doppelt so schnell wurde. Der nächste Moment, da ich die Richtung hätte wechseln müssen, verglühte im Rausch der Beschleunigung. Ich schoss auf eine Gruppe feindseliger Bäume zu, neigte meinen Oberkörper rückwärts, um die Fahrt mit dem Gesäß zu bremsen. Sofort peitschte mir ein Ski gegen das Ohr und ein Skistock stach mir in die Hüfte. Besorgte Wintersportsfreunde kamen so rasant neben und hinter mir zum Stehen, dass mir der Schnee vor ihren bremsenden Stahlkanten ins Gesicht spritzte. Ich lachte, winkte ab – »Alles okay, hab' nur was ausprobiert, bin gleich wieder auf den Beinen.«

Hermanns Schilderungen sind bis zu den letzten Sätzen von leisem Gekichere untermalt worden. Das Gekichere ist nun verstummt. Svetlana nutzt die Pause, um aufzustehen, sich zu recken. Ihr Oberkörper stellt zwei volle, ex-zentrische Kreisformen aus. Selbstzweck hin oder her, es ist mühsam, sich diesem Reiz zu entziehen...

»Darf ICH mal das Holz nachlegen?«

Wieder ist er in diese Tretmühle eingespannt, die seine Wahrnehmungen zu Zweifeln zermahlt.

»Meinetwegen.«

Und was, wenn es ihr wirklich gut geht? Ohne doppelten Boden? Hermann weiß nicht mehr, wo er steht. Ein Klatschen bewahrt ihn davor, sich noch tiefer in jenen Gassen zu verrennen, die doch alle nur auf dasselbe verlassene Plätzchen führen. Svetlana hat sich die Spuren des Brennholzes abgeklatscht.

»Wir wäre es mit einer Mittagspause?«

Hermann legt den Papierstapel in den Karton, verstaut ihn auf einem der Regalbretter, die ein offenbar sehr pragmatischer und eiliger Mensch an die Wand gedübelt hat, und erhitzt Weizenkeimöl in einer Pfanne, um gefrorene Kartoffelpuffer darin zu braten. Mit dem Handballen versetzt er dem Boden eines Apfelmusglases einen Stoß, auf dass die entweichende Luft den Deckel lockere. Seine Gefangene schaut ihm dabei zu. Sie scheint sich zu langweilen.

Ob sie sich schon für eines der Bücher entschieden hat? Womöglich durchgelesen? Sie ist eine schnelle Leserin, wenn auch nicht so schnell wie Helen. Niemand liest so schnell wie Helen. Beim gemeinsamen Lesen eines Zeitungsartikels hat sie meistens schon leise vor sich hin gesungen, als er selbst gerade mit der Hälfte ins Reine gekommen war.

»Danke übrigens für die Nachtlektüre.«

»Das gibt's doch nicht! Gerade eben, vor einer Sekunde, habe ich an die Bücher gedacht!«

»Ja, das kommt vor...«

Sie will sich am Nacken kratzen, zieht die Hand aber zurück

»Nur... vielleicht nicht unbedingt zwischen einem wahnsinnigen Gewaltverbrecher und seinem Opfer.«

»Nein, nicht unbedingt.«

Hermann stellt die Gasflamme ab.

»Hast du schon eins gelesen?«

»Angefangen: Priglaschénje na kasn.«

Wie er es vermutet hatte!

»Und?«

»Ich glaube, die Geschichte ist mir zu wüst.«

»Wüst?«

Er selbst hat das Buch nicht im herkömmlichen Sinn gelesen, sondern als Film vor sich ablaufen sehen. Alle Romane, die er durchgelesen hat, sind als Filme vor ihm abgelaufen, in ihm. Aber dies ist kein gewöhnlicher guter Film gewesen, sondern der Film seines eigenen Lebens, wahrscheinlich fesselnder als der Film, der bei seinem Sterben ablaufen wird. Nach Beendigung der Lektüre ist er aufgesprungen und hat sich die Haare gerauft.

»Vielleicht liegt es daran, dass ich selbst gerade im Gefängnis sitze. Außerdem ist mein Bedarf an... grosser Literatur mit deinem Brief so ziemlich gedeckt.«

Hermann ignoriert die vermutete Ironie, serviert das Essen und wünscht einen guten Appetit. Svetlana sägt, während sie ihre Replik zu dem Ritual beiträgt, eine mundgerechte Portion von einem ihrer drei Kartoffelpuffer ab, bedeckt sie mit Mus und knüpft, noch während sie den Bissen zerkaut, an das literarische Gespräch an.

»Was hat dir daran eigentlich...? Na, ich kann's mir schon denken.«

»Was denn?«

»Nun – ein Mann, der hingerichtet werden soll, weil er ein Sonderling, ein Einzelgänger ist! Und die ganze Zeit träumt, fantasiert, sich erinnert, schreibt, Angst hat... Da gibt es ja für dich durchaus die eine oder andere Möglichkeit zur Identifikation – nein? Und dann die Beziehung zu seiner Mutter...«

Genau die Stelle, wo die Mutter ihren Sohn, Cincinnatus, im Gefängnis besucht, hat er nicht verstanden. Cincinnatus ist mürrisch, zornig, verbittert. »Spielen Sie Ihre Rolle!« fährt er sie an – die beiden siezen einander – »Verlegen Sie sich ganz auf Geplapper und Unbekümmertheit« Und die Mutter erwidert sanft, sie sei gekommen, weil sie seine Mutter sei. Cincinnatus bricht darauf in Gelächter aus. »Nein, nein, lassen Sie das nicht zu einer Farce herunterkommen. Vergessen Sie nicht, es handelt sich um ein Drama. Ein bisschen Komödie ist ganz schön, aber Sie sollten nicht zu weit weggehen vom Bahnhof – sonst fährt das Drama ohne Sie weiter.« Hermann hat die Szene wieder und wieder gelesen und doch nicht verstanden. Und nun, plötzlich, liegt ihm alles klar vor Augen, so, wie einem die Nase im dicksten Schnupfen plötzlich frei wird, so frei, dass es weh tut: Sie ist gar nicht seine Mutter. Sie hat ihn geboren, vielleicht sogar gestillt, aber...

»Stillen« ist ein beruhigendes Wort... Er buddelt die verkrusteten Schichten dieses Wortes auf. »Stille« begegnet ihm, und dann »Lärm«. Er selbst ist nicht gestillt worden – eher gelärmt. Er lächelt über sein Wortspiel.

»Monsieur Strauchler: Warten Sie auch auf Ihre Hinrichtung?«

»Was?«

»Ich frage mich die ganze Zeit, was du tun wirst, wenn wir hier fertig sind? Du kannst mir doch nicht weismachen, dass du noch keinen Plan hast!«

Hermann räumt das Geschirr beiseite, trennt mehrere Lagen von der Haushaltsrolle ab, mehr als er sonst benutzen würde, viel mehr, und wischt Ölreste von Tellern und Gabeln. Das Bedürfnis nach frischer Luft und Bewegung drängt sich auf. Dass er nun Holz hacken müsse, behauptet er deshalb.

Auch sie würde das gerne einmal ausprobieren. Ausgeschlossen. Aber sie will es unbedingt. Es sei ihr Herzenswunsch, einmal Holz zu hacken. Nat habe ihr das nie erlaubt.

Das sei nachvollziehbar, meint Hermann, er habe sich wahrscheinlich Sorgen um ihre Klavierhände gemacht.

Nein, ihr Mann, der... verbiete ihr auch das Einparken seines Sportwagens.

Dass man die Axt schwingen lassen muss; dass man runde, gebundene Bewegungsabläufe anstreben müsse, Legato – bringt Hermann ihr bei, und scherzt, während sie nicht schlecht, nicht unbeholfen, Feuerholz herstellt, über die Gefahr, in der er schwebt, scherzt, es tue ihm leid, dass er sie mit der Pistole erschreckt habe.

Sie lacht.

Sie fühlt sich wohl.

So wohl, dass sie, zurück im Auditorium Minimum, mit den Fußspitzen einen Stuhl angeln, ihre Beine darauf ablegen und ihre Arme hinter dem Kopf verschränken wird.

18 | MITLEID IST NIHILISMUS

Ich kann mich nicht mehr auf den Winter konzentrieren. Helens Kühlschrank arbeitet ununterbrochen. Die Hitze steht wie unter einer großen Glocke. Ich weiß nicht, was Regen und was Traufe ist: Das Glockenläuten hier in Zehlendorf oder der Krach meines Weddinger Nachbarn. Es ist, als hockte ich in einem riesigen Glascontainer, und die Menschen dieses Wohnblocks stehen Schlange, ihre Altlasten zu entsorgen.

Welch aufrechte und zugleich zweckmäßige Opferbereitschaft notwendig ist, um ein solches Wort zu erschaffen! Da stehen Sorgen, und man räumt sie weg. Ohne Wenn und Aber.

Wäre Hermann Mitglied jenes deutschen Komitees, das die Worte der Jahre kürt, würde er sich für das Wort »Entsorgung« einsetzen. Wie jämmerlich, wie billig und fremd und kurzlebig die Wörter daneben stehen, die dieses Wort immer wieder aus dem Rennen schlagen. »Multimedia«, »Sparpaket«, »Reformstau«, »Rotgrün«, »Millennium«...

Ich werde bestraft. Es ist eine maßlose Strafe, eine Art Glockenpranger, an dem ich stehe. Bestrafung ist, glaube ich, die schwierigste, diffizilste Angelegenheit der Zivilisation. Lädt nicht der Bestrafer durch den Akt der Bestrafung wiederum Schuld auf sich? Vielleicht sollte man alle Eltern zwingen, eine Lizenz dafür zu erwerben.

Stift und Heft haben seine ihm einmal hingelegt und gesagt: »So, Freundchen, jetzt schreibst du fünf Sachen auf, die du in Zukunft nicht mehr machen sollst!« In einem dieser verregneten Ferienkäffer, deren Bezeichnungen nach Desinfektionsmitteln klingen und in denen keiner seiner Freunde jemals Urlaub gemacht hätte. Vorupör. Esbjerg. Klitmöller. Er hat das für eine originelle Bestrafungsmethode gehalten und einfach drauf los geschrieben. Fünf Sätze, leicht, ihm wären auf Anhieb zehn eingefallen. Und als er anderthalb Seiten des Schreibheftes vollgeschrieben hat, nimmt es einer und malt neben jeden Satz eine Zahl. Neben den kürzesten »500«, neben den längsten – eine maßlos übertriebene, mit vielen Adjektiven und Gliedsätzen ausgeschmückte Selbstbezichtigung – die Zahl »50«. So flink, wie ein elf- oder zwölfjähriges Gehirn dazu in der Lage ist, klappert Hermann alle möglichen Bedeutungen der Ziffern ab. Eine Bewertung? Aber warum dann keine Noten? Und weshalb erhält dann der längste Satz die schlechteste Wertung? Irgendeine mengenmäßige Bewertung der Silben im Verhältnis zur... Nein, nichts zu machen. »Du setzt Dich jetzt hin und schreibst den Satz hier fünfhundert Mal ab. Und wenn Du damit fertig bist, kommt der hier dran, zweihundert Mal. Und zwar sauber und ordentlich. Haben wir uns verstanden?« – WIR UNS!... Eine Art Betäubung stellt sich ein, ein tauber, flauer Strudel. 1200 Sätze – ein ziemlich ausführlicher Denkzettel. Wie oft hat er solche Strafarbeiten schreiben müssen? Dreimal? Jedenfalls hat er schon beim zweiten Mal gehörig prägnanter formuliert.

Vielleicht ist auch das hier, der Brief an sie, die dort sitzt und seinen Gedanken lauscht, nichts weiter als eine Art schriftliche Strafarbeit. Aber dann müssten die Schuldgefühle weg sein. Und das sind sie nicht. Hat er DESHALB sichergehen wollen, dass sie den Brief auch wirklich zur Kenntnis nimmt? Weil die Sache erst dann erledigt sein, weil er sich erst dann frei fühlen wird?

Bedeutet Freiheit die Abwesenheit von Schuldgefühlen?

Nein. Er wird niemals frei sein. Die Leine, an die er gebunden ist, wird höchstens ein Stückchen länger sein als die der anderen.

Muss er den Gedankensprung kommentieren, den er seinem Publikum jetzt zumutet? Nein, er war ja beabsichtigt.

Die Fötusbrocken, die im Abfalleimer der Gynäkologie bestattet wurden, die ausgeschabte Gebärmutter – das war der Bruch. Die Leere beim Anblick der Schimpansenmutter im Fernsehen. Tagelang schleppt sie den leblosen Säugling schlenkernd mit sich herum, lässt ihn dann irgendwo im Busch liegen, wo es, das Aas, bald biologisch entsorgt wird.

Svetlana hat sich den Ehering vom Finger gezogen und massiert ihre Fingergelenke, wie sie es damals vor dem Klavierspielen getan hat – nur dass sie es diesmal unbewusst tut.

Ein Jahr nach der Fehlgeburt kümmerten wir uns um Ersatz (wie vermutlich auch die Schimpansin). Ich hatte mich aus zwei Glaubensgründen daran beteiligt: Weil ich glaubte, Helen das schuldig zu sein, und weil ich glaubte, das Kind könne wie ein Wunderkleber unsere beiden Lieben zu einer gemeinsamen zusammenfügen. Aber sie stellt immer mehr eine Bedrohung für mich dar, die ich nicht benennen kann, es ist ihre Nähe, ihr Nahsein.

Neulich hat sie die ersten Seiten des Briefes an Dich gelesen. Sie wusste vorher, dass es sie deprimieren würde, bevor sie das Verzeichnis »Briefe«, die Datei »Svetlana«, anklickte. Sie wusste, dass es unsere Beziehung, dieses zerbrechliche Konstrukt, erschüttern würde. Ich war wütend auf sie. Nicht, weil sie meine Briefe liest, sondern weil sie Recht hat. Anstatt ihre Nähe auszuhalten und mich der Konfrontation zu stellen, renne ich weg. Bleibe ich da, verkrampft sich mein ganzer Organismus derartig, dass eine Lappalie ausreicht, diese hässliche innere Wut auszulösen, mit der ich dann im Weg stehende Schuhe wegtrete, so wie mein Großvater im Weg liegende Dinge weggetreten hat – ein Befreiungsschlag aus dem eigenen Strafraum, weit über die Mittellinie hinaus...

Als Kind hat er sich manches Mal über den Großvater gewundert, wenn er seine Frau angezischt hat, angefaucht, schon beim Frühstück angegiftet, weil sie vergessen hat, den Konfitürelöffel auf dem entdeckelten Marmeladenglas zu platzieren, oder anstelle eines Konfitürelöffels einen gewöhnlichen Teelöffel genommen hat oder den Marmeladendeckel nicht abgeschraubt und außer Sichtweite, womöglich auf der untersten Teewagenetage deponiert hat, oder vergessen, das Glasgewinde mit einem feuchten Tuch abzuwischen. Warum verhält sie sich jedes Mal wie ein geprügelter Hund, wenn sich die Wut, diese unberechenbare Bestie, aus seinen Eingeweiden in die Freiheit beißt, wenn er wie ferngesteuert den Teelöffel nimmt und durchs Zimmer wirft oder ihr das Glas hinfuchtelt und dabei mit versteiftem Unterkiefer jedes einzelne Wort für sich brutal herausdrängt. »Was soll das denn hier?!«

Warum tut er das überhaupt? Dieser korrekte, gebildete ältere Herr, dem niemals ein Bissen von der Gabel rutscht, der sich nach jeder Mahlzeit die Zähne reinigt, der die Nachbarn ohne Ausnahmen und manch angesehene Persönlichkeit der Stadt grüßt, indem er seinen Hut mit einer kleinen, freundlich lächelnden Geste lüftet, und der ohne ein Wort der Verbitterung in zwei Weltkriegen seine Pflicht erfüllt hat? Warum lebt er mit dieser Frau zusammen? Aber vor allem: Warum beteiligt er sich nach jedem Essen am Abwasch? Weshalb überlässt er ihr das weichere Kissen beim Mittagsschlaf? Wieso hilft er ihr vor jedem Spaziergang in den Mantel? Aus welchem Grund öffnet er jedes Mal zuerst die Beifahrertür, bevor er selbst ins Auto steigt? Weswegen macht er ihr zu ihren Ehrentagen die wertvollsten Geschenke? – Ist das eine Art Krankheit? Ist sie erblich? Heilbar?

Mehrere Male lässt Hermann den Papierstapel längs und hochkant auf die Tischplatte sacken, klopft mit der flachen Hand auf den sich glättenden Schnitt und schaut auf die Uhr. Es ist noch nicht so spät, wie er dachte.
Irgendetwas hindert ihn am Weiterlesen.

Wie man so redet und schreibt, ohne zu ahnen, was: Dass »Zweck« von »Zweig« kommt, an welchem das Ziel aufgehängt wird, das Ziel, auf das man vor Urzeiten seine Pfeile abschoss. Dass man den Nagel, der den Zweig dann ersetzte, »Zwecke« nannte, bald »Zweck«. Keinen Zweck mehr haben, kein Ziel mehr, auf das man schießen kann... Wie treffend man solche Wendungen in seiner Ahnungslosigkeit schließlich doch anwendet!

»Im Stich lassen.« Auch dies eine mittelalterliche Wendung: Schied bei Ritterturnieren ein Kämpfer aus, ließ er die Gefährten »im Stich« des Feindes.

Auch er hat seine Gefährtin im Stich des Feindes gelassen. Aber dieser Feind hat mehr zu bieten gehabt als eine Lanze.

Was? Was hat er da geschrieben? Ehre verlieren?... Ehre?... Nein, Ehre hat er nicht gefühlt. Erleichterung vielleicht. Aber keine Ehre... Und während die Fragen des Freundes Cord durch die Ritzen ziehen, wird dieser leichte, erstaunte Mensch geboren, der den Namen

Eleonora erhält und so empfindlich ist, dass Blumenduft von ihm ferngehalten werden muss.

Hermann legt die oberste, erst zur Hälfte vorgelesene Seite unter den Stapel. Heimlich lassen seine Finger dabei auch die zwei nachfolgenden Seiten verschwinden. Sie würden die Adressatin nur unnötig belasten – und ihn selbst, aus ihrer Sicht gesehen, ebenfalls.

19 | Schmetterlinge in Bettlakengrösse

Svetlana, die während der gesamten Vorlesung sehr andächtig dagesessen hat, schöpft kopfschüttelnd Luft.

»Du hast Helen eine Woche vor der Geburt eures Kindes verlassen?!«

Noch immer schüttelt sie den Kopf.

Dass er ihren schmeichelnden Äußerungen bisher so konsequent misstraut hat und bei dieser Empörung nun keine Sekunde an der Echtheit ihres Gefühls zweifelt. Das fällt ihm plötzlich auf, lässt ihn stutzen, beschwichtigt seine Kampfbereitschaft, bezwingt seine Absicht, sie, die Gegnerin, in die Schranken zu weisen... Warum hat er diesen Zusammenhang nicht vorher erkannt und den logischen Schluss daraus abgeleitet, dass sie ihn meint, verbindlich ihn meint, ihm verbunden ist?

»Sag mir, was ich tun kann, um meine Schuld abzubüßen, und ich werde es sofort tun!«

Ihrerseits nun ist Svetlana über das Ausbleiben der erwarteten Verteidigungsrede erstaunt, beeindruckt, milde gestimmt. Diese Einsichtigkeit ist ein neuer Zug.

»Ich weiß es nicht... Aber ich bin auch nicht objektiv. Ich habe selbst nicht gerade eine romantische Schwangerschaft erlebt. Es tut mir leid, Hermann. Ich wollte dich nicht maßregeln. Belassen wir es dabei.«

Allzu gerne würde er es NICHT dabei belassen. Allzu gerne würde er wissen, was sie meint. Aber noch während er darüber nachdenkt, wie man ihr das Geheimnis entlocken könnte, fängt das Licht der Gaslampe an zu zucken und zu blitzeln.

Hermann steht auf, rückt den weißen Blechwürfel mit dem verspiegelten Heizgitter von der Wand ab, schraubt die Zuleitung von der Gasflasche los und schließt die Ersatzflasche an.

Bald darauf folgt Svetlana den Darstellungen ihrer eigenen Vergangenheit, als säße sie bei ausgestelltem Motor gemütlich zurückgelehnt in einer Limousine vor einer Bahnschranke und verfolge einen langen, bizarren Güterzug, der die Landschaft durchschneidet.

Um sich von dem stabilen, vertraulichen Takt des Schienen- und Räderwerks berieseln zu lassen, würde sie die

Seitenfenster herunterlassen. Da sie aber nicht wirklich im Auto sitzt, erlebt sie die rasch abwechselnden Jahreszeiten nicht als Kälte oder Wärme, Nässe oder Staub an ihrer Haut, sondern als Farben, die die vorbeiziehenden Objekte hintergründig abdämpfen oder betonen, wie Passepartouts die Bilder einer Ausstellung abdämpfen oder betonen.

Zunehmend schriller werden Formen und Farben der Waggons und zunehmend ferner die Bestimmungsorte der einzelnen Güter. Die Menschenleere, die die Zuschauerin unter anderen Umständen bedrücken würde, wird durch die Allgegenwart des Zugführers vollständig ausgefüllt. Immer wieder taucht er auf einem seiner Vehikel auf – hier gedankenversunken im Schneidersitz auf einem von Kindern bemalten Milchtank reitend, dort im Clownskostüm grinsend über ein Tiergehege turnend. Mal erscheint er ganz klein, viele Wagen entfernt, ihr eifrig zuwinkend, mal direkt vor ihr, das Gesicht hinter einem riesigen Vergrößerungsglas, Tränen von der Größe einer Badewanne vergießend. Ab und zu ziehen Tafeln mit Gedichten oder Erklärungen zu den Exponaten vorüber. Einmal wird sie auf diese Weise aufgefordert, ihren Blick mit den Händen zu einem schmalen Spalt einzuengen, um eine Art Stummfilm-Sequenz zu betrachten, und schon tänzelt der Zugführer an einer über fünfzehn bis zwanzig Wagen sich hinziehenden Reihe von minimal sich unterscheidenden Fotos vorüber, auf denen sie selbst lebensgroß dargestellt ist. Und wie bei einem Daumenkino ergeben die einzelnen Bilder tatsächlich eine Bewegung, einen Tanz. Und der ganze Zug gehört ihr oder ist doch wenigstens ihr zu Ehren auf die Reise geschickt worden.

Ein wenig unprononciert trägt Hermann seinen Text weiter vor, bis er endlich, wie der Digger Elam Harnish 1896 am Klondike bei Yellow Knife, auf das gelbe Trennblatt stößt. Er bettet den Stoß in die Fotopapierschachtel und bleibt sitzen, ohne seine Aufmerksamkeit von der Aufschrift des Pappdeckels abzuwenden.

TETENAL BARYT VARIO – 250 SHEETS GLOSSY PHOTO PAPER.

»Glänzend« glänzt mehr als »glossy«, findet Hermann.

Ob sie das auch so sieht?

Svetlana hat Hermanns Handgriffe mit Argwohn beobachtet, verschränkt nun ihre Arme und schiebt die Augenbrauen zusammen.

»Ach Mööönsch!«

Wenige ihrer Angewohnheiten sind Hermann so vertraut, wie die lang- und hochgezogene Verklärung des Wortes »Mensch«, welches sich, wie ihm Cord versichert hat, auf kein anderes Wort reimt. »Ach Mönsch« bedeutet Nähe, Zutrauen, Mehr davon. Also bedeutet es, das etwas nicht stimmt. Vorsicht ist geboten, mehr denn je. Hermann tut, als habe die Information vor seinem Bewusstsein halt gemacht.

»Du hast jetzt übrigens schon fast zwei Drittel geschafft!«

Sie weiß: Es wäre schicklicher, das nahende Ende der Vorlesung zu begrüßen, als Protest dagegen einzulegen. Immer noch sieht sie die Bilder, die ein langes Echo nach sich ziehen. All die Bilder!... Als könne er seine Gefühle und Gedanken fotografieren! Allein das Bild vom Ehering: Wenn sie ihn geheiratet hätte, wäre der Ehering ein Gedicht gewesen, hat er vorgelesen, ein auf ihre beiden Rücken und Flanken tätowiertes Gedicht, lesbar nur, wenn sie im Wiegeschritt zusammen tanzten. Wenn jemand dabei vor ihnen säße und sie sich langsam drehten, nur dann könnte dieser Jemand das Gedicht lesen, ihr persönliches Gedicht, ihr Ehering, der sie beide, ihn und sie, umschlösse – von seinem Freund Cord oder einem anderen großen Dichter eigens für sie beide geschmiedet. Mit ihr zusammen wäre er losgegangen, Wörter sammeln, so wie man Pilze sammelt. Wörter, denen der Dichter einen Zusammenhang verliehen hätte. Er selbst hätte sich Verse mit Bäumen gewünscht, Bäume, die sich vor etwas verneigen, hätte Wörter vorgeschlagen, die man oftmals hintereinander sprechen kann, ohne dass sie an Poesie oder gar Sinn verlieren. Was sind das für Konstrukte gewesen, die er vorgeschlagen hat? Sie wirft einen Blick auf ihren Zettel: »Schokoladenflecken im Weltraum«, »Schmetterlinge in Bettlakengröße«, »Schatten schaukelnder Kinder«, »geometrische Fiebervisionen«… Welche Begriffe hätte sie selbst dazu beigesteuert?

Sie faltet ihren Zettel und steckt ihn ein. Ihr Blick ist der einer Chirurgin, die ihrem Patienten am Vorabend eines riskanten, aber epochalen Eingriffs gute Nacht sagt. Ihr Blick ist nicht so zuversichtlich und abgeklärt und beflissen, aber genauso vertraulich, verbindlich, verantwortlich.

»Hermann?«

»Ja?«

»Ich weiß, ich sollte das nicht sagen, aber ich tue es trotzdem…«

»Was?«

»Dein Brief ist… ich weiß nicht, wie ich es anders ausdrücken soll: Großartig! Nur eine Idiotin hätte ihn nicht gelesen! Und: Es ist schön, dir zuzuhören.«

Hermann bemüht sich, das amorphe Gefüge der ausgesandten Botschaften zu etwas Greifbarem zu verdichten, aber die Erscheinung der Elemente ist zu flüchtig, ihre Aggregatzustände zu wechselhaft.

»Und ich würde auch sehr gerne ein paar aktuelle Fotoarbeiten von dir sehen. – Aber du hast sicher keine dabei, oder?«

Sie übertreibt! Jetzt senkt sie auch noch ihr Haupt! Das würde jeder Laienregisseur von seiner Schauspielerin so erwarten, verlangen. Am besten gar nicht beachten. Einfach, wie geplant, Abendbrot zubereiten.

»Nein.«

»Vielleicht zeigst du mir später mal was, wenn wir das alles hier hinter uns gebracht haben. Wie soll es denn eigentlich weitergehen, wenn deine Mission hier im Dschungel erfüllt ist?«

»Ganz einfach: Wir werden am Neujahrsvormittag nach Dänemark fahren. Ich setze dich an irgendeinem Bahnhof ab, gebe dir Geld für die Heimreise und... das war's.«

»Und wo werde ich die Fahrt verbringen? Auf dem Beifahrersitz? Oder hinten. Gefesselt und betäubt?«

Anstelle einer Antwort wird das Abendbrot serviert.

»Und was, wenn man uns anhält?«

»Ich glaube nicht, dass man uns am Neujahrstag auf der Autobahn anhält.«

»Und an der Grenze?«

»Ich bin noch kein einziges Mal kontrolliert worden.«

Es wird gespeist.

»Angenommen, wir kommen unbehelligt zu diesem dänischen Bahnhof, den du vermutlich schon ausgewählt hast. Ich steige aus, du fährst weiter. Hast du keine Angst, dass ich sofort die Polizei alarmiere und dass man dich an der nächsten Kreuzung...«

»Nein. Selbst WENN... Selbst wenn du das tätest. Ich habe mir etwas... überlegt. Aber irgendwie glaube ich nicht, dass du sofort zur Polizei rennst.«

»Was hast du dir überlegt?«
»Eine Methode, unterzutauchen.«
Die Reste des Abendessens werden abgeräumt.
»Hermann Strauchler, du bist ein sonderbarer Mensch!«

Der sonderbare Mensch begleitet sie nach oben. Wie jeden Abend ergreift er dann dieselben Maßnahmen in derselben Reihenfolge: Ihre Oberbekleidung an sich nehmen, ihr eine gute Nacht wünschen, den Sicherheitsbügel verriegeln, das Vorhängeschloss umlegen, sich mit einem Ruck vergewissern, dass der Stahlbügel eingerastet ist, ein dampfendes Muster in den Schnee brennen, sich umziehen, Schlüssel und Kleidung in der Truhe verstauen, Zähne putzen, hinlegen.

20 | I feel so lonely, oder Postnataler Abort nach logischer Indikation

An diesem Abend fällt ihm das Einschlafen schwerer als sonst. Schon die Blasenentleerung ist nicht auf Anhieb gelungen. Überhaupt ist er unkonzentriert, hegt Zweifel, ob er an alles gedacht hat.

Seine Augen haben sich längst an die Dunkelheit gewöhnt, betrachten das schwarzbraune Gebälk. Jede einzelne Bohle hat sich im Laufe der vielen Jahrzehnte mehr oder weniger sichtbar gebogen, gedehnt, gekrümmt. Und doch bieten sie nach wie vor sicheren, ebenen Halt. Wären sie durchsichtig, würde er die Sprungfedern ihres Bettes sehen. Wenn man viel Geld besäße, übertrieben viel, müsste man spaßeshalber einmal eine solche Hütte aus Glas bauen. Alles durchsichtig: Wände, Zwischendecke, Bett, Kamin, Fußboden, Treppe. Alles aus mehr oder weniger dickem Glas, denkt Hermann, schließt seine Augen, die sich dagegen sträuben, und wartet darauf, dass etwas geschieht.

Der Ruf einer Eule geschieht. Dieser durchdringende akustische Stoß, dieses Pulsieren, als ob der Ruf in Sekundenbruchteilen an hunderten von Gegenständen abprallt und so dieses zitternde, bebende Echo erzeugt. Was mag er bedeuten, dieser Ruf? Ausdruck des Triumphes über eine Beute, einen Hasen, eine Maus? Steckt sie ihr Revier ab? Oder gilt er einem Artgenossen. Wo bist Du? Komm her! Unmöglich, die Entfernung abzuschätzen. Mit welcher Reinheit dieser Ton durch das geschlossene Fenster dringt.

Es wird geöffnet.

Längst hätte er das Knarren hören müssen, das Quietschen ihres Bettes, wenn sie sich noch einmal auf die andere Seite wirft. Vielleicht wartet sie, bis er schläft, bis sie sicher sein kann, dass... Womöglich hat sie ein Werkzeug in ihren Besitz gebracht... Aber welcher Gegenstand könnte ihr eine Flucht ermöglichen? Ihr, deren

Hände für Klaviaturen gemacht worden sind, jedenfalls nicht für grobmotorische Maßnahmen? Selbst wenn es ihr gelänge, das Gitter aufzustemmen, und das, ohne ein lautes Geräusch zu verursachen. Was könnte sie tun? Fliehen? Mitten in der Nacht, bei zehn Grad Minus, mit einem Hausanzug bekleidet? Über die vereisten Felder und Ackerflächen laufen, hasten? Über Gräben, Bäche, Drähte und Zäune setzen, über die Wiesen und Weiden, Staudensäume, durch die Feldgehölze, Gebüsche, durch den ganzen verschneiten Wald laufen, barfuß, ohne sich zu verletzen? Neun Kilometer bis zur Bundesstraße, zur NÄCHSTGELEGENEN Bundesstraße, wo um diese Zeit alle zwei Stunden ein Auto vorbeirauscht? Dreizehn oder gar vierzehn Kilometer, wenn sie in die falsche Richtung läuft – auf der keuchenden, angstirren Suche nach der nächsten Siedlung, dem nächsten Gehöft, nächsten Telefon? Nein. Der Standort seiner Unterkunft ist perfekt – PER-FEKT. Ja, da ist er sich ganz sicher.

Trotzdem: Dieses Gefühl, an irgendetwas zu zweifeln, bleibt gegenwärtig. Aber woran? An seinem Vorhaben, seinem endgültigen Ziel? Nein. Sein Entschluss steht fest. Er muss aufhören, um Dinge zu kämpfen, die er gar nicht haben will. Das ist kindisch. Viel zu lange hat er sich wie ein Zehnjähriger benommen, der einem Schwarm Tauben hinterher jagt, und wenn er aus Versehen tatsächlich eine fängt, sie erschrocken wieder loslässt.

Die atlantischen Dimensionen, in die sein Körper hinab gleiten wird. Die Fratze, die sich unwillkürlich einstellen wird, diese innerliche, bewusst nicht mehr wahrgenommene, sich über die Gehirnströme aber doch auf seinem Gesicht abzeichnende Angst, diese triebhafte, instinktive Abwehrreaktion gegen die fortschreitende Lähmung des großen pumpenden Muskels, dieses Herausschieben der letzten, müden Kontraktion in einem so vertrauten und doch so fremden Element, einem Element so voller Sauerstoff, welchen der menschliche Organismus doch nicht herauszufiltern vermag, was er nicht weiß, dieser Organismus, trotzdem atmet, das kalte Salzwasser einatmet, literweise… Sind es diese Bilder, die ihn am Einschlafen hindern?

Er hat keine Angst vor dem Tod an sich, er will es ja sein, tot, aber er weiß eben auch, dass jede Zelle seines Wesens sich mit aller Macht dagegen aufbäumen wird – und das ist sehr unschön. Aber die Entführung ist auch nicht gerade schön gewesen. Das wochenlange Herumgeschleiche, die ständige Angst, ertappt zu werden, die Heuchelei, die fingierten Anrufe, das Chloroform, die Selbstversuche. Nein, es ist kein schöner Plan, wahrhaftig nicht, aber ein guter. Er muss sich nur strikt daran halten, darf keinen dieser unplausiblen Fehler jener Krimifiguren begehen, die sich nie an ihre Pläne halten. Kein Alkohol, keine anderen Drogen, keine Bekanntschaften. Niemand schöpft Verdacht, niemand vermisst die Entführte, niemand vermisst ihn. Er hat alles genau berechnet. Gepäck und Papiere verbrennen. Nachts. Hinausmotoren, bis der Tank leer ist. Rudern bis zur Erschöpfung. Sich an den Außenborder anketten, das Loch in die Luftkammer ritzen, den Brei essen. Eine todsichere Sache, selbst wenn das Schlauchboot nicht untergeht, aus Gründen, die er, längst bewusstlos, nicht mehr beheben kann. Der Kanarenstrom ist zu dieser Jahreszeit stark genug, ihn oberhalb der Kapverden in den Sog des Nordäquatorialstroms hineinzutragen, der dann in einer großen Schleife an Mittelamerika vorbei zurück in den Mittelatlantischen Rücken führt. Die Tablettenmischung wird auf jeden Fall Herzstillstand bewirken, spätestens nach einer, allerspätestens nach anderthalb Stunden.

Das Rezept entstammt der Autobiographie eines Arztes, der im Texanischen Department of Corrections für die Abspritzungen zuständig gewesen ist und in seinem Buch unter anderem verraten hat, mit welchen Substanzen die Exekutionsspritzen gefüllt sind. Thiopental, Pancuronium Bromid, Potassium Chlorid – welche Poesie! Hermann hat sich die Rezepte vor Jahren kopiert, aus Neugier an der Abartigkeit. Das Rezept seiner Erlösung ist mit fünf Sternchen versehen worden, und der deutschstämmige Amerikaner hatte angemerkt, dass der Cocktail in seiner letalen Wirkung absolut zuverlässig sei. Man müsse nur darauf achten, vorher genügend Haferbrei zu essen, nicht mit

Milch angerührt, sondern mit Wasser, sauberem Wasser, um die Magenschleimhäute zu beruhigen und sich nicht zu erbrechen, vor allem nicht im bewusstlosen Zustand.

Lupe Velez, die heißblütigste Frau Hollywoods, die mit Johnny Weissmüller verheiratet gewesen war, hat diesen Fehler begangen. Erfolglos geworden, von einem ungeliebten Liebhaber geschwängert, hatte die vierunddreißigjährige Katholikin nach einem Besuch im Schönheitssalon ihre Villa mit Blumen dekoriert, ihre beiden Freundinnen zu einem Abendmahl eingeladen, dem Vater des ungeborenen Kindes einen Abschiedsgruß notiert, fünfundsiebzig Seconaltabletten geschluckt und sich auf ihrem kunstvoll geschmückten Bett ausgestreckt. Das Zimmermädchen hat sie am nächsten Morgen im Boudoir mit dem Kopf in der Kloschüssel vorgefunden. Seconal verträgt sich nicht mit mexikanisch gewürzten Mahlzeiten. Als die Diva sich im Badezimmer hatte übergeben wollen, war sie ausgerutscht, mit dem Kopf auf die Kloschüssel aufgeschlagen und dort jämmerlich ertrunken.

Man solle die Mischung auch aus möglichst frischen Tabletten zusammenstellen. Immer wieder komme es vor, dass Selbstmörder zu lange brauchen, bis sie bereit seien. In dieser Hinsicht hat Hermann Glück gehabt. Zum ersten Mal in seinem Leben hat er aus dem Beruf seiner Mutter einen Nutzen ziehen können. Ein Kinderspiel, den Apothekenschlüssel an sich zu nehmen und nachts die vielen vertrauten Schubladen zu durchsuchen, aus denen er früher Muster hatte entstehen lassen, Treppen, dreidimensionale Bilder, wenn nichts anderes, Sinnvolleres zu tun gewesen war, zum Beispiel das Falten der Packungen für all die bunten, ästhetischen Dragees, Kapseln, Pillen und Präparate. »Tabletten« heißen die wenigsten, und essen darf er sie nicht, das ist das erste, was er gelernt hat, auf keinen Fall essen, hörst du?! Gefährlicher als mit der Schere zu spielen, viel gefährlicher. Ein Verbot, an das er sich sein ganzes Leben lang halten wird, inklusive Aspirin. Am liebsten hatte er mit der großen Balkenwaage aus Messing und den zwanzig goldenen Gewichten gespielt. Das größte von ihnen ist schwerer als alle anderen zusammen. Irgendwann war eine neue Waage angeschafft worden, in einer Glasvitrine, ohne Gewichte, ohne Messingflügel, ohne alles.

Der Erfolg als Dieb hat ihn beflügelt. Dann aber ist ihm vieles egal geworden. Er hat sich zwingen müssen, weiterhin die Zähne zu putzen, den Müll zu trennen, zu arbeiten – um nicht aus einer Gewohnheit zu fallen, die man leicht ablegt und schwer wieder annimmt. Ein anderes Mal löst die Aussicht auf Befreiung eine Art künstliches, eingebildetes Glücksgefühl aus, wie beim Anblick einer Fata Morgana. In einer solchen Stimmung passiert es leicht, dass man auf der Straße von einer schönen Frau angelächelt wird, und man fragt sich, ob es nicht doch besser wäre, einfach so weiter zu machen. Hinter diesen Trugbildern lauern die schwersten Prüfungen seines Vorhabens. Aber Hermann ist darauf vorbereitet, hat die Anfechtungen bereits mehrmals erfolgreich niedergekämpft, zuletzt gestern, als Svetlana ihm vorgeschlagen hat, Silvester im Süden zu feiern. Insofern ist er den anderen gegenüber, die kurzfristig planen, im Vorteil. Er muss sich das nur immer wieder vorhalten: dass die Zweifel normal sind, ein Selbstbetrug, dass er es wirklich unbedingt will – abbrechen –, wie jener Schuster, Matheo von Casale, der eigentlich Matheo Covet geheißen hat.

Mit aller Wahrscheinlichkeit hätte man ohne dessen Tod niemals etwas von ihm gehört. Bis zum Juli 1802 verstreicht sein Leben in außerordentlicher, ja fanatischer Frömmigkeit. Eines Tages jedoch greift er, verschrocken über die Versuchung des Fleisches, nach dem erstbesten Schuhmachermesser, vollzieht an seinem Leib die vollständige Kastrierung und wirft alle abgeschnittenen Teile auf die Straße. Zuvor klein gehackte und mit Leinwand zusammengelegte blutstillende Kräuter hält er auf die Wunden und überlebt. Bald darauf ertappt man ihn dabei, wie er sich selbst an ein Kreuz zu schlagen versucht. Drei Jahre später unternimmt er einen erneuten, diesmal von langer Hand gewissenhaft vorbereiteten Versuch, es dem Heiland gleich zu tun. Die Kreuz-Vorrichtung, mit langem Seil an einen Querbalken seiner Zimmerdecke geknotet, konstruiert er mit viel handwerklicher Tüftelei derart, dass sie nach getaner Arbeit mit ihm selbst daran aus dem Fenster rutschen und außen an der Hauswand seiner Pension hängen bleiben wird. Am 19. Juli 1805 setzt er sich in früher Morgenstunde eine Dornenkrone auf, von der drei oder vier Stacheln in seine Stirnhaut dringen. Ein weißes Taschentuch befestigt er um die Lenden und kriecht alsdann, fast nackend, auf die Knagge seines Kreuzes. Die erste Operation Matheos besteht darin, den rechten über den linken Fuß zu legen und einen fünfzehn Zoll langen Nagel mittels Hammer durch beide Füße hindurch ins Holz zu treiben. Die Füße sitzen nun fest am Kreuz. Um durch den Ruck des bald hinabrutschenden Kreuzes nicht abzufallen und auf die Straße zu schlagen, bindet er sich einen Strick um den Leib. Dann drückt er sich einen weiteren Nagel durch die rechte Hand, lässt den Nagel aber vorerst noch frei, weil er die Hand noch braucht. Erst ganz zum Schluss wird er sie in das vorgebohrte Loch im Holz stecken. Er sinkt auch jetzt in keine Ohnmacht – vielmehr nagelt er seine linke Hand auf dem Querbalken des Kreuzes fest. Noch bleibt, um dem sterbenden Sohn Gottes völlig gleich zu sein, der Lanzenstich in die Seite. Hier irrt er zum ersten Mal, denn er sticht sich das Schustermesser in die linke und nicht in die rechte Seite, und auch da nicht in die Stelle, welche die Evangelisten angeben, sondern tiefer. Matheo will sich dem Volk zeigen und muss das Kreuz über die Fensterbrüstung seiner Kammer schieben – und das mit nur einem Arm, dessen Hand von einem Eisen durchbohrt ist, weshalb diese letzte Anstrengung zugleich die außerordentlichste wird. Durch den zwei Meter tiefen Sturz jedoch muss der Sechsundvierzigjährige das Bewusstsein verloren haben, denn als man ihn um acht Uhr morgens bemerkt, baumelt sein rechter Arm schlaff neben dem Latz. Matheo von Casale ist schon zwei Wochen später wieder ganz geheilt und fällt darüber in tiefe Depression. Über seine Beweggründe hat er nur angegeben, der Stolz der Menschen müsse gebrochen werden – nichts weiter. Er wird ins Irrenhaus von San Servolo verbracht, wo man ihn durch Klistiere noch eine ganze Weile künstlich ernähren kann.

Dies ist die längste Autoexekution, von der Hermann Kenntnis erlangt hat – und die exhibitionistischste. Die zweitexhibitionistischste verübt 169 Jahre später eine amerikanische Fernsehmoderatorin namens Chris Chubbock, indem sie sich vor laufender Live-Kamera in den Kopf schießt. »Gemäß den Grundsätzen des Channel Fourty, Ihnen die aktuellsten Blutbäder in Farbe zu zeigen, erleben Sie nun eine Premiere: Versuchten Selbstmord.« Mit diesem Satz moderiert sie ihren Akt an.

Für Hermann kommt ein öffentlicher Abtritt nicht in Frage. Einerseits, weil die Risikolebensversicherung in diesem Fall nicht die finanzielle Absicherung seiner Tochter übernehmen würde, andererseits, weil er die Rücksichtslosigkeit gegen diejenigen verachtet, die – aus Versehen, absichtlich oder beruflich – mit den Leichnamen von Selbstmördern konfrontiert werden. Sein Nachbar zum Beispiel hatte als Elfjähriger den aufgeplatzten Körper der Mutter auf dem Gehweg entdeckt, und wer kann schon mit Gewissheit ausschließen, dass solche Entdeckungen den späteren Musikgeschmack prägen...

Hermann seufzt. Nie hat er unter Schlaflosigkeit gelitten. Im Gegenteil: Wenn ihm alles so gelungen wäre wie das Schlafen... Erst in letzter Zeit kommt es hin und wieder vor, dass er mehrmals vor dem Einschlafen die Seite wechselt. Aber spätestens, wenn er sich einredet, dass Schlaflosigkeit etwas Erwachsenes ist, schläft er ein. Diesmal nicht. Es ist diese Art Heimweh, die ihn davon abhält. Jeder, der unter Heimweh leidet, hat die Perspektive, irgendwann in die Heimat zurückzukehren. Das ist der einzige Unterschied zwischen Heimweh und dem, was er fühlt.

Die Traurigkeit wird immer bleiben. Die Folter Einsamkeit. Die Boote am Strand. Die Sonnenblumen. Die Sternennacht...

Ist er feige? Dumm? Fantasielos? Wenn man keine Fantasie hat, ist das Sterben eine Kleinigkeit. Wenn man welche hat, ist Sterben zuviel. Schreibt Carlo Michelstaedter in seiner philosophischen Doktorarbeit. Er verweigert sich darin jeder dialektischen Bewegung, jedem Gedanken an eine Entwicklung, und begeht wenige Stunden, nachdem er sein Schlusswort getippt hat, Selbstmord.

Er ist dreiundzwanzig und spricht von der Stimme des dunklen Schmerzes, die man vernehme, wenn man das Leben auch nur für einen Augenblick als das seine, eigene haben wolle. Da sei nichts fertig, da sei kein Weg bereitet, stehe kein Mittel fest, liege keine Arbeit vor, durch die man zum Leben gelangen könne, denn das Leben bestehe eben darin, alles selbst zu erschaffen.

Hermann hat sich dem jungen Philosophen verbunden gefühlt, hat nach einem Prinzip gesucht, hat sogar Statistiken aufgestellt: An erfolgreichen Selbstmordanschlägen sind Männer zu zweiundsiebzig Prozent beteiligt, an den erfolglosen nur zu vierunddreißig. Mit dreieinhalb von hunderttausend Einwohnern bringen sich die wenigsten Menschen in Griechenland um und die meisten, achtunddreißigkommasechs, in Ungarn. Deutschland liegt genau in der Mitte. Er weiß: Zum Genickbruch mit Seil ist bei einem Körpergewicht von siebenundsiebzig Kilogramm eine Mindestfallhöhe von Einmeterachtzig notwendig. Und bei einem Sprung aus dem sechsten Stock beträgt die Mortalität neunzig Prozent. Die mit Abstand populärsten Suizid-Orte sind das Aokigahara-Waldgebiet am Fuße des Fudschijamas, wo sich allein im vorletzten Jahr dreiundsiebzig Menschen das Leben genommen haben, und die Golden-Gate-Brücke, von der seit ihrem Bestehen eintausendzweihundert Leute in den Tod gestürzt sind – obwohl dort mittlerweile zwölf Seelsorgetelefone stehen und rund um die Uhr, auch im Tokioter Aokigahara, ambulante Seelsorger patrouillieren. Selbstdarsteller bringen sich sehr früh um, vor allem SchauspielerINNEN. Popmusiker noch früher, in erster Linie Sänger und Bassisten. Klassik-Musiker selten, klassische SÄNGER fast nie. Wissenschaftler treten – absichtlich – erst spät aus dem Leben, in großer Mehrzahl Chemiker, weit abgeschlagen vor Mathematikern und Physikern. Biologen und Mediziner so gut wie nie. Dass sie fast ausschließlich chemische Methoden anwenden, liegt nahe. Griechische Philosophen dagegen haben ihre Leben auffallend gehäuft durch Nahrungsmittelentzug abgekürzt. Die Ursache ist bei den Wissenschaftlern meistens die, dass ihre Arbeit zerstört oder, wie George Eastman, ein beeindruckend stoischer Suizidist, zum Abschied geschrieben hat, dass DIE ARBEIT GETAN IST – WARUM WARTEN? Unter Soldaten ist die Selbsthinrichtung im Allgemeinen unpopulär. Ebenso unter Sportlern, wobei ein paar wenige Fußballer und Boxer diese Regel bestätigen. Unter den Künstlern hingegen erfreut sich der Freitod ausgesprochener Beliebtheit. Dabei rangieren die Schriftsteller an einsamer Spitze, und unter denen wiederum die Lyriker. Ihr Motiv besteht häufig darin, von der Geliebten verlassen worden zu sein. Mit großem Abstand folgen an zweiter Stelle die Maler, dann, kaum der Rede wert, die Komponisten. Architekten und Bildhauer neigen überhaupt nicht zur Selbsttötung. Fotografen auch nicht.

Das eigentlich Unangenehme ist auch hier das Alleinsein. Es wäre schön, einen Freund dabei zu haben, so, wie die beiden singenden Nonnen, die Sœur Sourire, oder die japanischen Todgeweihten im Reiche des Mikado. Hermann weiß, dass die verbreitete Vorstellung vom Harakiri eine irrige ist, seit langem überholt. In Wahrheit haben sich diese Männer nach Ausglühen eines bestimmten Lämpchens zusammen mit dem Busenfreund von ihrem Abschiedsfest zurückgezogen, haben ihren Oberkörper entblößt, sich niedergekniet, mit der offiziell übersandten Waffe, einem kleinen, hübsch verzierten Messerchen, den ursprünglichen Kreuzschlitz am Bauch angedeutet und von dem Freund den tödlichen Schwertstreich in den Nacken empfangen. Welcher von seinen Freunden würde ihm diesen Dienst erweisen?

Er wälzt sich auf die andere Seite, die, auf der er noch nie eingeschlafen ist. Und steht bald inmitten einer verrauchten Diskothek. Wie ein Käse von Edelschimmel ist der Raum von einer klagenden Stimme durchdrungen. Der Text, den die Stimme verkündet, wird von einer dichtgedrängten Menge wie aus einem Munde mitgesungen: »So einsam! Ich fühle mich so einsam!« Immer wieder dieser Refrain: So einsam, ich fühle mich so einsam, einsam, einsam – in einer etwas anderen Sprache, in einer Sprache, die ihrem Einsamkeitsausdruck mehr Tiefe und Dunkelheit beimisst. Und die Menschen wiegen ihre Oberkörper und Köpfe dazu und singen mit. Und auf ihren Gesichtern tobt Freude und Dankbarkeit.

Das ist sein Biotop, seine Heimat, seine Familie, die Nährlösung seiner Existenz. Er dreht sich auf die andere, die aussichtsreiche Seite zurück.

Na klar: Hätte er nicht angefangen, das ganze System zu analysieren, wäre er auch nicht auf die Ursachen gestoßen. Und würde wahrscheinlich einfach so weiterfunktionieren, fehlerhaft funktionieren, aber doch wenigstens funktionieren. Mit diesem bis zum Schluss währenden Stehaufmännchen Hoffnung. Geduld, hat er gedacht, dass es nur eine Frage der Geduld sei. Dann begriffen, dass der Fehler seines Systems darin besteht, sich selbst immer wieder zu zerstören. Und welchen Sinn kann es geben, so lange zu warten, bis es wie eine Haltbarkeitsgarantie von allein ausläuft, dieses System? Nein. Besser, man schaltet es vorzeitig ab. Besser auch für das äußere System. Logischer. Richtiger. Eine Art postnataler Abort nach logischer Indikation. Ergebnis vernünftiger Überlegungen. – Hinter dem Fenster hätte es dazu eigentlich regnen müssen. Ein kalter, diagonaler Regen hätte das sein müssen, rauschend wie Applaus. Aber es hat nicht geregnet, im Gegenteil, ganz im Gegenteil.

Hermann legt sich auf den Bauch, rückt das Kissen zu einem Drittel unter sein linkes Rippengitter und umschlingt die restlichen zwei Drittel mit dem linken Arm. Dies ist die Stellung mit der größten Einschlafwahrscheinlichkeit.

Aber Hypnos, der Gott des Schlafes, will sich nicht um ihn kümmern. Vielleicht ist er seinem eigenen Zauber erlegen.

Wenn einem die Klopapierrolle aus der Hand fällt, muss man das Ende schnell loslassen, sonst wickelt sich die Rolle sinnlos ab. So ist es auch mit dem Leben...

Ohnehin kommen weitaus mehr Individuen als notwendig zur Welt. So wie die schillernden Schwanzfedern des Pfaus das lichtbrechende Vermögen eines an sich farblosen Hornstoffes in die verschiedensten prismatischen Winkel auseinanderdrehen, so ist das Lebendige mit seiner ihm eigenen Bockigkeit auch in den höchsten Gebilden nichts weiter als die aufgeplusterte Schlichtheit der Atome im Kontinuum des Kosmos. Das Wunderbare, dieses Großartige des Lebens liegt nicht in der menschlichen Gestalt begründet, sondern in jenem geheimnisvollen Schritt vom höchsten noch leblosen Molekül zur stoffwechselnden Urzelle. Die Wahrscheinlichkeit, dass dieser Schritt sich zufällig ereignet hat, ist ungefähr so gering, wie die Wahrscheinlichkeit, dass zufällig ein Jumbo-Jet entsteht, wenn ein Wirbelsturm über einen Schrottplatz fegt. Wissenschaftlich ausgedrückt liegt diese Wahrscheinlichkeit bei eins zu zehn hoch zehn Milliarden, eine zehntausend Bücher füllende Zahl. Jeder weitere Schritt von der Urzelle bis hin zum Menschen ist genauso wenig wunderbar oder geheimnisvoll, wie die Entwicklung vom ledernen Pentagon zum Fußball. Und der Unterschied zwischen ihm, Hermann, und dieser Urzelle, die unablässig Materie aus ihrer Umgebung einsaugt und ausspeit, um sich selbst zu bauen und zu erhalten, besteht einzig und allein im Wettstreit der männlichen Gametogenese mit der weiblichen Apoptose – in der Liebe.

Dieses Ziehen in der Brust, im Bauch und im Schoß, dieses Hingezogensein zu einem Gesicht, einem Bild davon, einer Vorstellung, die sich in jede Nische des Lebens eingefressen hat, wie Pocken und Rost in ein versunkenes Wrack.

Liebe als Bindung, er macht sich das nachdrücklich klar, ist Illusion. Gefrorene Blutstropfen, die nur im Gebet zum Strömen aufschmelzen. Selbst wenn er sie erreichen würde, wäre sie doch unberührbar – wie der Stern aus Diamant, den ein Astronom im südlichen Zentaurus entdeckt hatte. Das, hat Hermann einmal angenommen, sei die Liebe. Ein diamantener Stern, der von selbst leuchtet. Siebzehntausend Lichtjahre von der Erde entfernt. Ein Teelöffel seiner Masse wiegt eine Tonne. Die Temperatur seiner Oberfläche beträgt zwölftausend Grad Celsius – also fünftausend Grad mehr, als der Brennstab, mit dem der Einzelgänger Frank alias James Caan den Diamanten-Tresor von Richmond-Lacket aufschweißt.

Unerreichbar. Untragbar. Unberührbar.

Echte Liebe, Liebe in ihrer reinsten Form wird überhaupt nur dort Wirklichkeit, wo man die Liebe des anderen liebt. Alles andere ist in Stein eingepresst und bedeutet Angst – mit lateinisch »angustus«, »eng«, verwandt, Gefühlszustand, der einer unbestimmten Lebensbedrohung entspricht. Genau das. Diese Enge, die Enge eines Grabes.

Früher hat er sich ausgemalt, wer an diesem Grab erscheinen würde. Auch hat er früher die Trauergäste von oben betrachtet, von einem entfernten Hügel aus, wie durch ein schweres Teleobjektiv, und sich über den Anblick gefreut, wie man sich über zahlreiche Gäste freut. Jetzt sieht er sie nicht mehr als Gäste, und auch nicht mehr von oben. Er sieht eine Handvoll gesichtsloser Gestalten, mehr nicht. Nur das kleine Mädchen sieht er deutlich und klar. Ihr glattes Gesicht. Es wird von den anderen mit Trost bedrängt. Es blickt ihn mit diesem ernsten Vorwurf an: »Deinetwegen, Vater, muss ich jetzt schon erwachsen sein!«

Hermann schmunzelt. Als er vor zwei, drei Jahren zum ersten Mal Memory mit ihr gespielt hat, hat sie vorgeschlagen, die Karten offen auszulegen. Er hat das zunächst abgelehnt, ist aber nicht im Stande gewesen, sie von der

Witzlosigkeit dieser Variante zu überzeugen. »Okay«, hat er gesagt, »aber nur, wenn ich anfangen darf.« Das Mädchen hat kurz nachgedacht, sich einverstanden erklärt und dann mit wachsendem Missfallen beobachtet, wie er flink ein Pärchen nach dem anderen neben sich aufschichtet. Schließlich haut sie mit beiden Fäusten auf den Tisch und erinnert ihn erbost daran, dass er sie fairerweise auch einmal hätte drankommen lassen können. Und dann ist es ihm schwer gefallen zu erklären, warum er gelacht hat. Sie ist ein kluges Mädchen, wird ohne ihn zurechtkommen.

Hat da nicht ein Kind gerufen? Ihm ist, als habe ein Kind gerufen...

Hermanns Atmung ist gleichmäßig geworden. Ein elektrischer Schubs durchzuckt sein Bewusstsein und besiegelt dessen Ruhe...

21 | Schade

Was ist das für ein seltsamer, bunter Raubvogel, der da hinter dem Schulzaun hockt? Hermann geht hin, packt das Tier, hält es fest, hält die Schmerzen aus, die es ihm zufügt, ist überzeugt, ein Tier gefangen zu haben, das noch nie zuvor jemand gesehen hat. Ein Polizist sperrt es in eine große Vitrine und sagt, während Hermann es aus allen Perspektiven fotografiert, er habe ihm ein Mittel verabreicht, das ihm gut tun werde. Hermann ist beruhigt, steigt ebenfalls in die Vitrine, befindet sich plötzlich auf einer Waagschale über der Welt. In der anderen Waagschale sitzt der schöne Vogel, der Menschengestalt angenommen hat, mit fein hingekleckten Areolen auf kreisrunden Brüsten und mit riesigen Flügeln. Hermann will zu ihm, will streicheln, umarmen, weiß aber, dass er abstürzen wird, wenn sie beide in einer Schale sitzen, und auch, wenn der Vogel zu ihm hin oder plötzlich wegflöge, was er könnte, denn die Vitrine ist nicht mehr da. Jetzt lockt ihn das Wesen, ruft seinen Namen. Und gerade als er zu einem Sprung ansetzen will, he he, fliegt es fort.

An den winzigen, sich hier und da abzeichnenden Gischtkräuseln erkennt Hermann das Meer. Aber er fühlt keine Angst. Er denkt während des ganzen unendlich langen, immer schneller werdenden Sturzes nur eins, nur einen einzigen Gedanken, der sich durch ein einziges Wort ausdrückt, durch einen einzigen klaren Begriff des Bedauerns: »Schade.« Er gerät nicht in Panik. Das einzige, was er fühlt, ist dieses reine, tiefe Bedauern.

Schade...

Durch das Fluoreszieren des Schnees wird es nie ganz dunkel im Zimmer, aber Hermann weiß, dass noch lange nicht Morgen ist. Er hört seinen Puls. Jeder einzelne Schlag hält diesen Begriff in ihm wach: »Schade«. Er ist nicht aufgeprallt, aber die Wucht, die der Aufprall gehabt hätte, drückt ihm nun auf Bauch, Brust und Kopf. Er versucht, den Krampf zu lösen, indem er seinen Mund weit aufsperrt.

Es ist stiller als sonst, stiller als still. Er setzt sich auf, massiert das Gesicht, um den Stau zu verteilen, steht auf, schöpft Wasser aus der Plastikschüssel, verharrt…

Kalte Tropfen rutschen ihm vorne und hinten in den Halsausschnitt.

Hat er da eben, als seine Hand gerade das Ohr gestreift hat, eine Stimme gehört? Seinen Namen? Ihre Stimme? Es wäre nicht das erste Mal, dass er sich beim Waschen oder Klospülen das Klingeln des Telefons eingebildet hat und hingelaufen ist, um festzustellen, dass niemand angerufen hat. Oder dass er auf der Straße seinen Namen gehört hat. Und dann ist es nur ein Hupen gewesen, oder ein ganz anderer Name. Aber hier gibt es keine Verkehrsgeräusche und keine Nachbarn.

Vielleicht die Eule?

»Hermann.«

Diesmal hat er deutlich seinen Namen gehört.

Ist das eine Frage gewesen, ein Ruf, ein Flehen? Spricht sie im Schlaf? Hat sie einen Albtraum? Will sie prüfen, ob er schläft? Wozu?

Er geht los, die Treppe hinauf.

»Svetlana?«

»Ja.«

Ihre Stimme klingt zutraulich. Und vertraut.

»Was ist? Kannst du nicht schlafen?«

Ihr Bett knarrt. Einmal laut, einmal leise. Hermann fährt mit dem rechten Fuß aus dem Pantoffel, um ihn an der linken Kniekehle zu wärmen.

Socken wären angebracht.

Unmöglich, ein Geräusch zu identifizieren, das darauf schließen lässt, was sie gerade tut. Und doch meint er, zu wissen, dass... Ja, jetzt weiß er, was da drinnen vorgeht. Er ist bestürzt. Fummelt am Schloss. Betritt ihr Zimmer.

Setzt sich aufs Fußende ihres Bettes. Noch nie hat er sie weinen sehen – jedenfalls kommt es ihm so vor.

»Svetotschka! Was ist denn los?«

Die Frage ist töricht.

Er sieht ihre Hand. Sieht, wie ihre Hand seine Hand fasst. Er fühlt die Wärme, die beim Anheben ihrer Decke entweicht. Er sieht ihr Gesicht, das ernst ist und nah, dann unscharf. Er atmet den phosphatischen Geruch ihrer Haare, fühlt die Decke seinen Rücken umspannen, erlebt jede einzelne Bewegung als großes, unwirkliches Ereignis.

Jahrelang hat er sich immer wieder ausgemalt, wie sich das anfühlen würde. Was für Szenen und Schicksale hat er gesponnen! Und schon weiß er nicht mehr, ob die Angst den Puls beschleunigt oder ob der rasende Puls ihm Angst macht.

Er taucht ab.

Atme weiter! Was für eine Welt!? Unmöglich, ihr Sauerstoff zu entziehen.

Noch nicht. Jetzt noch nicht! Später!

Er schlägt die Augen wieder auf, steht auf, verschränkt seine Arme, um das Zittern, diesen plötzlichen Schüttelfrost, einzuzwängen. Doch der biedert sich immer aufdringlicher, immer überheblicher an.

Sein Schlüssel klappert sekundenlang gegen das Vorhängeschloss.

Unten kämpft er mit gymnastischen Übungen, ja sogar mit Liegestützen gegen den Schüttelfrost an. Doch das alles erfüllt seinen Zweck, die versprengten Kräfte zur wehrhaften Einheit zu versammeln, nicht.

Er gräbt sich ein. Flieht ins Tal. Auf dem Hof steht eine blutjunge, schöne Frau, vom unterdrückten Weinen blass und bebend. Es ist Psyche, seine Seele… Sie sieht ihn an und sagt leise: »Herr, ich bin zum Sterben müde und mich friert.« »Oh Psyche, Psyche, meine kleine Seele –« beeilt er sich, »sei still, ich will dir einen Trank bereiten, der durch alle Glieder warmes Leben flößt. Mit glühendem Wein will ich Dich tränken – mit Ballspiel in einem Garten, wo Rosen und Efeu verwildern, mit gelb leuchtenden Wolken über schwarzgrünen Seen.« Und Psyche, seine Seele, sieht ihn an und sagt: »Alle diese Dinge sind schal und trüb. Das Leben hat keinen Glanz und keinen Duft mehr – ich bin es müde, Herr.« »Ich weiß noch eine Welt, wenn dir die lebende nicht gefällt. Mit nie vernommenen Worten reiße ich dir die Pforten der Träume auf – sieh hin: Die grell blinkenden Wellen des metallenen Flusses, wie er in das laue, Mond durchsickerte Meeresleuchten einströmt. Und wie aus seinen Nebeln die Schwäne in den eisernen Himmel aufsteigen.« Da blickt Psyche ihn mit hartem Mund an und spricht: »Dann muss ich sterben, wenn du so nichts weißt von den Dingen, die das Leben will.«

DER VIERTE TAG

22 | KNUT WEINBERG

Der Platz vor dem Nymphenburger Schloss ist mit haushohen Tribünen umzäunt, auf denen sich Massen von Schaulustigen drängeln. Davor sitzen die ersten Damen und Herren der Gesellschaft und dahinter werben Hunderte mit hoch erhobenen Schildern und Zetteln um Eintrittskarten. Über der elektrisch knisternden Szenerie schweben Fernsehkameras. Die Damen der vorderen Reihen nehmen jetzt ihre Operngläser hoch und beobachten die vier herrlichen Rosse, die in die Arena geführt werden. Ihre tadellos gestriegelten Felle glänzen wie frische Ölfarben im Abendrot und ihre Augen sind trotz der Scheuklappen weit aufgerissen. Das Spektakel beginnt: Zwei massige Glatzköpfe geleiten einen weichlichen Kerl zur Mitte der Plastikplane. An seinen Hand- und Fußgelenken sind gepolsterte Fesseln angebracht, und an jeder Fessel baumelt ein Karabinerhaken. Der Gefangene übergibt sich in mehreren Schüben, und mit jedem Schub pfeifen und grölen die hinteren Zuschauer, als habe er ein Tor geschossen. Sein Schritt verdunkelt sich, der Schatten breitet sich über die Knie aus, das Grölen schwillt an. Der Mann leidet Todesangst.

Jemand raunt Hermann zu, die Frauen werden das bevorstehende Schauspiel gleich derart hingebungsvoll begaffen, seien dann derart gebannt, high wie unter Drogen, dass man sich eine x-Beliebige aussuchen und ungeniert von hinten nehmen könne. Er habe das bei ähnlichen Anlässen schon mehrfach erlebt. Es ist Cord, der Regisseur des ganzen Spektakels, der das gesagt und wie ein Faun gegrinst hat.

Sein Hauptdarsteller wird soeben mit jedem Gliedmaß an jeweils eines der Pferde gebunden, als ein Herr in schwarzer Soutane die Manege betritt und mit über dem Kopf gefalteten Händen Beifall entgegen nimmt. Hermann ergreift das vor ihm stehende Mikrophon und räuspert sich. Das Räuspern rollt als olympisches Donnergrollen über Nymphenburg und Neuhausen. Die Menge verstummt in Ehrfurcht.

»Beamter Kopf: Du wurdest für schuldig befunden, dein dir anvertrautes Amt kaltherzig und berechnend missbraucht zu haben«, hallt es über den Platz. »Zur Strafe wirst du hier und jetzt geviertelt!«

Lange schlägt man auf die Pferde ein, ohne zum Ziel zu kommen. Der Mann küsst das Kruzifix, das der Priester ihm hinhält, und hebt nun den Kopf, um zu sehen, was man mit ihm anstellt: Einschnitte werden vorgenommen, zunächst rechts, in Hüft- und Schultergelenk. Die Pferde ziehen wieder an. Der rechte Schenkel reißt ab. Der Pöbel klatscht. Einige Kameras fahren ihre Teleskope aus. Der rechte Arm folgt. Der Mann lebt weiter und schreit.

Unterdessen schlängelt Cord sich durch die auf der Tribüne dicht gedrängt stehenden Zuschauermassen und nähert sich einer jungen Frau von hinten an, die das Geschehen wie gelähmt verfolgt. Hermann kennt die Frau, mehr noch, sie ist ihm vertraut. Cords Annäherung scheint ihr tatsächlich nichts auszumachen.

Der Tote wird los geschnitten. Man sieht, dass er weiße Haare bekommen hat. Das Schauspiel ist zu Ende. Einige der vorderen Zuschauer springen von ihren Sitzplätzen auf, zücken Messer und machen sich daran, Finger, Ohren und Zähne von den Leichenteilen abzuschneiden, werden aber von den Ordnern zurückgedrängt. Die Reste des Toten werden verbrannt und die Asche in alle Winde verstreut.

Luftwirbel haben sich in den Schornstein verirrt und die erkaltete Asche des Kamins aufgescheucht. Hermann wacht von dem Geruch auf, schüttelt sich, merkt, dass beide Hände zur Faust geballt und Nacken- und Rückenmuskulatur schmerzhaft verspannt sind. Auch vibrieren seine Kiefermuskeln, als hätten sie eine Familienpackung Lakritze zermalmt. Visionen von der Zerstückelung eines Menschen blitzen auf, vermischen sich mit Bildern von Cord, der sich inmitten einer blutrünstigen Menge an Helen heranmacht, und verschwinden hinter einem Schleier.

Hermann öffnet Fäuste und Mund und reibt sich den Nacken. Erst jetzt wird ihm die Gegenwart des Winterwaldes bewusst. Die feuchte Kühle. Die Hütte. Die Entfernung von der Normalität. Die Abwesenheit einer Zentralheizung. Er befühlt seine Nase. Sie ist kalt, erfrischend kalt.

Vorläufig wird er dem kalten Holzboden nicht gestatten, ihm auf die Fußnerven zu gehen. Vor allem wohl wegen der Angst. Vor der Begegnung mit ihr. Vor dem ersten Zeichen, dass sich nichts verändert hat. Aber: Er hat es satt, Angst zu haben. Er hasst diese Behinderung.

Die Aussicht auf baldige Abhilfe verschafft ihm endlich doch die Kraft, aufzustehen, Gesicht und Achselhöhlen zu waschen und die Fenster zu öffnen, um auch die Lunge zu erfrischen.

Der birkenlose Wald hat sich nicht verändert. Durchlässig liegt er in seinem Winterschlaf. Hermann schließt die Fenster. Und noch während er damit beschäftigt ist, den Kamin in Gang zu setzen, hört er von oben ein bescheidenes Klopfen und dazu die helle, zuversichtliche Stimme seiner Gefangenen, die hinter seinen Namen ein unentschlossenes Fragezeichen setzt.

Man tauscht wohlmeinende Grußformeln aus. Svetlanas Art zu sprechen ist vorsichtig, übervorsichtig, beinahe gespreizt, und Hermann lässt sich von dem überzuckertem Duktus so wehrlos und auch so bewusstlos anstecken, dass man sich ebenso gut siezen könnte. Ob es ihm besser gehe, erkundigt Svetlana sich. Hermann bejaht. Es tue ihm leid, dass er sich so schusselig verhalten habe. Nein, nein, das brauche es nicht, sie habe Verständnis dafür, schließlich sei sie seine Geisel, und da dürfe man… Da könne man… Da müsse man konsequent bleiben. Nein, das sei gar nicht die Ursache seiner plötzlichen Unpässlichkeit gewesen, aber die wahre Ursache zu erklären, sei sehr diffizil und auch eigentlich nicht seine Absicht. Beide schweigen, um dann gleichzeitig mit dem Reden fortzufahren. Verlegenes Lächeln. Sie möge nur sagen, was sie habe sagen wollen. Nein, ER solle das tun. So entsteht eine zweite Pause, die abermals von simultanem Sprechen beendet wird. Das Gelächter, das diese zweite Verlegenheit auslöst, ist ein Packeisbrecher und gleitet so mühelos durch die dünne Eisdecke, dass man sich schließlich fragt, ob das nicht alles ziemlich verrückt sei.

Kurz darauf sitzen die beiden im Wohnzimmer, trinken Kaffee, essen Zwieback und Knäckebrot mit ökologisch angebautem Curry-Grünkernaufstrich sowie einer delikaten Nuss-Paprikapaste und genießen das Flackern des Kaminfeuers, als wäre es das Plätschern eines Schilf gesäumten Seeufers, an welchem ihr knarrendes Ruderboot entlangtreibt.

»Unternehmen wir heute keinen Ausflug?«
»Doch, aber erst abends.«
»Wie schön, ich liebe Abwechslungen. Und Nachtspaziergänge. Aber dann könntest du mir ja zur Abwechselung jetzt ein bisschen aus deinem Brief vorlesen, falls du nichts Besseres vor hast. Zum Beispiel mir den Nacken oder die Füße zu massieren.«

Naserümpfend stellt Hermann das Plastikgeschirr in die Wanne, wischt den Tisch ab, legt den Papierstapel bereit, schlendert um den Tisch und um Svetlana herum und fängt ohne Warnung, ohne Einleitung an, ihren Nacken zu massieren – einerseits, um die nächtliche Verirrung wieder gut zu machen, andererseits, um seine eigene Festigkeit zu kontrollieren. Svetlana verzichtet nicht darauf, mehrmals zu seufzen und die Güte der Massage lobend vor sich hin zu flüstern. Ehe der Masseur jedoch Gefahr läuft, seine eigene Schultermuskulatur in Mitleidenschaft zu ziehen, nimmt er seinen Platz wieder ein und die Fortsetzung seiner eigentlichen Mission in Angriff.

Über das Manuskript gebeugt, liest er die ersten Zeilen des ersten noch unvorgelesenen Absatzes stimmlos ab und zögert. Zum ersten Mal zweifelt er am Sinn dieser endlosen Epistel. Dass der Zweck des Briefes, Svetlana zu einem Wiedersehen zu überreden, sich umso wahrscheinlicher erfülle, je ausführlicher er sein Leben vor ihr ausbreite, davon war er ursprünglich ausgegangen. Immer fieberhafter, täglich mitunter zwölf, dreizehn Stunden, hat er daran geschrieben. Und das Schreiben ist ihm immer leichter von der Hand gegangen, hat sich mehr und mehr über die Einsamkeit erhoben, hat die Dinge verfeinert, kultiviert, verbindlich gemacht. Aber nun, da die Adressatin anwesend ist... Ist der Sinn des ganzen Geschreibes da nicht hinfällig geworden? Hin-fällig?

»Hör zu. Du musst dir das nicht länger anhören.«
»Und was soll ich statt dessen tun?«
»Ich weiß nicht. Lesen, schlafen...«
»Auch nach Hause fahren?«
»Nein, das... Würdest du das...?«

Er sieht nicht, wie die Überlegenheit aufweicht und einer Art Mitgefühl weicht, realisiert nur die Wiedergeburt seiner alten Befürchtungen. – ›Was soll das? Was mache ich hier?‹

»Vergiss, was ich gesagt habe!«
›Ich lese jetzt den Brief weiter und basta.‹
Gedacht, getan.

Wenn man davon ausgeht, im gemächlichen Schritt drei Kilometer pro Stunde zurückzulegen, dann entrollten sich die nächsten drei Monate wie ein sechstausend Kilometer langer roter Teppich vor uns. Deine Eltern versorgten uns jeden dritten oder vierten Tag mit ihren Konzert- und Opernfreikarten, die wir immer seltener zweckgemäß in Anspruch nahmen, stattdessen zum Nennwert weiterverkauften, um von den Erlösen andere Vergnügungen zu finanzieren. Einmal fuhren wir abends nach Bad Wiessee ins Spielcasino, verloren alles, vier Wagneropern und zwei Ballette. Stellten fest, dass jede Vergnügung so köstlich ist wie der Preis, den man dafür bezahlt. Hielten lange durch, bis spät in die Nacht. Und wie ein Kapitän seinen Ozeandampfer durch Untiefen lenkt, so steuerte ich das Auto über die gespenstisch sich windenden Wald- und Landstraßen. Du lehntest Dich zu mir herüber, meine Konzentration sabotierend. Es reizte Dich, meine Hände an das Lenkrad gefesselt zu wissen, und mir blieb nichts übrig, als Dir zu prophezeien, wie ich Dir, wären mir nicht die Hände gebunden, dies vergelten würde.

Wieso verbrachten wir den Jahreswechsel nicht zusammen? Vergessen. Auch den Frühling. Ich weiß nur noch, dass wir einmal mitten in der Nacht über Stachus, Marienplatz, Sendlinger Tor marschierten und laut sangen: Musical-Songs, Schlager von Daliah Lavi, Opernarien, Seemannslieder, Wanderlieder. Für Dich wahrscheinlich nichts, was sich für immer einprägt.

Aber Hamburg vielleicht. Erinnerst Du Dich an unsere Fahrt in diese vornehmste Stadt Deutschlands? Am Hauptbahnhof fragten wir eine Punkerin, ob sie uns sagen könne, wie man nach Altona kommt, und sie sagte erst »selbstvers« und dann »tändlich«. Seltsam, welche Details ein menschliches Langzeitgedächtnis speichert.

Du hattest eine Unterkunft bei einem alten Freund Deiner Eltern arrangiert, einem Liedermacher. Knut Weinberg. Ich hatte das eine oder andere Mal von ihm gehört, hatte ihn für eine Art politischen Laienprediger gehalten. Jetzt kenne ich ihn. Und ich finde, »Liedermacher« ist tatsächlich die treffendste, sensibelste Berufsbezeichnung. Er machte Lieder.

»Oh je, Hermann!… Was hat dir denn der arme Knut angetan?«

Hermann deutet auf das Blatt, als wolle er die Schuld von sich auf den darauf abgedruckten Text lenken:

»Ich kann diesen Teil auch überspringen. Ich meine, es spielt für den Hergang unserer Beziehung sowie keine so wichtige Rolle, was ich über…«

»Nein, ich möchte gerne wissen, was du über Knut denkst. Umso mehr, als es ja auch einer gewissen Komik nicht entbehrt: Er hielt sich für gross, weil man es an einem Tag nicht geschafft hätte, ihn durchzuprügeln! Ist das von dir?«

»Jedenfalls nicht von ihm.«

Er empfing uns in seiner muffigen Schreibstube, die mit seinen eigenen Schallplatten und Druckerzeugnissen, riesige Mengen nicht abgesetzter Exemplare voll gestopft war. Auf jedem Plakat, in jeder Broschüre, auf jedem Buchdeckelchen klebte ein anderes Foto von ihm. Eins lustloser entstanden als das andere. Und nachdem er mich gemustert und in sein robustes System eingeordnet hatte, wies er uns ein Zimmer im Keller zu. Als wir allein waren, informiertest Du mich, dass seine Mutter oder sein Vater im Konzentrationslager vergast worden sei, und ich verstand seine Tränensäcke und seinen Erfolg und gönnte ihm alles. Auch das große alte Haus in Altona, an dem kein Name stand.

Er belächelte mich. Ich wusste damals nicht weswegen. Ich weiß es heute: Weil ich so naiv war, so affektiert, zu glauben, ich könne einen Schatz wie dich – er nannte dich »Blume«, »meine Blume«, »mein Blümchen« und »Teuerste«, »meine Teuerste« –

»Vielleicht belächelte er dich aber auch einfach deshalb, weil du neidisch warst?«

Weinberg belächelte mich, weil ich so naiv war, zu glauben, ich könne eine Perle wie Dich für mich behalten. Er wusste, dass ich nur vorübergehend an Deiner Seite war, er hatte den Blick dafür, hatte viel gesehen, erlebt, angeschafft. Das Beste an seinen ganzen Anschaffungen war der Apfelbaum in seinem Garten. Bevor er uns endlich ein Einzelstück davon darreichte, hielt er uns ein Referat über die Reinheit dieser Apfelsorte. Leider war kein einziges seiner Adjektive geeignet, den Geschmack dieses herzhaften Apfels zu treffen. Und als ich mich schon darüber wundern wollte, dass er noch keine Elegie darüber verbrochen hatte, schlurfte er in seinen sowjetischen Schapotschki fort und kam mit einem lyrischen Produkt wieder, welches er tagelang unter großer Mühsal in seine Nostalgie-Schreibmaschine gelaicht hatte. Und wir! Wir waren – neben seiner Putzfrau, oder war das seine Lebensgefährtin, die da durchs Haus schlich und an der halboffenen Küchentür lauschte? – wir waren die ersten menschlichen Wesen, die die Hymne auf den deutschen Apfel rezipieren durften. Der Du, meine Teuerste – ich habe das bis heute nicht verstanden, nicht verwunden – applaudiertest. Aus jeder Zeile dieses schwabbeligen Gedichts drang ein derart verschwitzter Mief nach alten Unterhosen, dass mich die Tränensäcke noch weniger wunderten: Dieser Mann litt unter der Dürftigkeit seiner eigenen Gedichte. Wir saßen dabei in seinem Garten in einer Hollywoodschaukel. Erinnerst Du Dich, wie er mich hinter vorgehaltener Hand bat, ich möge doch bitte der Klatschpresse nicht zutragen, dass er, der große deutsche Sozial-Märtyrer, das Wahrzeichen imperialistischer Dekadenz in seinem Garten verstecke?

»Nein, ich erinnere mich nicht daran. Aber ich kenne Knut. Und ich weiß: Er würde so etwas niemals ernsthaft sagen. DAS ist sein Humor! Und eine wesentliche Voraussetzung, um seine Arbeiten bewerten zu können, besteht darin, seinen Humor zu verstehen!«

»Du meinst: zu mögen.«

»Wenn man ihn versteht, mag man ihn auch. Aber wenn man jemanden beneidet, kann man ihn nicht mögen.«

»Vielleicht hast du Recht.«

»Das klingt schon etwas weniger arrogant.«

Sie HAT Recht. Wenn Neid lange genug inkubiert und fiebert, transformiert der Leidensdruck dieses Fieber zur Arroganz, denn Arroganz schützt nicht bloß vor der unerträglichen Schwere und Kälte des Neidens, sondern lässt Mitmenschen Geheimnisse und Potentiale wittern, wo Fragen und Vorwürfe lauern. Ungefähr so, wie das Aftergeschwür eines Pavians von den Pavianinnen anfangs für eine besonders mächtig ausgeprägte Geschlechtsreife gehalten wird. Irgendwann aber mutiert selbst die bestgetarnte Arroganz zum offenen Makel, zum Gebrechen, zum Fluch, und lastet wie ein Buckel auf dem Betroffenen – so auch auf Hermann. Dass aber seine Überheblichkeit nichts anderes ist, als das Ergebnis einer ungeheuer falsch wahrgenommenen Realität, ein schwerer Astigmatismus der Seele, können die Anderen nicht sehen. Und ein Behindertenausweis, um wenigstens diejenigen Menschen, von deren Gunst sein Fortkommen abhängt, auf das Handicap hinzuweisen, ist für Arroganzkranke nicht vorgesehen.

HERR STRAUCHLER LEIDET UNTER EINER UNKONTROLLIERBAREN ARROGANZ. LASSEN SIE SICH DAVON NICHT BEIRREN – SIE IST DAS RESULTAT EINES PATHOLOGISCH

KOMPENSIERTEN MINDERWERTIGKEITSKOMPLEXES UND
ALS SOLCHES WEDER ANSTECKEND NOCH PERSÖNLICH
GEMEINT...

Hermann hebt an, die eigenhändig konstituierte Etikette protokollgemäß weiter zu verfolgen, zögert jedoch.

23 | DIE UNGELEGENE

»Was überlegst du?«
»Ob ich dir das nicht doch ersparen soll.«
»Was?«
»Dieses ganze überhebliche Gesülze. Ich kann es langsam selbst nicht mehr hören – lesen – aussprechen!«
Hermann blättert die Seite um, überfliegt den Text, blättert weiter.
»So schlimm ist es nun auch wieder nicht.«
»Nein?«
»Nein. Immerhin amüsiere ich mich. Natürlich würde ich mich noch besser amüsieren, wenn du mir den Brief irgendwo vorlesen würdest, wo es wärmer ist, wo wir abends ausgehen könnten... Tanzen. Aber es ist ja auch hier ganz nett, nein?«
Deutlicher denn je merkt Hermann, dass er den Kontakt zu seinen Gefühlen verloren hat. Wenn er sich freut, freut

er sich nicht wirklich, sondern identifiziert die Situation, grinst und nimmt wahr, dass die anderen ihn als ihresgleichen erleben, der sich programmgemäß freut. Das eigentliche Gefühl aber bleibt abwesend.

Nur, seit wann?

Der Verlust von Gefühlen ist ja etwas anderes als der Verlust eines Armes oder Beines. Man vermisst seine Gefühle nicht, man braucht sie nicht, es tut nicht weh, man ist nicht entsetzt.

Nachdem SIE ihn verlassen hat? Nein, danach hat er doch einen ausgesprochen intimen Kontakt zu seinen Gefühlen gepflegt.

Nachdem er sie... bestraft hat?

Mit keinem Wort ist sie bisher in die Nähe dieses Vorfalls gerückt. Warum nicht? Mit welcher Absicht?

Svetlana hat sein Bedauern bemerkt und fühlt sich ihm auf ungefähr die Art und Weise verbunden, wie zwei zusammengesperrte Gefangene irgendwann unweigerlich einander verbunden fühlen. Ja: Ihr Gegenüber ist ein Gefangener, auch er, sein eigener Gefangener. Aber im Gegensatz zu ihr scheint er die Hoffnung auf eine baldige Befreiung aufgegeben zu haben.

»Und es hat ja alles gar nichts mit uns beiden zu tun.«

Hermann zerknüllt die betroffenen Seiten.

»Ach Möönsch...«

Und wirft sie ins Feuer.

»So, mein Lieber. Dafür gehst du jetzt ins Rattenloch!«
»Aber vorher mache ich uns etwas zu essen.«

Sei es wegen der Zweifel, die das Fühlen und Denken seiner Gefangenen und seiner selbst betreffen. Sei es wegen des ungenügenden Nachtschlafs. Jedenfalls wird Hermann nach dem Mittagessen unendlich müde. Da hilft kein Koffein und auch keine Gymnastik an der frischen Luft. Hermanns Mittagsschlaf fordert mit allem Nachdruck seine Inauguration. Svetlana hat prinzipiell nichts dagegen, bestreitet jedoch die Notwendigkeit, auf ihrem Zimmer eingeschlossen zu werden, und breitet einen ganzen Katalog von Vorschlägen aus, wie man ihrer Heimtücke vorbeugen könne, ohne sie oben allein zu lassen.

Nun ist die Müdigkeit die Schwester oder die Mutter oder die Tochter der Gleichgültigkeit, jedenfalls sind die beiden engstens miteinander verwandt, weshalb Hermann seiner Gefangenen gestattet, ausnahmsweise gestattet, sich neben ihm auszuruhen.

Obwohl er weiß, dass sein Unterbewusstsein ihn beim leisesten Verdacht einer Gefahr wecken würde, steht der Müdigkeit plötzlich irgendetwas im Wege. Etwas, das seine Gefangene nicht davon abhält, vor ihm einzuschlafen.

Er betrachtet das schmale Handgelenk der Schlafenden, die schlanken, geraden Finger, die entspannt auf der

Wolldecke liegen. Mit sieben haben sie das zweite Thema der Unvollendeten gespielt...

Vertraue deinem Verstand, Hermann! Du hast es vorher gewusst, hast es dir selbst gesagt, es dir laut vorgesprochen: Du wirst taumeln, wenn du das Fleisch erkennst! Bleibe fest! Fahre zu den Dingen ab, die hinter den Erscheinungen stehen, und erhasche das eine oder andere kosmische Wunder!

Er dreht die Decke um, schließt die Augen, dämmert vor sich hin, sieht Bilder, die er, so kommt es ihm vor, wirklich einmal gesehen hat. Flirrende Visionen davon, wie er mit einer noch zerzausten, warmen Schönen auf die Straße hinaustritt, wie er mit ihr zusammen in die Hitze eintaucht, die bewegungslos zwischen den verrammelten Fassaden seiner Straße brütet. Ihr Kinn und ihre Wangen sind noch leicht gerötet, ihre Augen hellwach. »Glaubst du, man kann es uns ansehen?« Ihre Unterlippe rutscht schmunzelnd unter den Schneidezähnen hervor und entspannt sich zu einer von einem dünnen Speichelfilm benetzten Wölbung. Sie will nicht wirklich diese Frage erörtern, will es nur aussprechen. Ihre Nase kitzelt an seinem Ohrläppchen. Alles Weitere ist ein gleichzeitiges Tanken und Vergießen von Zeit. Ihr Handeln wird von einem gemeinsamen Puls synchronisiert, und ihr Denken unterliegt keiner anderen Logik als der des Fühlens...

Mit der Nachmittagssonne im Rücken verträumt auf einer Landstraße dahinrauschen; plötzlich erkennen, wie aus der entgegenkommenden Kolonne ein Auto ausschert, um röhrend auf einen zuzuhalten; plötzlich mit der Gewissheit hadern, dass die letzten Wiesen und Gräben und vereinzelt dastehenden und deshalb nach allen Richtungen üppig ausgetriebenen Bäume den letzten Abschnitt der Welt markierten – genau diese Eindrücke, diese Wachheit erlebt Hermann bei den Geräuschen, die er plötzlich zu hören vermeint. Geräusche, die wie Schnauben und Schritttritte eisenbeschlagener Hufe auf Schnee klingen. Geräusche, die er normalerweise ohne jeden Zweifel als pferdische Geräusche identifizieren würde. Da aber bei jedem Pferd in mitteleuropäischen Forsten ein Mensch nicht weit ist, und da Hermann nicht will, dass in der Nähe der Hütte ein Mensch ist, hofft er so partout, geträumt zu haben, dass er das ganz sofort auch glaubt.

Als das Schnauben und Hufstapfen dann aber durch ein Wiehern ergänzt wird, ist an Schlaf nicht mehr zu denken, geschweige denn ans Träumen. So behutsam wie ein zu Tode Erschrockener überhaupt behutsam sein kann, setzt er seine Zehenspitzen zum Fenster und blickt in eines von diesen Augenpaaren, die immer von oben herab gucken und dabei immer Verletzlichkeit und Eitelkeit an den Tag legen, und meistens auch Neugier und Dümmlichkeit.

Ein Pferd.

Wirklich und wahrhaftig ein Pferd. Weiß. Gesattelt, getrenst und, soweit Hermann dies auf seinen kurzen Blick beurteilen kann, auch gestriegelt. Ein ausrittfeines Pferd steht vor seiner Hütte – schnaubend, hufscharrend, Kopf zurückwerfend. Aber ohne Reiter.

Ohne sich den Mantel anzuziehen, allerdings nicht, ohne sich vergewissert zu haben, dass die Augen der Schlafenden noch geschlossen sind, schließt Hermann das Vorhängeschloss auf, schiebt die beiden Stahlriegel aus ihren Schließkloben, schlüpft hinaus und drückt die Tür von außen sacht wieder an. Als ihm einfällt, was er alles vergessen hat, sieht er bereits eine Frau aus dem Wald kommen, leicht humpelnd, und wie das Pferd vollständig equipiert.

Es ist Katharina von Tunder ten Tronk, Adrians Schwester, die trotz offensichtlicher Beschwerden lächelnd ihren schwarzen Samthelm abnimmt und ihr volles, halblanges Haar aufschüttelt. Hermann geht ihr entgegen, versucht ebenfalls zu lächeln, breitet zitternd die Arme aus.

Aus. Alles vorbei. Im nächsten Moment wird die schöne Lettin aus der Hütte stürzen und sich vorstellen.

Gestatten: Ich bin diejenige, die dieser Wahnsinnige vor vier Tagen gekidnappt hat und mit Waffengewalt hier festhält, um mir seinen idiotischen Brief vorzulesen.

»Katjenka!«

Hermann umarmt die junge Dame, bemerkt, dass sie seit der letzten Umarmung an Umfang verloren hat, und küsst sie auf beide Wangen. Das schmalere Gesicht steht ihr gut. Ebenso die kurzen, dünnen Falten quer zu ihren geraden, gleichmäßigen Lippen.

Sie wird lachen, spinnt er seine Befürchtungen fort, und Svetlana wird sagen, dass das kein Scherz sei, und dann wird die Gräfin ihn mit ganz anderen Augen ansehen.

»Ich dachte, du seist in Petersburg?«

»Bin ich eigentlich auch. Ach –«

Die Reiterin winkt ab.

»Du weißt ja!… – Aber du – was machst DU denn hier?«

»Ich?…«

Gut lügen! Das heißt: So wenig wie möglich lügen! Bloß nicht in Widersprüche verheddern! Noch ist nichts verloren.

»Ich bin mit einer… mit meiner neuen Freundin hier. Wir wollten uns mal für ein paar Tage vom Großstadttrubel zurückziehen.«

»Herrlich!«

Dieses »Herrlich« bedeutet gar nichts. Wie man eine bestimmte, in Hermanns Bezirk stark vertretene Bevölkerungsschicht an den Schnurrbärten und Goldkettchen der Männer erkennt, erkennt man dieses, im Wedding sehr schwach vertretene Schichtchen, dem Katharina angehört, daran, dass die Frauen alles »herrlich« finden: Möbelstücke, Aussichten, Geschichten, Nahrungsmittel, Tiere, Wetterlagen… Herrlich kann alles bedeuten: Großartig,

Schön, Gut, Komisch, Lächerlich, Schlecht, Abstoßend, Ekelerregend – das ist das Verwirrende daran.

In diesem Fall könnte es sogar bedeuten: Du lügst!

»Kenne ich sie?«

Hermann schüttelt den Kopf. Mit aller Kraft versucht er, seine Nervosität zu unterdrücken, und trifft dabei unterbewusst die Entscheidung, keinem Reichen seinen Reichtum so sehr zu gönnen wie einem Tresorknacker. Die Nerven dieser Kerle müssen härter austrainiert sein als die Beinmuskeln eines Tour de France-Siegers.

Beinahe frech blickt er Katharina mitten ins Gesicht. Noch hat Svetlana sich nicht bemerkbar gemacht. Wenn es ihm gelänge, den Besuch schnell wieder abzuwimmeln.

»Hat er dich abgesetzt?«

»Eher abGESTRIFFEN – oder heißt es abgeSTREIFT?« Sie bückt sich, während Hermann sein Unwissen ausmurmelt, tastet die Beine des Tieres ab und untersucht die Strahlfurchen nach eingetretenen Steinchen. Das Pferd imitiert dabei abwechselnd Géricaults sensiblen Schimmel und Marcs stämmiges blaues Pferd Nummer eins.

»Gott sei Dank! Alles heile!«

›Gott sei Dank‹ – denkt auch Hermann, und nicht bloß das – er FÜHLT es – als jubelnde Dankbarkeit.

»Ganz schöne Ecke vom Schloss bis hierher.

»Ich war bei unseren Nachbarn.«

Wenn Adrian von »Nachbarn« spricht, meint er nicht die Leute, die neben dem Schloss leben, sondern Menschen, die dreißig, vierzig Kilometer entfernt das nächste Schloss bewohnen. Es hat eine Weile gedauert, bis Hermann dahinter gestiegen ist, aber nun kennt er die räumlichen Dimensionen.

Gut wäre, wenn sie ihn fragte, warum er sich keine Jacke anzöge, dann könnte er sagen, er wolle seine Freundin nicht stören. Aber wie kriegt man sie dazu? Am besten noch deutlicher frieren.

»Mann ist das kalt!«

Mit der flachen Hand tätschelt sie liebevoll den Hals ihres Wallachs.

»Nicht wahr, kleiner Satansbraten?«

Hermann tut es ihr nach, um sich an dem riesigen weißen Stoffwechselsystem aufzuwärmen. Das Tier lässt es sich gefallen, hat keinen Sinn für die Feindseligkeit des Menschen.

Sie will eingeladen werden, vorgestellt... So wird dieses Huftier also mein Lebenswerk vernichten, denkt Hermann, der das Frieren kein bisschen zu übertreiben braucht, und umarmt innig – erst sich selbst, dann wieder das Pferd.

»Sag mal Hermann: Du bist nicht rein zufällig im Besitz eines dieser fürchterlichen Handys, oder etwa doch...?«

»Nein, leider nicht. Was hättest du damit vorgehabt?«

»Ach ich glaube, ich hätte jetzt einfach meine Schwester angerufen und sie gebeten, uns hier abzuholen.«

Bei dem Wort »uns« deutet sie auf den Wallach.

»Hast du denn selbst keins dabei?«

»Nein, aus Prinzip nicht. Ich finde Reiten und Telefonieren passt irgendwie nicht zusammen.«

»Sympathische Einstellung!«

Wie sehr ihm diese Frau mit einem Mal für ihre Prinzipien und für ihre Treue zu diesen Prinzipien ans Herz wächst!

Sie setzt sich auf den Brennholzstapel.

»Herrje, bin ich groggy!«

Jetzt lässt es sich nicht mehr umgehen. Jetzt muss er grob werden. Wie sehr ihm das missfällt!

»Katinka, pass auf – ich würde dich wirklich wahnsinnig gern auf einen Tee einladen, aber ich befürchte, du musst dich ranhalten, damit du noch vor Einbruch der Dunkelheit wieder zu Hause bist, oder?...«

Da die Gräfin seine Befürchtung nicht bestätigt, bringt Hermann ein zweites Argument vor, das er lieber im Ärmel behalten hätte.

»Außerdem... Um ganz ehrlich zu sein: Wir hatten uns gerade hingelegt, und ich würde meine Süße nur ungerne...«

»Nein, nein, du hast recht, ich muss schleunigst wieder los.«

Sie erhebt sich zwinkernd.

»Dann wollt ihr also das Millenium-Silvester hier mutterseelenallein im Wald feiern?«

Hermann nickt. Es hat tatsächlich den Anschein, als...

»Aber erstmal darf ich dich noch umarmen, oder?«

Katharina lächelt mit der ganzen Herzlichkeit der Tunder ten Tronkschen Familientradition.

»Klar!«

Die beiden umarmen einander, und Hermann erlebt im Hintergrund seines Bewusstseins ein sehr wohliges, vertrautes Gefühl.

Nachdem er ihr die Steigbügel gehalten und sie ihren Schritt sehr sanft in den Sattel hat gleiten lassen, blickt sie ihn auf eine argwöhnische Weise an.

Unwillkürlich sieht Hermann zur Hütte hin.

»Und falls euch wider Erwarten die Langeweile oder die Kälte übermannt, seid ihr natürlich ganz herzlich eingeladen, mit uns zu feiern!«

Hermann ist jetzt so siegesgewiss, so triumphal erleichtert, dass er nicht einmal die eisige Kälte spürt, die seine Hände und Lippen längst marmorblau gefärbt hat. Freundschaftlich tätschelt er die gräfliche Wade, die sich gegen den Pferdemagen spannt und das Tier aufweckt, auf dass es die Ohren spitze und von dannen schreite.

»Und: Danke!«

Grundsätzlich sagt Katharina bei Verabschiedungen zum Schluss »Danke«, auch wenn man ihr weder geholfen noch etwas geschenkt hat. Danke ist stets ihr endgültig letztes Wort. Das hat eigentlich nie jemanden gestört. Bis jetzt. Denn es ist aus einiger Entfernung und entsprechend laut gerufen worden – beängstigend laut.

Diese Ironie, wegen eines Dankeschöns! Noch kann Svetlana plötzlich aus der Hütte springen und Halt rufen. Schreien, hinter dem Pferd her rennen, ganz laut: Haaalt! Um Gottes Willen warten Sie! Halten Sie an!

Hermann wagt nicht, sich umzudrehen, ist aber sicher, das Geräusch einer sich öffnenden Jagdhüttentür gehört zu haben. Die Reiterin legt den nächsten Gang ihres Ex-Hengstes ein und trabt davon. Hermann wartet, bis sie außer Sichtweite ist.

Svetlana liegt nicht im Bett. Auch ist sie nicht schlafend aus demselben herausgefallen. Sie steht am Fenster. An ebenjenem Fenster, vor dem der Schimmel vorhin seine Wanderung beendet hat. Ihre Ellenbogen auf das Fensterbrett gestemmt, den Kopf in die Hände gestützt, die Beine unbequem eng zusammengestellt und derart durchgedrückt, dass ihr Hinterteil sich gespannt zur Decke reckt, blickt sie der Reiterin hinterher.

»Wer war das?«

24 | Per Anhalter nach Cannes – oder:
Glück ist der Umstand des äussersten Zufalls

»Zufälle sind die Umstände des äußersten Glücks, welches nichts anderes ist, als eine Connexion natürlicher Umstände, die nicht von unserem Willen abhängen.«

So definiert Zedler in seinem Universallexikon aller Wissenschaften und Künste, welche bishero durch menschlichen Verstand und Witz erfunden und verbessert wurden. *Ich stimme dem Kommerzienrat in den meisten Ansichten zu, aber da, meine ich, hat er sich zu kurz gefasst. Die Farbe des Fünfzig-Mark-Scheins und die der Camel-Lights-Packung ist exakt die gleiche, was ist daran schön? Oder daran, dass ich das Bücherregal abstaube und dabei ausgerechnet auf die Bibel stoße?*

Zufälle sind nicht glücklich. Umgekehrt ist es richtig: Glück geschieht zufällig. Zedler hat die Wörter vertauscht. »Glück«, müsste es heißen, »ist der Umstand des äußersten Zufalls, welcher nichts anderes ist, als eine Connexion natürlicher Umstände, die nicht von unserem Willen abhängen.«

Weil ich nicht an Zufälle glaube, nahm ich das Buch der Bücher als Wink meines Unterbewusstseins, schlug es auf und sehe: »Wenn euch die Welt hasset, so wisset, dass sie mich vor euch gehasst hat.« Das ist es, was mir fehlt: diese

Einstellung. Ich blätterte zurück, sehr weit zurück, bis: »Und so vollendete Gott am siebenten Tag seine Werke und ruhte von allen seinen Werken aus.« Dann liegt also die Vollendung einer Schöpfung im Akt des Sichausruhens. Das ist plausibel. Nicht aber, dass alle am selben Tag ausruhen sollen. Und dass man nicht von einem Baum essen soll, der eine so wesentliche Erkenntnis wie die Unterscheidung zwischen Gut und Böse ermöglicht. Ist Unwissenheit ein Synonym für Unschuld und Wissen eins für Schuld? Wieso erschafft Gott überhaupt eine Schlange? Ist das nicht das gleiche, als würde ein Informatiker ein Virus gegen sein eigenes Computerprogramm erfinden und gleich nach Fertigstellung einschleusen?

Es ist ungemütlich geworden. Zwei gute Stunden hat Hermann vorgelesen und dabei nichts als die untere Gesichtspartie bewegt. Er hat keine Fragen gestellt, bevor er mit dieser Lesung begonnen hat, und Svetlana hat keine Antworten erteilt. Der Zwischenfall aber hat die Welt verändert. Sie ist nicht mehr schwarz-weiß und fest und geometrisch. Sie ist jetzt flüssig. Ein opalgraues, in sich bewegtes Liquid, das die Zeilen seines Briefes zerfließen lässt.

»Ist dir kalt?«

Die Angesprochene schaut einen Moment lang durch ihn hindurch. Sie ist enttäuscht. Von sich selbst. Sie bereut, aufgestanden, zum Fenster gegangen, dort stehen geblieben zu sein. Sie hätte so tun sollen, als schlafe sie, hätte ihren Trumpf aufheben, die Einsätze hoch reizen und dieses amüsante Spiel um einen pikanten Zug bereichern können.

»Kein Wunder.«

Kein Mann hat sich ihretwegen je so weit aus dem Fenster gelehnt. Kein Mann ihren Lockrufen so standhaft getrotzt. Kein Mann sein Geheimnis so beharrlich für sich behalten. Und was tut sie? Eine läufige Straßenkatze hätte ihre Duftdrüse kaum plumper exponiert.

Hermann zieht eine Zeitung unter dem Brennholz hervor, reißt ein paar Seiten auseinander, will sie zerknüllen und bleibt an einer halbfetten Überschrift hängen: »425 Jahre Haft«. Er liest die Meldung.

»Das Gericht der kalifornischen Stadt Vista hat einen Vergewaltiger zu 425 Jahren Haft verurteilt. Der Mann hatte sich an einer Siebenjährigen vergangen.«

›So einer müsste 426 Jahre alt werden‹, denkt Hermann, ›aus Prinzip‹ – ›um das System zu kompromittieren, das gesamte System.‹ Er knüllt das Blatt zusammen und zündet es an der letzten Glut des letzten Astknöchels, der sich beinahe schon zu Asche verdaut hat, an.

»Möchtest du was trinken?«

»Nein. Danke. Sind ja wohl nur noch ein paar Seiten bis zum nächsten gelben Blatt. Umso früher kommen wir zu unserem Spaziergang.«

Mein Schädel ist in einen Schraubstock eingespannt, und Gott oder ein anderer Verantwortlicher schraubt immer weiter zu, jeden Tag eine Umdrehung, um irgend etwas heraus zu quetschen. Vielleicht ein Geheimnis.

Ich schlafe wie eine Alkoholleiche im Schnee und wache mit schmalen, harten Lippen auf – agoraklaustrophobisch. Mein Blick wandert die Bücherregale entlang. Ich zähle, erst die Regale und dann die Bücher. Und wenn ich damit fertig bin, fange ich wieder von vorne an.

Solange ich hier sitze und mit den Fingern die Buchstaben der Tastatur drücke oder den Stift über das Papier gleiten lasse, ist alles erträglich. Aber die Zeichen, die man hintereinander fügen kann, erschöpfen sich unerhört schnell, und der Glaube, sie dennoch immer wieder neu und sinnvoll verbinden zu können, erweist sich immer häufiger als Irrglaube. Wie kann ich Dir eine Ahnung davon vermitteln, was in mir vorgeht, wenn ich nicht weiß, welchem Prinzip das, was vorgeht, gehorcht?

Ein Computer wird erschaffen, der in einer Sekunde sogenannte »Petaflops« bewältigt. Das sind eine Million mal eine Milliarde Rechenoperationen pro Sekunde. Der Rechner heißt »Blue Gene« und wird theoretisch in der Lage sein, sämtliche zurzeit im Internet verfügbaren Informationen in weniger als einer Sekunde zu kopieren. Um jedoch die Faltung lediglich eines einzigen Eiweißmoleküls zu modellieren, wird Blue Gene ungefähr ein Jahr brauchen.

Dir zu vermitteln, was in meinem Kopf vorgeht, der aus einer unermesslichen Menge solcher Moleküle besteht, scheint mir absurd. – Ich versuche es trotzdem.

Du sagtest, dass Du mich nicht mehr spürst. Ich erinnere mich an diese Wendung, weil sie mich wachrüttelte. Nachts auf dem Boulevard de la Croisette. Es war warm, wir saßen auf einer Renaissancebank direkt am Wasser. Hinter uns das Hotel der Filmstars, das wie ein Weihnachtsbaum leuchtete. Es war die Einleitung des letzten Kapitels, diese Feststellung, »Hermann, ich spüre Dich nicht mehr.« Du warst bedrückt, hilflos – zum ersten Mal, seit ich Dich kennen gelernt hatte. Ein erwachsener Mann hätte still über diese Worte nachgedacht, hätte sein Bedauern formuliert und wäre gegangen. Stattdessen versuchte ich, das Unheil abzuwenden, bat Dich für Verfehlungen, die mir aufs Geratewohl einfielen, um Verzeihung, nahm Dich in den Arm, bedeckte Dein Gesicht und Deine Hände mit Küssen. Wäre ich ein richtiger Mann gewesen, hättest Du das gar nicht gesagt, nicht gefühlt. Aber was ist ein richtiger Mann? Was veranlasst eine Frau, einen Mann männlich zu finden? Was veranlasste Homer, seinen Ilias-Helden, diesen leidenschaftlichen Muskelprotz, diesen Inbegriff der Männlichkeit durch den listigen, neugierigen Helden der Odyssee zu ersetzen? – Singe, oh Muse, den Zorn – und alles wegen einer Frau! – Ist Odysseus die Weiterentwicklung der Männlichkeit? Ist seine Seele deshalb ringsherum schwarz? Ist die Figur des Odysseus das Ergebnis seiner eigenen, Homers, Weiterentwicklung? Endet die Geschichte deshalb mit einem Begräbnis? Die Antworten der Frauen, die ich fragte, was für sie männlich sei, waren entweder banal oder tendenziös – nie klärend.

»Mich hast du nie gefragt, was ich männlich finde.«
»Und? Was hättest du gesagt?«
»Dass es unmännlich ist, solche Fragen zu stellen.«
Hermanns Stimme klingt nun wieder entschlossener.

Die Fahrt nach Südfrankreich mit Deinen Eltern und deinem Schwesterchen, in dem goldenen BMW, im Hochsommer – das war ein Fehler. Ich hätte nicht mitfahren dürfen.

»Jetzt wird's interessant. Daran erinnere ich mich…«
Sie wollte den Satz mit »nämlich« enden lassen, lässt es aber bleiben und fragt sich in der dadurch entstehenden Pause, ob ihrem Vorleser dies wohl aufgefallen sei.
Scheinbar nicht.

Gleich hinter der französischen Grenze gerieten wir in Streit. Du warfst mir vor, die großartige Landschaft nicht angemessen zu bewundern, dabei hatte ich genau das die ganze Zeit sehr aufmerksam, wenn auch schweigend, getan.

Ich war gekränkt, bereute den Entschluss, mitzufahren, versank in endgültiges Schweigen. Drei Tage später war es dann so weit. In einem Appartement an der Côte d'Azur. Ein Streit zwischen Dir und Deinen Eltern. Wir saßen beim Abendessen. Wahrscheinlich eine Lappalie. Du warst zornig, den Tränen nahe. Auf Russisch. Ich verstand kein Wort, spürte, dass meine Anwesenheit unangebracht war, und flüsterte Dir zu »Ich glaube, es ist besser, wenn ich raus gehe!« – Ich ging. Du folgtest mir. Ich begriff erst später, dass Du mich missverstanden hattest, dass Du »wenn wir rausgehen« verstanden hattest. W<small>IR</small>. *Deine Eltern nahmen mir das übel, wofür ich Verständnis habe, schon damals Verständnis hatte.*

Tags darauf brachen wir auf. Per Anhalter nach Cannes. Ein paar Tage wohnten wir in einer schlichten Pension mit einem großen voyeuristischen Spiegel neben dem Bett, der auf seine Kosten gekommen sein dürfte. Wir bummelten den Küstenboulevard entlang. Du warst unzufrieden. Ich wurde laut, fand Dich undankbar, primadonnenhaft, und Du gebrauchtest die Ausdrücke »Meinetwegen« und »Mir egal«. Das war nicht Deine Art. Entweder Du weintest oder lachtest, entweder gabst Du Kontra oder lachtest mich aus. Dieser neue Zug flößte mir Angst ein. Und dann sagtest Du es. Dass Du mich nicht mehr spürst. Auch, wenn Du es zurücknahmst. Und auch, wenn wir beim Einschlafen wieder engst möglich zusammenrückten.

Ein Obstbaum, der sich unmittelbar vor dem Absterben ein letztes Mal hoch aufbäumt, alles aufblühen lässt, alles gibt, was er hat.

In München waren wir dann die ganze restliche Zeit zusammen, sechs oder acht Wochen lang. Es war ein heißer Sommer, ein Sommer, in dem ansonsten nichts geschah.

25 | GAME OVER

Treppen sind Nichtorte. Auf der Treppe ist man immer dazwischen. Eine Treppe ist Symbol effizienter Raumnutzung, Ausdruck zivilisierten Übereinanderlebens.
  Wenn ich abends im Treppenhaus auf der dritten Stufe zum Dachboden sitze, um zu rauchen, meine Füße gegen die gedrechselten Säulen gestemmt, dann geht nach fünf bis sechs Zügen das Licht aus, und dann, aber erst dann, spricht die kleine Glut zu mir. Dass man Glück nur ermessen kann, wenn man einen Maßstab hat – und der Maßstab für Glück heißt Unglück. Deshalb lese ich Robinson Crusoe.

Gestern Morgen hatte ich eine seltsame Vision. Es war, als gehe ich einen langen Krankenhauskorridor entlang. Sämtliche Türen rissen wie von unsichtbaren Händen vor mir auf. Meine Gedanken marschierten die Gänge entlang, bis sie plötzlich im Freien standen. Mit einem Mal wusste ich, was zu tun ist: Einen Antrag stellen!

Ich holte die Kleine vom Kindergarten ab und ging mit ihr auf den Zoospielplatz. Zum Trampolin. Ich saß in einiger Entfernung auf einer Bank – Frau Wagner hatte sie dem dankbaren Zoo gespendet – und erhoffte mir ein Zeichen, eine Art Bestätigung von oben. Beobachtete das Mädchen, freute mich, dass sie das Trampolin für sich alleine hatte, sagte es auch. Eine dickliche Frau mit sehr unvorteilhafter, aber obszön teurer Frisur und engeren als hautengen Jeans ergänzte, das Mädchen habe ja auch alles dafür getan, habe mit ihrem rücksichtslosen Gehopse die Kleineren vom Trampolin verjagt. »Gut«, sage ich, »dann werde ich sie gleich, wenn wir zu Hause sind, nach Strich und Faden durchprügeln.« Die Dicke zeterte und nörgelte so lange, bis sie irgendeine Gefahr witterte. Nora bekam von all dem nichts mit, rief vor jedem fünften Sprung »Guck mal Papa – jetzt!« Und ich lobte die Sprünge, obwohl sie genauso aussahen, wie die vier dazwischen.

Als wir die Kreuzung am Schloss erreichten, war es zwei Minuten nach sechs, und das Blumengeschäft hatte geschlossen. Wir klopften gegen das Schaufenster, falteten beschwörend die Hände, doch die Verkäuferinnen winkten ab, alle drei nacheinander, ahnten nicht, was ich brauchte.

»50 Rosen.«

Ich sagte der Kleinen, dass ich ihre Mama auch ohne Blumen fragen könne, ob sie mich heiratet, aber insgeheim dachte ich, dass dies vielleicht das Zeichen war – das Zeichen, die Sache abzublasen. Wir schlenderten zur italienischen Eisdiele. Vor der Diele standen drei Kübel mit Rosen. Das ist ungewöhnlich. Hier stehen sonst nie Rosenkübel. Ich frage den Eisdielenwirt – scherzhaft –, ob er sie verkaufen wolle, und er schüttelt den Kopf so energisch, dass mir die Frage peinlich wird. »Kannst Du Dir nehmen!« fügt er hinzu. Er kennt mich. Macht eine weite, großzügige Handbewegung: »Kannst Du alle haben – alle!« Ob – ernsthaft – er nicht zumindest einen symbolischen Betrag entgegennehmen wolle. No grazie. Ich bezahlte dem Kind eine doppelte Portion Eis und stellte einen großen Busch aus ungefähr fünfzig Rosen her – hauptsächlich blutrote, ein paar violette und hellgelbe, außerdem eine hell-orangefarbene. Das war die bestechendste, sie stand, egal wie man den Strauß hielt, aus jeder Perspektive im goldenen Schnitt.

Forsch sind in diesem Moment drei alarmblinkende Polizeimotorräder in die Kreuzung eingefahren, um den Strömen der zu Status- und Transportmitteln gefalzten Blechbögen Einhalt zu gebieten. Souveräne, wache Gesten. Zwei Polizeiautos stoßen hinzu, bilden Absperrungen. Gleich darauf fällt die Ampelanlage aus – hundert Leuchten gut und gerne. Dann rauschen, flankiert von angespannt wirkenden Eliteoffizieren des Bundesgrenzschutzes auf Motorrädern, acht dunkle Limousinen wie Raumschiffe über die Kreuzung. Gefolgt von grünen Mannschaftswagen und weiteren Polizeifahrzeugen.

Ein Laserstrahl, der sich durch einen urplötzlich gelähmten Organismus brennt. Das Durchschimmern staatlicher Macht in seiner Gewaltigkeit und Unantastbarkeit. Nicht ganz zu vermeiden, husch-husch, schon wieder vergessen. Schon funktionieren die Ampeln wieder. Schon fahren die ersten Gewöhnlichen träge an. Der Spuk hat keine drei Minuten gedauert und Hermann hat gestaunt – mehr als das Kind.

Als wir in Helens Küche standen, verkündete unser Geschöpf: »Mama! Wir wollen Dich heiraten!« Helen lachte, und ich war erschrocken, intervenierte, sagte es noch mal selbst. – Helen äußerte ein entschlossenes, irgendwie dankbares »Nein danke.«

»Wenn Mama Nein sagt, darf sie die Blumen nicht behalten!« Die Klarheit des Kindes entzückte mich, aber gleichzeitig balancierte ich auf einer Eisscholle von der Größe eines Fußabtreters. »Doch, doch, das darf sie schon. Was sollen wir sonst damit machen?« – »Du kannst sie mir schenken, Papa.«

Helen sagte, es sei zu spät. Sie habe sich in einen anderen verliebt. Jemand, der mir sehr ähnlich sei und relativ nahe stehe.

Schlecht hat Hermann von seinem Freund eigentlich nur in dieser ersten Phase gedacht, als die Wut, diese geile Bestie, sich durch die Eingeweide gefressen und jedes andere Gefühl erstickt hat.

I AM CAST UPON A HORRIBLE DESOLATE ISLAND, VOID OF ALL HOPE OF RECOVERY. BUT: I AM ALIVE, AND NOT DROWNED, AS ALL MY SHIP'S COMPANY WAS.

Andauernd hat er seinem Freund über die gelesenen Sätze hinweg ins Gesicht geschlagen. Und jedes Mal wendet dieser sich ab und geht, ohne sich umzudrehen.

Zu Helen.

Der Anrufbeantworter, der mir früher manchmal schon nach eintägiger Abwesenheit zweistellige Zahlen zuzwinkerte, gähnt seit geraumer Zeit Nullen.

Heute Mittag fuhr ich aufs Land. Man gab mir eine solide, freundliche Stute, die ich sofort in diese scharfe Tiefe des Herbstes hinein jagte, die unseren Augen jegliche Flucht ermöglicht. Ich flog auf ihr durch weite Birkenwälder hindurch, weich abgetönte Nadelbaumgassen entlang. Wir setzten einem Reh nach, das wir am Waldrand beim Äsen überraschten. Schwärme von Vögeln flatterten auf, machten sich auf den Weg nach Süden. Ein guter Tag, nach Afrika zu fliegen. – Zwei Stunden fliegender Galopp. Hinterher erfuhr ich, dass die Stute tragend ist. Wenn sie ihr Fohlen verliert, ist es meine Schuld.

Im gegenüberliegenden Häuserblock brennt kein einziges Licht mehr. Es regnet. Ein Hund bellt. Ein anderer antwortet. Ansonsten Stille.

Einsamkeit.

Das Wort ist schöner, als es sein dürfte.

Einsamkeit errichtet um das eigene Selbst herum eine undurchdringliche Mauer.

»Einsam bleiben wird dem Heuchler gedroht« – Johannes 15, 34, zitiert Zedler. Ich konnte die Stelle nicht finden, aber auf der Suche danach fand ich dies: »Das Wort ward Fleisch.« Wenn das Wort »Einsamkeit« Fleisch werden könnte, würde es meine Gestalt annehmen, soviel steht fest.

Weil er sich das vorgenommen hat, nur deshalb liest Hermann weiter. Und das Gefühl, dass die Tonart, der Takt, dass irgendetwas an dem Brieftext, vielleicht auch bloß an diesem Abschnitt, nicht mehr stimmt, beschleunigt sein Vorlesen. Und dabei bleibt alles an der Oberfläche.

Er ist ein Baum ohne Wurzeln, der sich mit seinen Gliedmaßen im Geäst anderer Bäume festhält. Jedes Wort, jeder noch so gebräuchliche Begriff löst sich bei näherer Betrachtung auf. Der Gefährte entpuppt, verpuppt sich zur

Gefahr, das Vertrauen zur Trauer, der Frieden zum Friedhof, und fordert unaufhörlich etwas Klares, Neues, Stabiles.

Nein. Es geht nicht. Hermann schiebt den Bogen unter den Stapel und sucht auf der nachfolgenden Seite nach einem Anschluss. Als er den gefunden hat, versucht er, mit einem kurzen Blick zu erkunden, ob sie Verdacht schöpft oder seinen Betrug bemerkt hat.

»Hermann?«

Svetlana betrachtet ihn jetzt so, wie sie ihn damals betrachtet hat, als sie zusammen in dem jungen Wäldchen gekniet und gefroren haben.

»Ja?«

»Ich ertrage das nicht länger.«

»Was?«

»Die Distanz.«

Sekundenlang bewegt Hermann keinen einzigen Muskel, um dann umso bewegter aufzufahren.

»Was soll das?«

»Was?«

Hermann ist zur Truhe gegangen, öffnet sie.

»Das!«

Was denn eigentlich hat er aus der Truhe nehmen wollen?

»Scheiße!«

Zigaretten.

Er braucht nicht zu suchen. Hat absichtlich keine mitgenommen.

»Fünfzehn Jahre!«

Der Deckel der Truhe wird leiser geschlossen, als erwartet.

»Du hast dich verändert.«

»Habe ich das?«

»Ohne jeden Zweifel.«

»Und dann?«

»Wann, dann?«

»Wenn wir es getan haben?«

»Was getan?«

»Die Distanz aus dem Weg geräumt.«

»Ich weiß es nicht. Wenn du Nat meinst: Ich hätte durchaus Gründe, ihn zu verlassen. Aber…«

Hermann interessiert sich nicht für den Ausgang des Satzes. Es ist immer wieder derselbe knarrende Mechanismus.

Das Bedürfnis, wachzurütteln, steigt auf. Zu ohrfeigen.

»Ich verstehe. – Dass ich vorhin auf die Möglichkeit verzichtet habe, diese ganze absurde Situation zu beenden, ist für dich also…«

»Was meinst du damit, dass ich mich VERÄNDERT habe?«

»Früher warst du nur mit dir selbst beschäftigt, du hast nicht MICH gemeint. Vielleicht hast du versucht, die verpasste Liebe deiner Mutter nachzuholen.«

Psychologengeschwätz.

»Das war mir damals nicht bewusst. Aber nach allem, was du vorgelesen hast, glaube ich, zu verstehen. Du meinst jetzt MICH. Ich bin kein Ersatz mehr. Ich weiß nicht, was dich verändert hat, aber du bist jetzt bei dir selbst. Und das macht dich begehrenswert. Anders kann ich es nicht ausdrücken. Es fing an, als du das mit dem Ehering vorgelesen hast, mit den Wörtern, die du zu einem Gedicht tätowieren lassen würdest.«

Hermann setzt sich wieder hin.

»Was glaubst du denn? Dass ich einfach so alles vergesse, was passiert ist? Ich habe dir gesagt, dass ich dich liebe. Glaubst du, das erzähle ich jedem dahergelaufenen... Trottel?!«

»Trottel« klingt schön mit dem gerollten R und dem rund angeschlagenen L.

Was der Körper so alles absondert, denkt Hermann weiter. Urin, Kot, Schweiß, Sperma, Haare, Popel, Nagelschnipsel, Ohrenschmalz, verhornte Hautzellen... Nach welchen Kriterien soll man das ordnen? Menge? Chemische Zusammensetzung? Äußere Umstände? Grad der Lebendigkeit? In welche Kategorie gehören die Tränen?

Svetlana steht auf, geht zum Fenster, wischt sich mit dem Handrücken übers Jochbein.

»Glaubst du, du bist der einzige Mensch auf der Welt, der in der Lage ist, Schmerz zu empfinden!?«

26 | Man blickt nicht zu Boden, weil dieser Beachtung verdient

Der Himmel: Ein Zusammenfließen grau-anthrazitener, braun-gelblicher Farbpfützen.

Backiges Knarzen unter Hartgummiprofil. Svetlana und Hermann im abendlichen Winterwald. Eine Art Pappelallee, nur rührender verteilt und schmaler als eine kultivierte Allee, mündet in den Friedhof derer von Tunder ten Tronks ein.

Eingefriedet von einer mannshohen, denkmalgeschützten Bruchsteinmauer, bewacht von einer vor sich hindösenden Kapelle aus der französischen Renaissance, haben es die Toten hier sehr schön – doch, doch. Ein dickes weißes Laken ist über ihre schnörkellosen Grabplatten geworfen. Stille Bescheidenheit. Dahinter, hinter einem weit gestreckten Feld, in der Ferne, stehen zwei winzige Bäume, ein großer und ein kleiner, und am Horizont der dazugehörige Wald.

Dass man diese kultivierten Flure so entschieden als Natur erlebt!

Nachdem sie ein Stück dort hinein gegangen sind, überquert ihre Köpfe ein Quietschen – als ob ein Pegasusfohlen fiepend über sie hinweg flöge und in der Nähe schon das uralte, riesige Himmelsscharnier knarrt, um dem geflügelten Pferdchen Einlass zu gewähren.

Hermann späht in Richtung der Geräusche.

»Hörst du das?«

»Was ist das?«

»Klingt wie Walgesang!«

»Da oben.«

Hermann deutet auf den mindestens zehn Meter weit abgespreizten Ast einer Buche, der sich – wie ein Bogen über die Saiten einer Geige streicht – in erregender Höhe an einem hochgewachsenen Fichtenstamm reibt.

Man geht, das Konzert aus der Nähe zu bestaunen.

Plötzlich bleibt Svetlana wie angewurzelt stehen und duckt sich im nächsten Augenblick hinter einem Strauch. Hermann leistet ihr spontan Gesellschaft und erkundigt sich nach dem Grund.

»Da hinten. Da ist jemand.«

»Wo?« Im selben Moment sieht er selbst die winzigen Lichter, die in etwa hundert Metern Entfernung flackern.

Wer, zum Teufel, treibt sich um diese Zeit im Wald herum? Noch dazu hier, im tiefsten Dickicht eines Privatforstes?! Was machen die da? Picknick am Silvester-Vorvorabend? Mit Fackeln? Kerzen? Das einzige, was man erkennen kann, ist ein auffallend schwerer, abgeknickter Baumstamm – wahrscheinlich vom Blitz gespalten. Genau an dessen Fuß flackern vier oder fünf Lichter.

EINMAL geht er ohne das verdammte Fernglas los, ein einziges Mal, und… Auch die Pistole hat er vergessen.

Svetlana bleibt hinter dem weiß bestäubten Wildbeerenstrauch hocken und beobachtet das Geschehen entspannt, ja beinahe belustigt.

Beim Besuch der Gräfin hätte sie vielleicht damit rechnen müssen, dass er eine Kurzschlusshandlung begeht, womöglich schießt – sie hat ja nicht wissen können, wer die Frau ist, dass er ihr niemals... – aber hier? Da sind mindestens drei Menschen, vielleicht sogar fünf oder sechs. Was tun?

»Denk dran: Wenn Du die Nerven verlierst... Ich habe nichts zu verlieren!«

Solche Sätze spricht man hart, fatalistisch oder irre, aber niemals flüsternd. Wer kann ihr also vorwerfen, dass sie lächelt?

»Da ist niemand.«

Ihre Augen sind größer und dunkler und vor allem – wie ihre Zähne und ihre Haut und ihr Verstand – gesünder als seine eigenen.

»Du brauchst niemanden tot zu schießen, mein Freund.«

Hermann pirscht sich an die Lichter heran.

Ein paar Sturmlichter, ein frisches Blumensträußchen und ein Kreuz.

Die Witwe des Försters kommt regelmäßig her, um die Erde, die das Blut ihres Mannes getrunken hat, mit Tränen zu düngen. Die Lichter stellt sie auf, um das Funkeln dieser

Tränen auch den Tieren und Geistern des Waldes sichtbar zu machen.

Die Blumen verraten ihre Zweifel an den Worten des Pastors. Recht hat sie: Es gibt schlimmere Orte und Arten zu sterben, weitaus schlimmere, eigentlich keine bessere als diese. Im Schoß des Waldes an einem Frühlingsmorgen im fairen Zweikampf von einem würdigen Gegner mit einem einzigen Hieb niedergestreckt zu werden. Mit einem so gewaltigen Hieb, dass der Herr des Waldes gleich mit strauchelt.

Kurz nachdem Adrian nämlich seinen Förster unter die Erde gebracht hat, nehmen ihn das Staatliche Amt für Arbeitsschutz und die Berufsgenossenschaft der Landwirte mit den Haubitzen 3, 4, 9 und 13 des bundesdeutschen Arbeitsschutzgesetzes unter Beschuss:

Erfahrene Motorsäger hätten den leicht vorgewachsenen Baum als Vorhänger erkennen und eine Haltebandfällung durchführen müssen. Sein Angestellter jedoch habe den Stamm gefällt, als wäre er normal gewachsen, habe darauf verzichtet, rechts und links vom Hauptkeil je eine routinemäßige Einkerbung in den Baumstamm zu sägen, um die tonnenschwere Spannung zu entschärfen.

Anklageschrift. Neu laden. Feuer frei.

Nach dem Gesetz habe der Arbeitgeber seine Angestellten in die richtige Technik einzuweisen.

Nach demselben Gesetz könnte man den Fahrgast eines havarierten Taxis anklagen, weil er versäumt hat, dem Chauffeur zu sagen, dass man nicht betrunken bei Rot über die Ampel fährt. Resümiert Hermann. Und zieht beim Zurückgehen in Erwägung, dass er womöglich für ein, zwei Jahre mit Graf Adrian von Tunder ten Tronk zusammen in einer Zelle sitzen wird.

Die Freundschaft könnte sich dort beweisen.

Als die beiden Spaziergänger am späten Abend dieses 29. Dezembers ihren Rückweg antreten, ist es so kalt, dass Hermann zum ersten Mal die Aufschläge seiner Persianer-Schapka herunterkrempelt, um sie gleich darauf seiner Begleiterin anzubieten. Kichernd versucht sie, den schwarzen Pelzhelm in eine Position zu rücken, dass die Dame von Welt nicht zur Gänze darunter verloren geht – ein Ding der Unmöglichkeit. Hermann amüsiert sich.

»Hat also der Überlebenstrieb wieder einmal über die Eitelkeit gesiegt.«

Sie krempelt die Ohrenklappen wieder hoch.

»Es genügt eigentlich, wenn die Ohren oben ein wenig an den Kopf gedrückt werden, weißt du.«

Ihre Schritte hinterlassen lange Spuren in der Schneedecke, die sich schon vor Wochen über den Waldboden gebreitet hat und seitdem nur zwei- oder dreimal flüchtig ergänzt worden ist. Seit der letzten Ergänzung ist hier weit und breit kein Mensch mehr lang gegangen. Angst jagen einem die Prophezeiungen apokalyptischer Überbevölkerung in solcher Landschaft nicht ein.

»Ein Drittel aller Menschen, die je gelebt haben, leben heute. Wusstest du das?«

»Njet.«

»Jedenfalls würden die beiden anderen Drittel, also alle Menschen, die irgend wann einmal gelebt haben und jetzt nicht mehr leben, sämtlich in den Bodensee passen – alle.«

»Und du bist wieder der erste, der draußen bleiben muss.«

Herman beteuert, dass die Bemerkung komisch sei und forciert, offenbar ohne sich dessen bewusst zu sein, das Schritttempo.

»Dann ist die Biomasse Mensch ja insgesamt doch ein ziemlich klägliches Häuflein, nein? Ich meine, der Bodensee ist nicht gerade... Wieso rennst du eigentlich so?«

»Weil mir kalt ist«, lügt Hermann, sich über die Lüge ärgernd und über die Untreue zu seinem Plan, immer denselben Weg zurückzugehen.

In russischer Sprache wird ihm die Rückgabe seiner Schapka angeboten, und in derselben, vielmehr in der gleichen Sprache, wird das abgelehnt.

»Wieviel Menschen gibt es heute?« plaudert Svetlana weiter. »Fünf Milliarden? Sechs? Dann passen also mindestens zehn Milliarden Leichen in den Bodensee. Was glaubst du: Aus welchem See müsste man das Wasser ablassen, um sechs MILLIONEN unterzubringen?«

»Keine Ahnung – aber ich schätze der Maschsee in Hannover dürfte ausreichen.«

»DAS wäre ein Expoprojekt gewesen!«

»Ja, und ich hätte Gasmasken verkauft.«

»Nein ICH. Du hättest Fotos gemacht.«

»Von den kotzenden Zuschauern.«

»Und von denen, die auf den Leichen herumkrabbeln und Goldzähne sammeln.«

»Uäh – ist das ekelhaft!«

Svetlana bleibt stehen.

»Erstens kann ich nicht so schnell. Zweitens frage ich mich, ob das die richtige Richtung ist.«

»Keine Sorge, ich kenne den Weg.«

Die Temperaturschwankungen zwischen den Tagen und Nächten haben den Schnee knusprig überbacken. Hermann beobachtet die Beschaffenheit des hellen, hier und da braun gesprenkelten Bodens, der im Rhythmus seiner Schritte vor ihm her schwenkt. Bis ihre Stimme ihn davon ablenkt.

»Du hast dich verlaufen, stimmt's?«

»Wie kommst du darauf?«

»Wir gehen seit einer halben Stunde im Kreis – und das immer schneller.«

»Quatsch.«

Hermann weiß, dass er zu Boden blickt. Das Bemerkenswerte am Nackenkratzen aus Verlegenheit ist, dass es wirklich juckt. Nicht im Kratzen, sondern im Jucken drückt sich die Verlegenheit aus. Bei der Scham ist das anders: Man blickt nicht zu Boden, weil dieser Beachtung verdient, sondern aus Demut. Man senkt das Haupt.

»Quatsch...«

Svetlana wiederholt den Ausdruck ein zweites Mal, indem sie das U nicht als W, sondern als U ausspricht und das A dehnt. Vergnügt plappert sie ein paar Assoziationen vor sich hin – »Klatsch, Platsch, Matsch, ratsch...«

Ein Bach sprudelt so munter an ihnen vorbei, dass er selbst bei doppelter Kälte nicht einfrieren wird. Es mag derselbe sein, der an der Jagdhütte vorbeifließt. Hermann hat endgültig die Orientierung verloren. Er versucht die Nervosität zu verstecken. Zielstrebig führt er seine Begleiterin den Bachlauf entlang.

»Bist du dir hundertprozentig sicher, dass das die richtige Richtung ist?«

»Ich bin mir nie hundertprozentig über irgendwas sicher, Svetotschka. Niemals.«

»Schau mal.« Svetlana wartet, bis ihr Führer sich umgedreht hat. »Wir sind doch die meiste Zeit bergab gegangen, nein? Und da Bäche doch auch meistens bergab fließen... Sollten wir da nicht lieber entgegen der Flussrichtung laufen?«

»Nein.«

»Warum nicht?«

»Weil das ein anderer Bach ist.«

»Wie du meinst. Ansonsten können wir ja in der nächsten Ortschaft jemanden nach dem Weg fragen.«

Das Vorwärtskommen wird immer beschwerlicher. Hermann ärgert sich über seine Eigenwilligkeit. Sie hat wahrscheinlich Recht gehabt.

»Und vielleicht finden wir ja auch einen Bus oder ein Taxi.«

Er dreht sich zu ihr um.

Im selben Augenblick sackt ihr Gesicht um zwei Gesichter tiefer, und im nächsten Augenblick stößt sie einen Schrei aus, und dieser Schrei bekundet Schmerz.

Humpelnd erreicht sie einen umgelegten Stamm, lässt sich darauf nieder, hält sich mit einer Hand den Knöchel und schirmt mit der anderen ihre Augen ab. Hermann bleibt ein paar Atemzüge lang vor ihr stehen, ehe er vor ihr niederkniet und seine Hände an ihre Arme legt.

»Was ist passiert?«

»Ich glaube, ich habe mir den Knöchel gebrochen.«

»Ich glaube nicht. Fußgelenkknochen sind extrem dick. Die brechen nicht so leicht. Und wenn, würde man's hören – so was macht richtig laut Knack.«

»Dann ist wahrscheinlich die Sehne gerissen.«

»Das wäre noch lauter. Das hätte richtig geknallt. Svetlana: du hast dir das Fußgelenk ein bisschen verknackst, das ist alles.«

»Ein bisschen?!«

»Ohne EIN BISSCHEN.«

»Hast du das gehört, ja? Knicks?!«

Um die Verletzte nicht zu verletzen, und die plötzliche Notdurft des Grinsens heimlich zu verrichten, wendet Hermann sein Gesicht kurz ab.

»Wenn du sitzen bleibst, wird es jedenfalls dick. Und außerdem«, fügt er nach einer kurzen Pause hinzu, »erfrierst du.«

»Ich kann nicht.«

»Doch, du kannst.«

»Ich meine GEHEN.«

»Ich weiß, dass du gehen meintest. Aber du kannst es; du musst es nur versuchen. Komm.«

Er fasst sie unter den Arm, doch sie entzieht ihm den Arm.

»Ich weiß verdammt nochmal sehr gut, ob ich gehen kann oder nicht!«

»Und was hast du vor? Warten, bis hier zufällig zwei Männer mit einer Trage aufkreuzen?«

»Was weiß ich!? War es meine Idee, durch dieses abgefuckte Dickicht zu latschen?«

»Okay. Komm, ich nehme dich Huckepack.«

Er klemmt sich ihre Oberschenkel unter die Arme. Sie schlingt ihre Arme um seinen Hals. Mit einem lang ausgeatmeten A und einem ebenso lang wieder eingeatmeten Zischen kommentiert sie das Aufladen selbst.

Svetlana bestimmt die Marschroute. Und während sie so eng umschlungen in eine endlich aussichtsreiche Richtung marschieren, wird Hermanns Laune, ohne dass er selbst es merkt, eine ausgesprochen gute.

»Ich habe Cord übrigens mal vorgeschlagen, ein Gerichtsdrama zu schreiben, in dem die Opfer des Holocaust vor Gericht gestellt werden.«

»Die Opfer!?«

»Ja, weil sie sich nicht gewehrt haben. Ich meine, sie hatten die Pflicht, sich zu verschwören, einen Aufstand anzuzetteln – und haben es nicht getan. Und deswegen werden sie vor Gericht gestellt. Vor das letzte Nürnberger Tribunal. Titel: Die Schädelstätte.«

Svetlana überlegt, ob sie jetzt auch im übertragenen Sinn auf den Arm genommen wird.

»Wie bitte?«

Ein weites Feld breitet sich aus. Hermann fühlt sich trotz der Last wohl. Die Last nicht, sie stöhnt.

»Sagt dir der Name Uziel Gal was?«

»Klingt hebräisch.«

»Stimmt. Ein Israeli, der sich im Gefängnis aus seinem Bettgestell eine Maschinenpistole gebaut hat. Das

Ding war so einfach und so gut, dass es später massenhaft nachgebaut wurde – Uzi genannt. Die Bundeswehr hat auch Uzis. Jedenfalls glaube ich...« – jetzt muss er doch keuchen – »dass ein oder zwei solche Uziel Gals in den Konzentrationslagern ausgereicht hätten, um alles zu verändern.«

»Das kann nicht dein Ernst sein!«

Sie will abgesetzt werden.

»Das« – Hermann schnauft erleichtert auf – »hat Cord auch gesagt. Aber...«

Svetlana schüttelt den Kopf und hakt sich bei ihrem Entführer ein.

»Aber was?«

»Ich glaube, das war auch das Letzte, das er zu mir gesagt hat. Seit er mit Helen zusammenlebt, spricht er kein Wort mehr mit mir.«

»Scheint sowieso unter einer mittelschweren Persönlichkeitsstörung zu leiden – nach allem, was du mir über ihn... geschrieben hast.«

Der Trampelpfad zwischen Flur und Wald bietet festes Geläuf. Tapferes Vorwärtshumpeln. Nichts gebrochen, nichts gerissen. Hermann kann die Hütte nun förmlich riechen. Gleich darauf erspäht er die knotige alte Weide. Von dort sind es nur noch zweihundert Meter die Schneise hinauf.

»Siehst du den Baum da?«

»Ja. Skurril.« Svetlana neigt ihren Kopf zu beiden Seiten. »Sieht aus wie ein Bär, der den Mond anbetet…«

Es ist weit nach Mitternacht, als Hermann die Fußkranke auf ihr Zimmer getragen hat. Er verzichtet darauf, ihr die Sachen abzunehmen, woraufhin sie ihn mütterlich umarmt und ihn dabei leise, sehr leise, sehr dicht an seinem glühenden Ohr daran erinnert, dass noch genügend Zeit bleibe, Silvester am Strand zu verbringen… Die näheren Ausführungen erstickt eine glühende Hand, die unter einem glühenden Blick des Vorwurfs zugleich für den gebührenden Abstand sorgt.

Hermann wünscht der stolz Enttäuschten eine gute Besserung und schließt sie ein – oder sich aus – das ist ihm nicht klar. Und wie ein richtiger Erwachsener, der eine schwierige Entscheidung zu treffen hat, wälzt er sich – die Vorsätze heraufbeschwörend, die er sich gegen die Anfechtungen des Fleisches und Geistes zurechtgelegt hat – noch oft von der einen auf die andere Seite.

Glück heißt, seine Pflicht tun. Und je schwieriger die Pflicht, desto größer das Glück. Hat Stavridakis dem Alexis Sorbas geschrieben.

Morgen früh, beim Aufwachen, wird er demnach vor Glück zerplatzen…

DER FÜNFTE TAG

27 | KAPITEL, IN WELCHEM HERMANN MIT DEN
GESÄSSBACKEN KNIRSCHT

Keine Betondecke, sondern Wolken hängen über den Fassaden der Stadt. Hermann marschiert mit hochgezogenen Schultern an den erleuchteten Schaufenstern vorbei. Der Regen strömt so stabil, dass kein Herbststurm ihn biegen könnte. Plötzlich bricht die Wolkendecke auf. Gleißender Sonnenschein lässt den Regen funkeln und bestrahlt die Glasfront eines Restaurants, das Hermann noch nie gesehen hat. Er späht ins Innere. Die Einrichtung ist einem Krankenhaus nachempfunden. OP-Liegen als Tische. Das Bedienungspersonal trägt grüne und weiße Kittel. Gerichte und Getränke im Aushang sind nach Organen, Krankheiten und Medikamenten benannt. Vereinzelt sitzen und liegen Gäste auf Behandlungsstühlen und Untersuchungsliegen. Einige von ihnen sind an Infusionsschläuche angeschlossen oder halten sich Masken vors Gesicht.

Mitten im Raum steht eine Anlage verschiedenster medizintechnischer Geräte: EKG-Schreiber, automatische Impulsmesser, EEG-Analysatoren, Druckmessgeräte für Herzkatheter, Elektroden zur Elektroschockbehandlung, Manometer für die Sauerstoffzufuhr – alles zu einem irren Quader zusammengefügt.

Davor sitzt eine Frau im Schlangenlederkostüm, die die vielen Dutzend Tasten, Hebel und Knöpfe bedient, als spiele sie Klavier. Die Frau ist schön, und das Kostüm spannt sich wie Trommelfell um ihre Konturen.

Hermann betritt das Restaurant. Taucht in Klaviermusik ein. Magyarische Schmelztropfen gruppieren sich in Mollgeschlechtern. Auftaktige, behende Aufwärtsläufe synkopieren die Themenkomplexe der hellen, kadmiumgelben bis grünerdigen Sonatensätze, von denen sich sogleich melancholische, meditative Anklänge in zarten Intervallsprüngen ablösen. Und alle Rhythmen scheinen den Fingerbewegungen der Pianistin zu gehorchen.

Sie ist die schönste Frau, die Hermann jemals gesehen hat. Etwas Lockendes brütet in ihren funkelnden Augen. Eine sagenhafte Königin, die auf ihrer phönizischen Fregatte dahin gleitet, die Segel mit Balsam und Myrrhe getränkt, eine berauschende Wolke verströmend. Hermann atmet den Geruch tief ein, nimmt im nächstgelegenen Zahnarztstuhl Platz und lässt sich die Speisenkarte reichen.

Eine völlig neue Form der Nahrungszufuhr in hygienischer Atmosphäre.

Auf der ersten Seite werden Polytraumata offeriert:

Treffen Sie Ihre Auswahl aus einem multiplen Angebot hirn- und herztoter Tiere – erfragen Sie den Tagestipp »Das letzte Gericht«. Substituieren Sie Ihre vitalen Funktionen mit unserer Pharma Potatoe.

Die Getränkekarte wird gereicht.

Ileus Prophylaxe: Oesophagus Varizinspülungen an der »Infaust-Bar« – Gabe im Schwall oder Perfusor.

Aus einer Cocktailliste vom relaxierenden Nobelpreis bis zum Tremor Shooter Ketanest, sucht Hermann einen heißen, alkoholischen Desinfektionscocktail aus. »Einen Apoplex bitte.« Das Knacken eines Eiswürfels im Teeglas. Die Pianistin bricht ihr Spiel ab. Zwinkert ihm zu, auf dass er ihr in eines der Chambres Separées folge. Ein psychoanalytisches Behandlungszimmer – verglichen mit dem restlichen Inventar: gemütlich.

Ein Dialog bahnt sich an. Hermann beginnt.

»Sie sind die erste Frau, der ich begegne, bei der ich mir wünschte, man könnte den Superlativ von ›sexy‹ in einen deutschen Satz einbauen!«

»Was reden Sie da?!«

»Ich wollte sagen, Sie sind sehr schön und Sie haben eine unheimlich erotische Ausstrahlung – unheimlich, wirklich unheimlich...« – »Sie widersprechen sich. Der Unterschied zwischen ›sexy‹ und ›erotisch‹ ist der: Findet ein Mann eine Frau sexy, ist er das Problem mit einer Nummer los, findet er sie erotisch, ist die Sache mit einer Nummer zum Problem geworden. Sie müssen sich entscheiden!« Sie dreht sich um, legt ihre Schlangenlederbluse ab und präsentiert eine Tätowierung, die eine Art behördliches Formblatt darstellt:

Erfassungsbogen: Name, Telefonnummer.

Ein Kugelschreiber wird gereicht: »Bitte tragen Sie sich erst einmal hier ein, Herr...«

Hermann Strauchler versucht zu schreiben, ohne die Haut der Frau mit seinen Fingern zu berühren. Und dann tut er es doch. Erfühlt Rippen unter zart gespannter Haut.

»Angenommen, ich wäre reich. Was würden Sie sich von mir wünschen? Womit könnte ich Ihnen einen Gefallen tun?«

Die Befragte dreht sich um.

Mit Biologie hat dieser Anblick nichts mehr zu tun.

Nichts mehr zu tun.

Wenn die Natur sich langweilt, fängt sie an, mit der Selbsterhaltung zu spielen. Schmiedet Klammerungen.

»Ich würde mir wünschen, dass Du einen Chirurgen bezahlst, der mir nach jeder Zeremonie das Hymen wieder einoperiert... Und jetzt wird es Zeit. Höchste Zeit! Du hast lange genug geduldet und gewartet und Dich selbst regaliert. Du hast die Prüfung bestanden. Lebe!

Ich bin die Erde, das Feuer, das Wasser und die Luft. Atme mich ein. Wärme Dich an mir. Trink mich! Ich bin der fünfte Geschmack auf Deiner Zunge. Ich bin Blume, Tier und Juwel des Jahrtausends. Ich bin der Smaragd auf der Blüte des Flieders. Ich bin der purpurne Steinsame. Ich bin die Äskulap-Elaphe, die Dich umschlingt! Hörst Du, Hermann?! Es wird Zeit, höchste Zeit! Trink mich!«

Durst konstruiert seltsame Chimären. Er wird von Hermann gierig gelöscht.

›Unterbewusstsein! Was drängst du mir jeden Morgen für Rätsel auf?‹

Vorsicht: Selbstgespräche sind die Gebete der Atheisten. Umständlich stellt Hermann Strauchler den leeren Becher auf die Wandkonsole zurück. Nervus ischiadicus, der alte Stinkstiefel, ist heute Morgen gereizt. Andere zerknirschte Menschen knirschen mit ihren Zähnen, tragen Nackenverspannungen davon. Hermann knirscht offenbar mit den Gesäßbacken. Leidet gelegentlich darunter. Jetzt aber vor allem unter Harndruck.

Der richtige, einzige Moment, aufzustehen.

Wer in der Brunst steckt, ist ein brennendes Feuer und hört nicht auf, bis er sich selbst verbrennt. Hat Sirach geschrieben, den sie aus der Bibel in die Apokryphen verbannt haben.

Hermann entsorgt sein Abwasser in eine Schneewehe, die einen Buchenstamm umbrandet.

Die Milch kocht über, weshalb er flucht, halblaut. Svetlana schläft wahrscheinlich noch, er will sie das weiter tun lassen.

Fegt. Wischt Staub. Nippt Milchkaffee.

Blättert ein paar Seiten seines Briefes um. Nimmt den Kugelschreiber zur Hand.

Wird einiges streichen.

Jeden Morgen um sieben Uhr sechsundfünfzig: EKG. Dann Blutdruck, Temperatur, Blutabnahme. Um acht Uhr sechzehn: Ausleerung des Drogencontainers in meinen Magen, genannt Medikation. Anschließend: Auffüllung des Magens mit mindestens achthundertfünfzigtausend Kalorien, genannt Frühstück.

Ich gehe zurzeit auf den Strich. Das Mittel, das wir Stricher, genannt Probanden, testen, hat im Rattentest die Spermatogenese gehemmt. Wir treten jetzt für siebentausend Mark den menschlichen Gegenbeweis an. Von diesem Geld werde ich bei meinem derzeitigen Lebensstil ein knappes halbes Jahr leben können.

Während ich Dir schreibe, vergleichen meine drei Zimmergenossen Gesamtzahl, Vitalität, Konzentration und Volumen ihrer Spermien. Wer glaubt, schlecht abzuschneiden, versucht es mit Morphologie, Farbe, Beweglichkeit oder einem anderen Parameter – wie früher beim Autoquartett: Bei der Karte mit dem popeligsten Auto gab man das Gewicht an, da zählte die kleinste Zahl.

Der mit dem größten Koeffizienten aus Volumen und Konzentration weiß, wo es langgeht. Und kann das auch vermitteln – indem er seinen Tränensack mit dem Zeigefinger nach unten lupft. Einer von diesen beneidenswerten Männern, die nichts erschüttern kann, es sei denn ein ganz unnötiger Punkteverlust seiner Mannschaft oder natürlich eine Frau am Steuer. Einer von denen, die niemals an sich selbst zweifeln, niemals irgendeiner Laune, einer Stimmung zum Opfer fallen. Die Idee, dieser Mensch könnte allein in seinem Zimmer hinknien und wie ein Tier aufheulen, ist vollkommen abwegig. Dafür kann er wahrscheinlich mit zwei Presslufthämmern gleichzeitig arbeiten.

Hermann streicht alles.
Blättert weiter.

Ein genau zehn Seiten umfassender Abschnitt wird zum Kamin getragen und einzeln dem Energiekreislauf überantwortet.

Hermanns Zufall-Sammlung erweitert sich: Svetlanas Auftritt besteht aus einem hohen, von zwei gesunden

Pöchen flankierten »Hallo«. Das erste Pochen fällt mit dem Flammenaufgang des zehnten Blattes zusammen.

Sie habe sehr lebhaft geträumt. Ihr Fußgelenk sei über Nacht angeschwollen. An Laufen sei daher vorerst nicht zu denken. Aber eben auch nicht ans Fortlaufen, weshalb es unnötig sei, sie zu fesseln. Knebeln genüge, falls er darauf bestehe, alleine zu wandern. Ein Scherz. Die Briketts seien alle. Mehr gebe es von ihrer Seite vorerst nicht zu berichten.

Was sie geträumt habe, sei ein wenig zu intim. Vielleicht bei anderer Gelegenheit. Hermann ärgert sich über die Frage, die eher in seiner Höflichkeit als in seiner Neugier wurzelte.

Der Kaffee wird abermals lobend erwähnt, weshalb Hermann mit seinem Kaffeegeheimnis herausrückt.

Das Entscheidende sei die Wahl der Bohne. In diesem Fall eine brasilianische Robusta, die, in der Sonne getrocknet, ihren weichen, gehaltvollen Körper besonders unaufdringlich entfalte. Gut seien unbedingt auch die gewaschenen Arabica-Hochland-Bohnen oder die für ihre einheitliche Größe bekannten Columbiabohnen von den Berghängen der Kordilleren. Er habe sich für den brasilianischen Blend entschieden – aus familiengeschichtlichen Gründen, die er ihr im Brief ursprünglich auseinandergesetzt, dann aber gestrichen habe; zu makaber sei diese Geschichte gewesen, und zu weit hätte sie vom Thema abgelenkt.

Die Bilder, die er damals, mit Schüttelfrost auf der großelterlichen Couch liegend, gesehen hat, sind in der Zwischenzeit nachkoloriert worden. Das Ächzen des Indios scheucht jetzt eine Schar Aras auf, deren leuchtende Gefieder sich tief einprägen, denn die Szenerie spielt vor einem olivgrünen Himmel. Gerne hätte Hermann in Erfahrung gebracht, was aus dem Anderthalbarmigen geworden ist, aber seine Großmutter hat es nicht gewusst. Bestimmt habe ihr Großvater ihm die Freiheit geschenkt. Ja, aber dann?

Svetlana verharrt einen Augenblick, um dann ehrfürchtig an ihrem Getränk zu nippen. Hermann geht davon aus, dass sein Vortrag das Berufsleben einer Rechtsanwaltssekretärin verändern wird, und wartet mit dem Vorlesen, bis ihre Chefin genickt hat.

28 | Wahnsinnig ist man erst, wenn man keinen Grund dafür hat

Das Ende unserer Freundschaft war unschön. Unschöner als notwendig. Du wolltest nach Rom fahren, Verwandte besuchen – lettische Emigranten auf dem Weg nach Israel. Ich konnte nicht mit, musste arbeiten, erwog, nachzukommen. Wir verabschiedeten uns im U-Bahnhof Rotkreuz-

platz, eine Endstation. Fünf Minuten von meiner Wohnung entfernt. Schlichte, helle Badezimmerkacheln, soweit ich mich erinnere. Wenig Betrieb. Es sollte unser letzter Morgen sein. Hätte ich das gewusst, hätte ich ihn gebührend gefeiert, hätte ein Abschiedsritual inszeniert. Rituale sind die Satzzeichen unserer Geschichten. Die Anführungs- und Gedankenstriche und Kommata und Semikola. Du hast mich um den Punkt betrogen. Aber ich will nicht vorgreifen.

Dein Vater fahre Dich. Ich sollte Dich nicht begleiten. Er fahre Dich mit dem Auto nach Salzburg, sagtest Du. Ich brauche nicht zu fragen, warum Du das sagtest. Menschen lügen aus zwei Gründen: Aus Scham und aus Angst vor Zorn.

Biologisch gesehen dienen Ängste dem Zweck, einer Gefahr auszuweichen. Wie aber kann man der Gefahr ausweichen, verlassen zu werden? Doch nur, indem man allein bleibt. Wenn man aber allein ist, vergisst man die Angst. Und schon ist man nicht mehr allein. Und wenn sie dann wiederkommt, ist es zu spät – denn wer Angst hat, von einem Menschen verlassen zu werden, wird erst recht verlassen. Zu Recht, denn Angst riecht unangenehm. Deshalb war ich alleine geblieben. Es ist so. Du kannst nichts dafür: Du warst meine erste richtige Freundin. Du hast mich daran erinnert, dass da etwas war, ist. Du hast es gefüttert, gemästet, gierig gemacht, dieses Etwas.

Dass Du Dich anders entschieden hast, GEGEN mich, werfe ich Dir nicht vor. Was ich Dir vorwerfe: Dass Du mich nackt vor einer Bestie hast stehen lassen. Du hättest mir Rüstzeug geben können. Das ist man in der Zivilisation einander schuldig. Ein paar Worte. Tränen hätte ich nicht verlangt. Nur einen Abschied. Nur die Wahrung dieser Form.

Zwei Tage, nachdem Du weg warst, hupte mich ein Autofahrer beim Überqueren des Stiglmaierplatzes an. Es war Dein Vater. Er fragte, ob er mich ein Stück mitnehmen könne. Ich stieg ein. Er lachte: Weshalb solle er Dich nach Salzburg bringen? Ja, weshalb? Ich grübelte über Lösungen nach. Warum lügt sie? Ich war noch viel zu stark und groß im Verdrängen des ganz und gar geheimnislosen Unheils, dass das Unheimliche noch keine äußere Unruhe auslöste.

In mir selbst ruhend, durchstöberte ich die Zettel neben dem Futon. Auf einem davon hattest Du wenige Wochen zuvor Nathanaels Büronummer notiert, um eine Klavierstunde mit ihm abzusagen und die Stunde mit mir zu verbringen. Ich weiß nicht, weshalb ich dort anrief, in seiner Firma. Eine Ahnung? Keine Ahnung, wie ein Bewusstsein dabei so ruhig bleiben kann. Seine Sekretärin sagte, er sei nicht da. Vor zwei Tagen spontan verreist. Nach Rom. Eine Kontaktadresse könne sie mir nicht geben. Er habe kein Hotel gebucht.

»Für ein paar Tage nach Rom verreist...« Wie eine verhexte Kettensäge haben die Sätze um ihn herum getanzt und den verfluchten Spätsommertag in giftige Eisblöcke zerteilt. »Spontan« – »Noch keine Kontaktadresse«.
Diese Verrückung des Alltags!
Dieser plötzliche Lebensüberdruss!
Dass man ohne Dolch, ohne Chemie, ohne Strom so tief innerlich geschwächt werden kann! Andere: Ja. Hysteriker, Psychotiker, Suchtkranke auf Entzug, brennende Tiere! Aber er? Das ist unheimlich gewesen.
Unheimlich.

»Weinen ist überhaupt diejenige Vergießung der Tränen, welche mit einem Gemüts-Affekt, sei es Traurigkeit, Schmerz oder übermäßige Freude verknüpft ist. Aber kein wahrhaftiges Weinen ohne Traurigkeit. Wenn das Geblüt in Bewegung gebracht ist, so lässt es die enthaltenden wässrigen Teile stärker denn gewöhnlich von sich, welche alsdann durch gewisse Augendrüslein ausbrechen. Dass man auch ohne dergleichen Gemüts-Affekt Tränen vergießen kann, lässt sich demjenigen, der es in Zweifel ziehen wollte, leicht beweisen, wenn man ihn in ein Zimmer führt, worin es stark raucht. Die Beschaffenheit des Weinens dependiert großen Teils von der Disposition des Gemüts und Geblüts – so sind Wollüstige vor anderen dazu geneigt, und wer seichter Natur ist, kann mehr weinen, als ein Mensch von trockener Komplexion.«

Schreibt Zedler.

Willst Du Dir ein Lexikon anschaffen, schlag unter dem Stichwort »Weinen« nach, und der Geist des Werkes wird sich Dir deutlichst offenbaren.

In keinem einzigen, auch nicht in Zedlers Enzyklopädie, steht geschrieben, wie schlimm es ist, weinen zu müssen, und es nicht zu können. Ein so wesentlicher Aspekt der Materie! Es IST *schlimm. Relativ und absolut. Seltsam, dass eine so große Sprache wie die englische für diese Sache kein exklusives Wort reserviert hat...*

Das Ende also. Der Anfang der Klarheit. Alles vorüber. Nach zwei Jahren. Als hätte es einen von uns nie gegeben. Stille. Die Grenzlinie – die Borderline. Ausnüchterung. – Es gibt Männer, die betrinken sich. Ich nicht. Bei mir erfüllte eine Zarge den Zweck des Alkohols. Ich stieß meinen Kopf gegen sie, um die Krämpfe aufzulösen. Es funktionierte.

Liebeskummer ist – wie Seekrankheit – nur in seltenen Fällen letal. Das Gute an der Seekrankheit: Man kann aus dem Boot aussteigen, nicht immer sofort, aber man weiß wann, und man braucht nie wieder einzusteigen. Das Gute am Liebeskummer: Man kann sich trösten lassen.

Ich nicht. Cord war für drei Monate nach Kanada gereist, um Tabak zu ernten. Ich hatte mich ebenfalls angemeldet, aber Du hattest gesagt, es sei eine Schnapsidee.

Ich fuhr zu meinen Großeltern. Meine Großmutter sagte, ich solle mir keine Sorgen machen: »Wahnsinnig ist man erst, wenn man den ganzen Tag heult, ohne einen Grund dafür zu haben.« Das beruhigte mich.

29 | Rette mich, wer kann

Ich bewundere oft, mit welcher Feinheit und Sicherheit Frauen gewisse Dinge zu beurteilen verstehen; aber einen Augenblick später heben sie dann einen Hohlkopf in den Himmel, lassen sich durch einen faden Schmeichler zu Tränen rühren und nehmen einen Stutzer ernsthaft als einen Charakter.

Auf Deinen Klavierschüler traf das nicht zu. Als ich ihm begegnete, war mein erster Gedanke ein bitterer: »Ich verstehe!« Er war ein schöner und eleganter Mann von achtundzwanzig Jahren. Visconti hätte ihn nicht besser aussuchen können.

Er hatte sieben Mitarbeiter. Das sagte er mir gleich nach der Begrüßung, und nachdem er mir einen Sessel vor seinem Schreibtisch angeboten hatte. Ich hätte mir einen solchen Sessel nicht einmal für mein Wohnzimmer leisten können. Ich hatte nicht einmal ein Wohnzimmer.

Ich fragte, ob ich ihn duzen dürfe. – Aber ja, also das wäre ja schon fast lächerlich! – Eigentlich wollte ich dich nur mal sehen, sagte ich. Und dass ich mit der Sache nicht zurechtkomme. Er sagte, er finde es toll, dass ich gekommen sei. Er sprach ein hervorragendes Deutsch für einen Amerikaner, und auch sein Englisch klang gepflegt und schmal. Er war, glaube ich, froh, die Angelegenheit wie Gentlemen beilegen zu können.

Wären wir Figuren einer Fiktion gewesen, wäre er bedeutend älter und reicher ausgefallen, hätte nach Zigarre gerochen, mir einen Packen Geldscheine in die Jacketttasche gestopft und mich mit der väterlichen Empfehlung entlassen, mir eine andere Frau zu suchen. Die Wirklichkeit war die, dass er mir zehn Minuten seiner Zeit schenkte und mich mit der Empfehlung entließ, mir eine andere Frau zu suchen. Auf Dich brauche ich mir keine, wie sagt man – Hoffen? – Ja – zu machen. Svetlana liebe mich nicht, habe das – honestly – nie richtig getan, liebe IHN, *habe ihm dies mehrfach beteuert, bewiesen. But, you know – perfekte Zähne – catch as catch can. Und: Charity begins at home.*

Ein Anruf dann. Nat sagte dem Anrufer, dass er am nächsten Tag für vier Wochen nach Amerika fliege.

Er war erstaunt, dass ich das nicht wusste – dass Du mitfliegst. Ich war auf alles vorbereitet gewesen, aber nicht darauf, dass Du eine Woche nach Deinem Gang in die Fremde mit ihm zu seinen Eltern reisen würdest. Ohne Dich zu verabschieden. Meine in den letzten Tagen akkumulierte Contenance war aufgebraucht. Ich verzog mich.

Zu Hause las ich unter »charity« nach – »begins at home«: Jeder ist sich selbst der nächste. Ich legte mich hin und schlief bis abends. Beschloss, einen Spaziergang zu unternehmen. Als ich die Tür ins Schloss gezogen hatte, klingelte das Telefon. Ich handelte hektisch.

Du sagtest, wir haben uns zu viel gestritten. Das überraschte mich. Gerade das hätte ich nicht behauptet, eher das Gegenteil, dass wir uns zu selten gestritten haben, und wenn, dann um Nichtiges. Aber wer sich langweilt, sucht Streit. Und das war es wohl auch.

»Das ist so sicher nicht ganz richtig.«

»Was?«

»Dass ich mich gelangweilt habe. Außerdem hast du geschrieben, dass Streit Nähe bedeutet. Und wenn ich diejenige gewesen sein soll, die den Streit provoziert hat, muss ich wohl auch die Nähe gesucht haben. Das widerspricht sich. Nein?«

»Keineswegs, denn Streit um Nichtigkeiten bedeutet nicht Nähe, sondern Distanz.«

»Umgekehrt: Nur nichtige Streitigkeiten bedeuten Nähe!«

»Da bin ich anderer Meinung.«

»Dann sag mir einmal: Dieser Streit jetzt. Bedeutet der Nähe oder Distanz?«

Hermann lächelt.

»Also Nähe. Dann war das jetzt nach deiner Theorie also ein wichtiger Streit.«

»Das hängt von der Festigkeit der Beziehung ab.«
»Hm.«

Ich bettelte. Anfangs um alles, dann um immer weniger, bis Du »Doch« sagtest: »Doch, ich möchte dich auch gerne sehen, aber ich weiß nicht, ob das gut für dich ist.«

Ich fühlte keinen Stolz. Was ich fühlte, war Sehnsucht nach Trost. Sonst nichts. Und in Dir hatte ich den Menschen gefunden, der mich trösten konnte, den einzigen. Und so nahm ich Deinen Vorschlag an, mich innerhalb der nächsten zwei Stunden zu besuchen. Ich beschwor Dich, anzurufen, wenn etwas dazwischen kommen sollte. »Nein.« sagtest Du, »Ich komme – ganz bestimmt!« »Versprochen« mit Ausrufezeichen. Du musstest Schluss machen, weil Nat gekommen war, batest mich, zuerst aufzulegen. Ich erfüllte den Wunsch.

Ich veränderte mich.

Aus dem Nichts breitete sich ein Kraftfeld aus und drängte wie eine Horde Kinder nach draußen.

I've been... loving you. Too long. To stop now. Otis Redding klagte. Ich tanzte, halbierte den Takt, viertelte, achtelte. Johnny Nash: Tears on my pillow. Billy Swan: Don't be cruel. Was veranlasst solche Männer, solche Lieder zu schreiben? Sind sie verlassen worden? Wegen eines Reicheren, Erfolgreicheren? Wegen eines Jüngeren? Gesünderen? Wenn man sich ihre Texte bewusst macht, die man sein halbes Leben lang mitgesungen, mitgegrölt hat, ist das immer mit einer Erkenntnis verbunden.

Meine Erkenntnis an diesem Abend, als ich auf Dich wartete, war die, dass Glück ein relativer Zustand ist. Ich war glücklich. Weil ich Dich sehen würde. Keinen Kuss. Keine Küsserei. Kein letztes Mal. Nur Dein Haar riechen. Verzeihen, verabschieden. Nur dieses Ritual.

Ich nahm ein Bad. Bügelte ein frisches Hemd. Du legtest Wert auf gebügelte Hemden.

Nach zweieinhalb Stunden prüfte ich Telefon und Türklingel, beides war intakt. Dann bügelte ich ein weiteres Hemd. Dann noch eins. Dann putzte ich mir die Zähne, räumte die Wohnung auf und wischte so lange Staub, bis viereinhalb Stunden vergangen waren. Telefon und Türklingel waren nach wie vor voll funktionsfähig. Ich malte mir aus, wie Du Dich mit Nathanael strittest, meinetwegen, oder Dein Auto eine Panne hatte. Zog andere Ursachen Deiner Verspätung in Erwägung.

Es wurde ein Uhr nachts. Ich legte mich angezogen aufs Bett, sah zu, dass das Hemd nicht knitterte, stellte das Telefon daneben, lauschte, gab acht, dass meine Haare nicht platt gelegen aussehen würden. Gegen drei Uhr rief ich den telefonischen Weckdienst an. Man bestätigte mir, dass mein Telefon funktioniert. Um vier Uhr morgens hörte ich im Hausflur ein Geräusch, als ob eine Frau sich leise meiner Wohnungstür näherte, um zu lauschen, ob ich bereits schliefe. Ein Knacken von der Art, wie es Gelenke zu tun pflegen. Ich sprang vom Futon hoch, riss die Wohnungstür auf und spähte in die Dunkelheit. Leere. Stille. Von irgendwoher ein ganz leises Scharren oder Reiben – wahrscheinlich ein schnarchender Nachbar. Ich knipste das Licht im Hausflur an. Nichts.

Ich legte den Hörer neben das Telefon, ging hinunter in die Eingangshalle, vergewisserte mich, dass der Fahrstuhl währenddessen nicht in Betrieb genommen worden war, klemmte ein Streichholz in meine Klingel, fuhr mit dem Fahrstuhl hoch, hörte das Klingeln. Immer noch war ich der festen Überzeugung, Du würdest zumindest noch anrufen. Um halb acht sollte Euer Flugzeug starten. Um sechs rief ich am Flughafen an, ließ Dich wegen einer wichtigen Angelegenheit ausrufen. Nach einer Weile teilte mir das Fräulein mit, es habe sich ein Herr gemeldet und gesagt, ich belästige seine Frau.

»Oh mein Gott!«

»Oh mein Gott was?«

»Davon hatte ich keine Ahnung.«

»Wovon genau?«

»Dass Nat ans Telefon gegangen ist und so etwas gesagt hat.«

Der Papierstapel, der merklich schmaler geworden ist, wird mehrmals von zwei flach angespannten Händen zusammengeschoben und dann weiter vorgelesen, ohne dass die Bemerkung Zeit hat, sich niederzulassen, auszubreiten.

Es gab da noch ein Gefühl. Ein weit hergeholtes Gefühl. Und es mag insofern irrelevant sein. Aber es könnte dazu beitragen, meine Verstörtheit zu rechtfertigen, deshalb will ich es Dir nicht vorenthalten: Ich fühlte mich bestraft. Und zwar zu unrecht bestraft. Für ein Verbrechen, das nicht ich an Dir, sondern meine Vorvorfahren an Deinen Vorvorfahren begangen hatten – ja eigentlich nicht einmal das. Ich fühlte mich absichtlich und planvoll für ein Verbrechen bestraft, das entfernte Verwandte meiner Ahnen an entfernten Verwandten Deiner Ahnen begangen hatten. Es entstand erst am nächsten Tag, dieses Gefühl. Als ich im Briefkasten eine Fotografie des Papstes in bonbonfarbener Verkleidung fand. Die Postkarte, die Du mir aus Rom geschrieben hattest:

»Sehr hochverehrter Bruder, nach meinen Betrachtungen des katholischen Heiligtums habe ich beschlossen, mich der geistigen Erbauung zuzuwenden, um den weltlichen Sünden, die mich seit Jahren kasteien, endlich zu entkommen. Auf den Knien betend, Deine Santa Svetlana Lucia.«

Erst nachdem ich die Sätze zum dritten Mal gelesen hatte, fing ich an, Dich zu hassen.

»Im übrigen WOLLTE ich kommen. Ich saß sogar schon im Auto.«

»Du hättest losfahren sollen, das hätte uns beiden vieles erspart.«

»Ich WOLLTE losfahren.«

»ICH wollte es auch! Also: Wenn zwei gesunde erwachsene Menschen, die zur selben Zeit in derselben Stadt sind, einander sehen wollen – was kann sie davon abhalten, es zu tun?«

»Er. Er hätte mich nicht gehen lassen.«

»Wenn was gewesen wäre?«

»Er war wütend und eifersüchtig – sehr eifersüchtig. Er sagte, er werde ohne mich fliegen, werde mich verlassen, wenn ich dich auch nur anriefe. Und er hätte es getan, da besteht nicht der geringste Zweifel.«

»Und deine Eltern?«

»Ich war doch gar nicht mehr bei meinen Eltern. Als wir telefonierten kam er, mich abzuholen. Ich war bei IHM. Ich log ihn an, dass ich noch eine Freundin verabschieden und eine Sonnenbrille von ihr abholen müsse, aber er kam mir nach, sagte, er kaufe mir eine neue Brille, zerrte mich aus dem Auto. Er wusste, dass ich zu dir wollte.«

Hermann starrt auf seinen Text.

Vielleicht hat der Amerikaner genau das richtige getan – wenn er es tatsächlich getan hat. Vielleicht kriegt man nur auf diese Weise das, was man will.

Was er geschrieben hat, ist ihm, obwohl er es mehrfach überarbeitet, gereinigt, geschliffen hat, unangenehm jetzt. Liegt es an ihr? An ihrer veränderten Erscheinung? Auf ein solches Gesicht drischt man nicht mit Wörtern ein wie »Hass«.

Ein wenig ratlos schaut man einander an, blickt abwechselnd ins Aus, dann wieder dem Gegenüber ins Gesicht und kann den Blickkontakt dann eine Weile halten.

Die Gewissheit, diesen Anblick niemals ganz festhalten zu können, nicht einmal vollständig erfassen zu können, ist etwas Beunruhigendes. Immer wird er genötigt sein, einen bestimmten Abstand zu wahren. Und niemals wird er die Spirografie ihrer Pupillen und Iriden gleichzeitig sehen können, wird sich immer für eine von beiden entscheiden müssen. Immer. Und was, wenn man es doch könnte – den Anblick für immer halten? Würde man am Ende satt sein? Ist das der Zweck des gemeinsamen Alterns? Das Stillen der Sehnsucht? Wird man eines Tages beruhigt wegsehen können?

Er trennt seine Verbindung mit ihren Augen.

Svetlana schüttelt den Kopf.

»Aber wie du Nathanael beschrieben hast! Kein einziges abfälliges Wort, im Gegenteil... Und trotzdem gewinnt man den Eindruck, er sei oberflächlich.«

»Na ja, wenn man den Eindruck GEWINNT, kann es ja nichts Schlechtes sein.«

30 | Deutschländerinnen

Das plötzliche Verlangen nach Alkohol oder wenigstens einer Zigarette unterdrückend, schenkt Hermann seiner Zuhörerin, die seit geraumer Zeit eher eine ZUSCHAUERIN ist, ein Lächeln. Die Geste wird dankbar entgegen genommen, und man einigt sich darauf, eine Pause einzulegen.

In welcher Hermann ausgiebig Gelegenheit findet, Svetlanas Hände zu beobachten. Wie sie Kartoffeln in Alufolie einwickeln und aus dem übrig gebliebenen Material Tiere basteln.

»Und was essen wir dazu?«

Noch ehe der Befragte antworten kann, tut sie es mit tiefer, ernster Stimme, die zweifellos seine imitieren soll, selbst.

»Heringsfilets in Sahnesohne.«

»Ich hätte noch Entenbrust mit Brombeersoße anzubieten. Und eine Rehkeule. Da aber die Entenbrust besser zu Reis passt, schlage ich vor, wir legen die Rehkeule ins Feuer.«

»Touché!«

Hermann holt die Rehkeule – es gibt sie wirklich – draußen aus der Werkzeugkiste, die als Gefriertruhe gute Dienste leistet. Und während Svetlana eine Marinade aus Öl, Pfeffer und Salz zubereitet, die Keulen damit bestreicht, in Alufolie einwickelt und in die Glut legt, würfelt Hermann eine Handvoll Tomaten und Karotten, schneidet Selleriestengel in dünne Querscheiben, hackt eine Zwiebel und verkocht alles zusammen zu einer Soße. Trotz fehlender Zutaten wie Thymian und Rotwein, und obwohl das Wild in der Kaminglut eine Idee zu trocken gerät, essen sie beide mit gutem Appetit, tauschen während des Essens diverse Höflichkeiten und Belanglosigkeiten aus und schwatzen und lachen, als hätten sie einander erst kürzlich kennen und mögen gelernt und verbrächten nun ihren ersten gemeinsamen Tag auf einer romantischen Almhütte.

Nachdem Hermann Strauchler auch an diesem Mittag ein Gymnastikprogramm absolviert, seine Geisel trotz Fußverletzung ihre Lust zum Holzhacken befriedigt und beide zugunsten einer raschen Bewältigung des Lesepensums auf eine Mittagsruhe verzichtet haben, trinken sie brasilianischen Hochlandkaffee und nehmen die Lesung kaum anderthalb Stunden nach deren Unterbrechung gut gelaunt wieder auf.

Geld ist die Spannkraft, die Muskulatur aller Zivilisation. Wer behauptet, es stinkt, hat es entweder zu unrecht oder zu recht nicht. Mir ist es ausgegangen. Meine Fotografie-Projekte stoßen auf Unverständnis, Ablehnung, Mitleid.

Ich ging betteln. Im Rathaus. Man riskiert, den Sitzplatz zu verlieren, wenn man aufsteht, um die Zigarette im Aschenbecher an der gegenüberliegenden Wand auszudrücken, daher die braun eingebrannten Flecken auf dem Sechzigerjahre-Linoleum. Viele Mosleminnen, eingehüllt bis auf die Nasenspitze, gehen darauf spazieren. Man kommt nicht an ihnen vorbei. Ihr Blickfeld ist durch die Vermummung derart eingeschränkt, dass sie die überholwilligen Passanten gar nicht wahrnehmen.

Was treibt die Jugend dieser Orientalinnen für Blüten! Sechzehn, siebzehn Jahre lang werden die Knospen in ihren Gewächshäusern herangezogen, dann ist es plötzlich so weit, dann blühen sie auf und stehen in kleinen Grüppchen beisammen, wie in einem Blumengeschäft zur Maienzeit. Ihre Charakternasen satteln verdunkelte Insektenbrillen, die die Gegenstände klarer erscheinen lassen, das Nahe von scharfen Schatten plastisch geformt, das Ferne weich. Sie lassen sich im Cabriolet kutschieren, streichen sich die glänzenden langen Haare über den nackten Nacken und tun, als scherten sie die jungen Männer nicht, die vorne in schwarzen Lederjacketts Erfahrungen über den Schweiß austauschen. »Schweiß Mann! Schweiß bescheid.« Und schon fällt die Blüte in sich zusammen, verwelkt in Zeitraffer und stampft als gebeugtes, kompaktes Mütterchen hinter ihren Kindern, ihrem Gatten her. Bei den Okzidentalinnen ist das anders. Der deutschen Sprache fehlt ein Sammelbegriff für ihre Sprecherinnen, eine Entsprechung zu den auf der ganzen restlichen Welt vorhandenen Sammelbezeichnungen – Griechinnen, Italienerinnen, Französinnen, Engländerinnen, Russinnen, Orientalinnen – so etwas wie »Deutschinnen«. »Deutschinnen« jedenfalls treiben nicht solche Blüten, sie reifen langsam und stetig heran und bilden hier und da einzelne, auf einen viel längeren Zeitraum verteilte, kleine Blüten aus. Sie sind keine Blumen, sondern Grünpflanzen.

Ein Platz wurde frei. Neben einer Frau, die mich eine ganze Weile davon abhielt, weiter zu schreiben. Wo sie, ihre Vorfahren, herstammten, war mir nicht klar, jedenfalls nicht aus Deutschland. Ich glaube, die Rasse ist bei schönen Menschen schwieriger zu erkennen als bei den hässlichen. Eine schöne Deutsche ist schöner als eine typische Deutsche – deshalb verwässern wohl auch die Unterschiede zwischen den nationalen Schönheitsköniginnen immer mehr. Oder verhält es sich umgekehrt? Verwässern diese Unterschiede, weil Rassenkennzeichen als immer unschöner gelten?

»Machst du das eigentlich absichtlich?«
»Was?«

»Diese Begriffe zu gebrauchen, als wären sie völlig bedeutungslos, völlig unvorbelastet. Gerade du, der hier jedes Wort auf die Goldwaage legt.«

Er kann sich denken, worum es geht. Er hat nicht erwartet, dass sie souverän darüber hinweg hören werde, aber für möglich gehalten hat er es doch. Die Finger seiner rechten Hand zucken hoch und fallen, durch Sekundenbruchteile von einander versetzt, zurück auf die Tischplatte.

»Wenn dir aufgefallen ist, dass ich jedes Wort auf die Goldwaage lege, dann MUSS ich es ja wohl absichtlich tun.«

»Und mit WELCHER Absicht?«

»Gute Frage. Jedenfalls nicht mit der zu provozieren.«

»Mit welcher dann?«

»Vielleicht, um zu beweisen, dass es nicht auf die Verwendung oder Vermeidung eines Begriffes ankommt, sondern auf die Gesinnung.«

»Quatsch. Es geht darum zu verhindern, dass Leute mit zu kurzen Gedächtnissen oder zu kurzen Geschlechtsteilen auf die Gräber derjenigen urinieren, die aus Dummheit, Neid und Sadismus abgeschlachtet worden sind. Es geht um Kultur.«

»Ich kann auf die Begriffe verzichten. Wenn du erlaubst, beweise ich es dir.«

»Ich erlaube.«

Ich war als nächstes dran, aber die Frau hatte länger gewartet als ich. Sie winkte ab: Das dauere noch eine Ewigkeit – mit slawischem Akzent – keine Überraschung. Ich bat, einen Blick auf ihre Wartemarke werfen zu dürfen. Es war die Nummer 966. Sie hatte die Zahl falsch herum gehalten, für eine 996 gehalten. Kein Scherz.

Als ich endlich in den Besitz einer Gutschrift über neunhundert Mark gekommen war, hatte die Bezirksamtskasse, wo man sie einlösen musste, geschlossen.

Die slawische Schönheit hat auch davor gestanden, hat abgewartet – als ob er, ein Deutscher, es bewerkstelligen könnte, dass die Tür wieder geöffnet werde. Sie war in der Nähe des stillen Dons aufgewachsen und hatte sich von einem anständigen deutschen Geschäftsmann zu einem anständigen Preis von dort wegexportieren lassen. So wie Luftballons einem die Illusion von Geschicklichkeit vermitteln, hat sie Hermann die Illusion von Kraft, Reichtum und Männlichkeit vermittelt. Und ist doch vom ersten bis zum letzten Augenblick so eisig geblieben, dass man an ihr festklebt, sich Gefrierbrandblasen einhandelt, wenn man zu lange anfasst.

Hermann beeilt sich, nachdem er zu Ende geseufzt hat, mit dem Weiterlesen.

Um halb zehn des folgenden Vormittages ging ich wieder zum Sozialamt, um die Gutschrift einzulösen. Was nicht mehr möglich war. Es hieß, man könne sie nur am Tag der Ausstellung einlösen und müsse sich erneut anstellen, leider. Ich lachte: Aber wie denn? Die Kasse sei doch geschlossen gewesen! Sachbearbeiter Kopf erklärte, man gehe davon aus, dass die Leute das Geld nicht wirklich brauchen, wenn sie es erst am nächsten Tag abholen, gehe davon aus, dass die Leute auch ohne die staatliche Hilfe überleben können. Er sagte das wörtlich, überleben. Und »staatlich« klang aus seinem Mund wie das Possessivpronomen der ersten Person. Ich entgegnete, dass ich mein Girokonto überzogen habe und der Bankier mich auslachen würde, wenn ich ihm damit käme, dass er ohne mein Geld hätte überleben können. Sachbearbeiter Kopf zeigte auf den Gang voller Wartender: Bei einer Arbeitslosenquote von zehn Prozent seien solche Maßnahmen leider notwendig.

›Zehn Prozent‹, überlegt Svetlana, ›bedeutet, dass neun Normalverdiener einen Strauchler mitversorgen müssen. Könnte der Fotograf Strauchler seine Bilder zum Preis der Sozialhilfe an diese neun verkaufen, hätte es volkswirtschaftlich den gleichen Effekt. Jeder höhere Preis aber würde das Kapital schmälern.‹

Ich zog eine Nummer, setzte mich und dachte über den Mann nach, der hier vor kurzem eine Sachbearbeiterin angegriffen hatte – vergessend, dass er sein Messer nicht gegen die armselige Amtsfrau, sondern gegen viele Panzerdivisionen gezückt hatte.

»Messer« ist eins von den Wörtern, zu denen er den Bezug verliert, wenn er es mehrmals hintereinander vor sich hin denkt. Vielleicht weil es aus der Art geschlagen ist, sich zu weit vom Verb entfernt hat; Messer müsste eigentlich »Schneider« heißen, und Schneider »Näher«.

Ich ging über den Friedhof nach Hause, versuchte zu schlafen, ohne Erfolg, fuhr in die Stadt, schlenderte durch Kaufhäuser und Buchläden, aß Schawarma am Adenauerplatz und Eis am Nollendorfplatz. Es fing an zu regnen. Ein erfrischender Regen. Ich ging ins Kino, in die Achtzehn-Uhr-Vorstellung, und dann über die Toiletten in die Abendvorstellung eines anderen Saals. So mache ich es nun bald jeden Tag. Ich schlafe bis mittags, setze mich in die Bücherei, gehe in Kinos. Bis auf die vier Tage im Monat, an denen Helen es nicht verhindern kann, dass ich unser Kind sehe.

31 | DAS HERINGSALATFARBENE SCHLANGENLEDERKOSTÜM ODER: WOZU SIND ALBTRÄUME GUT?

Es überrascht Hermann, als Svetlana, während er Teewasser aufsetzt, sich wie beiläufig nach der Frau mit der Nummer 966 erkundigt. Erst jetzt erlebt er das ganze Ausmaß jener Unruhe, die er für den ersten Blickkontakt zwischen ihm und ihr, für den ersten Dialog, spätestens jedoch für die erste Berührung vorausberechnet hat. Hermann versucht, die Anspannung durch tiefes Atmen zu neutralisieren, versteckt diese Bemühung hinter seiner Haushaltsbeschäftigung und antwortet gegen die Wand: Er werde, glaube er, in seinem Brief an späterer Stelle noch einmal darauf zurückkommen.

Aber man könne sich doch auch so unterhalten, ganz zwanglos, frei improvisiert, ohne Textbuch, das habe doch auch seinen Reiz.

»Nun,« lenkt sie ein, ohne seine Reaktion abzuwarten »vielleicht haben wir ja später noch Gelegenheit dazu.«

Der Krieg, der in mir und um mich herum tobt, ist in seiner Unsichtbarkeit und Ungreifbarkeit so unerträglich, dass ich mir manchmal wünsche, er würde sichtbar, greifbar, ehrenhaft. Sport ist ein Ersatz für Krieg. Aber Reiten ist teuer. Und allein durch die Gegend rennen kann ich nicht mehr. Die Einsamkeit überholt mich schon nach wenigen hundert Metern und tänzelt dann ständig um mich herum.

Fußball, hat er damals gedacht, dass Fußballspielen eine gute Alternative sei...

Er sieht die Bilder noch genauso klar, wie die Glasaugen des Hirsches, die den Schein des Kaminfeuers spiegeln. Er sieht die blitzartig größer werdende Faust des Rechtsaußenstürmers, der ein orangefarbenes T-Shirt getragen hat. »BSR« steht darauf, in einer gefälligen Schrift, wie Hermann findet – elegant aber schlicht, eine magere, mit Riefen geschmückte Antiqua, die besser zu einem Bestattungsinstitut passen würde als zur Stadtreinigung.

»Du hast Fußball ja wohl auch vonna Pike uff jelernt, wa?!« Mit diesen Worten hatte sich der Mann eines Abends nach dem Duschen an Hermann gewandt. Und Hermann hatte zuerst stolz gelächelt, denn er ist manchmal schneller im Laufen als im Denken. Und dann hatte er nicht gewusst, was ihn mehr beeindruckt, die Ungeniertheit des Lästerers oder dessen Impertinenz.

Dabei hätte es bleiben können. Die Sache aber hat bereits sehr deutlich angefangen, sich der Gewalt zuzuneigen. Der Weddinger Eingeborene versucht noch, durch das Zusammenkneifen seiner Augen den Ex-Letteraner zur Räson zu rufen, doch der hat längst alles vergessen – sich selbst und die ungünstigen Körperrelationen zwischen ihm und dem Mülltonnenstemmer – und schließlich, auf die Bizeps des Gegners deutend, gefragt, ob man »solche Dinger« eigentlich nur vom »Müllabführen« kriege oder zusätzlich noch ins Fitnesscenter müsse?

Weniger als einen Augenblick später wird Hermann von einem trockenen, ansatzlosen Schlag getroffen. Wie bei Bonanza. Nur, wenn die Bonanzas sich prügeln, fängt die Rangelei um die Rangordnung mit einem solchen Schlag erst an. In diesem Fall ist sie damit vorbei. Für einen Augenblick muss Hermann Strauchler die räumliche und zeitliche Orientierung entbehren. Sein Mund füllt sich mit einer süß-metallisch schmeckenden, schleimigen Flüssigkeit, die er hinunterschluckt und dann auslaufen lässt. Und während sich der Beton zu seinen Füßen braun einfärbt, geht der andere weg, als hätte er sich ein Bier gekauft.

Als Hermann auffällt, dass er Blut getrunken hat, wird ihm ein bisschen schlecht, nicht so, dass er sich übergeben muss, aber doch so, dass er seinen Gaumen mit frischem Speichel reinigen will. Was nicht so ohne weiteres geht. Der Zunge steht etwas im Wege. Etwas, das vorher nicht da war. Kein Essensrest oder so, etwas Größeres, Härteres, Beunruhigendes. Es sind die beiden Schneidezähne, die in den Rachen ragen und zu allem Überfluss seine Artikulationsfähigkeit einschränken. Irgendwer fasst ihn mit den Fingerspitzen an, schiebt ihn wie einen Wischlappen mit Erbrochenem vor sich her und bugsiert ihn durch das Spalier der Glotzenden hindurch zum Platzwart. Der zum ersten Mal nicht bewertet.

Zur gleichen Zeit gelingt es dem Europäischen Zentrum für Elementarteilchenforschung, die Materie des Urknalls zu klonen. Mit Hilfe eines so genannten »Super-Proton-Synchroton-Beschleunigers« werden Blei-Ionen auf eine Bleifolie gestrahlt, und durch die Kollision entsteht ein Plasma, ein Quark-Gluon-Plasma, das mehr als hunderttausend Mal heißer ist als die Temperatur im Zentrum der Sonne.

Hermann hat das an einem der nächsten Vormittage in der Zeitung gelesen und ist darüber bis zum Nachmittag eingenickt. Das Telefon hat ihn geweckt. – Wenn es doch möglich gewesen wäre, diesen Film aufzuzeichnen: Dieses Tier, dieser Behemoth, wie er neben ihm gekauert, ihn angeleckt hat, dann allmählich menschliche Züge angenommen. Vielleicht wird man ja in drei oder fünf oder zehn Generationen in der Lage sein, Träume aufzunehmen und abzuspielen. Wie klein wäre dann der Schritt bis zur Herstellung eines individuellen, innerhalb eines einzigen Gehirns produzierbaren Spielfilms. Geträumte Filme mit geträumten Schauspielern in geträumten Welten! Fantasien, die man der ganzen Welt oder einem bestimmten Menschen zeigen kann. Und sicher werden dann auch Preise für die besten Träumer ausgelobt: Die Goldene Palme für den besten Traum geht in diesem Jahr an den Träumer Hermann Strauchler.

Aber wozu in Herrgottsnamen sind Albträume gut? Wozu jagt man sich selbst solche Schrecken ein?

Hermann ist aufgesprungen, zum Telefon gelaufen und hat, zu spät gekommen, »Idiot« in den Hörer gepresst. Dann ist er losgegangen, in die Nässe hinaus, zur U-Bahn-Station.

Sieben verschiedene Tätowier-Zeitschriften klemmen im Schaufenster des Kiosks. Und im Kiosk am Leopoldplatz elf mit dem Namen »Sankt Pauli« im Titel – drei mit nackten Frauen über fünfzig. Und in der U-Bahnstation Zoologischer Garten zählt Hermann sechzehn verschiedene Hefte zum Thema Pferd: ÖSTERREICHISCHE PFERDEBÖRSE, ARABISCHE FASZINATION, WESTERN HORSEMANSHIP MAGAZINE, QUARTER HORSE JOURNAL, ST. GEORG REITEN UND FAHREN, TRAKEHNER HEFTE...

Wer kauft das alles?

Hermann verspürt Appetit. Keinen Hunger, nur diesen ungewissen Appetit, und das ist gut so, denn er hat Gewicht verloren.

Hier vor dem Zoopalast hat er sie das erste Mal fotografiert...

Wäre er doch nur einen Tag früher zum Sozialamt gegangen, oder später...

Hermann schlendert in Richtung Gedächtniskirche, erkennt, dass alle Wörter mit SCHLE oder SCHLA langsam sind – schlendern, schleichen, schlängeln, schlafen, schlapp, schleppen – und alle schnellen mit FLI beginnen – fliegen, flitzen, flippern, fließen, flink, und dass auch »flüchten« in dieses System passt.

Jedes Mal, wenn er ihr vor dem Einschlafen eines der Balsame in die Haut massiert hat, die nach Patschuli und Wildrosen und Moschus dufteten, hat Hermann zu atmen vergessen. Manchmal hat sie dabei geplaudert. Einmal von so genannten Beutelteufeln, die bei der Paarung so laut schreien, dass die Wildschweine in der Umgebung Reißaus nehmen...

Er setzt sich unter die dunkelgrüne Markise eines Cafés. Hier hat er mit ihr den ersten guten Kaffee getrunken. Und auf die Frage, was für sie männlich sei, hat sie ohne nachzudenken »Die Hälfte der Menschheit« geantwortet.

Trotzdem scheint ihm jedes Zusammensein mit ihr eigens dafür bestimmt, ihn für jede Unannehmlichkeit seines Lebens zu entschädigen. Er aber hinterlässt nicht die Spur einer Schramme in ihrem Lack. Er versucht es mit Rosen, doch sie schlägt ihnen mit dem Hackmesser die Köpfe ab – um das Essen zu garnieren.

Er entdeckt Makel an ihr und freut sich über diese Entdeckungen. Aber die Makel erweisen sich als Akzente, und die Freude als Angst. Und die Angst beginnt unangenehm zu riechen.

Es muss ein süßer Schmerz sein, sich von ihrem Absatz zertreten zu lassen, hat Hermann Strauchler anfangs gedacht, aber das ist ein Irrtum gewesen. Wie Mikroorganismen in Klärwerken eingesetzt werden, so ist er offenbar eingesetzt worden, um der angefaulten Seele die giftigen Elemente zu entziehen.

Der Unterschied zwischen Ja und Nein, zwischen Ordnung und Unordnung, zwischen jauchzendem Glückstaumel und verzehrender Todessehnsucht besteht irgendwann nur noch im Schließen oder Nichtschließen jenes Schwachstromkreises, der das Prinzip des Wagnerschen Hammers auslösen und ein Magnetsystem dazu bringen kann, einen Klöppel im Takt der Rufstromfrequenz gegen eine Glocke pendeln zu lassen.

Das ist eine von insgesamt zwei Erkenntnissen, die er gewinnt. Die andere entspringt der Wahrnehmung, dass eine Weinflasche mitunter schon auf dem Fließband einer Supermarktkasse zu atmen beginnt.

O ja, Hermann weiß, wie man richtig leidet. Sein Leid nimmt eine immer vielfältigere, nervösere Beschaffenheit an, wird mit jeder Zurückweisung beklemmender, fasert immer dünner aus und bleibt doch als Substanz, als tief gefühlte Unlust, immer gleich.

Dem Irrsinn muss etwas entgegengesetzt werden – ein Schlussstrich. Zwei Schlussstriche. Drei. Den dritten zieht sie. Wie Svetlana. Ohne Abschied.

Es wird lange dauern, Ersatz zu finden.

Wie viel Zeit hat er damit zugebracht, Frauen zu... sortieren? Dabei lassen sich die wenigen Male, die er nicht bereut hat, bis heute nicht bereut, an wenigen Fingern abzählen.

Die Frau aus dem Ballhaus zum Beispiel, die immer schöner geworden ist, immer zarter und vertrauter, je länger sie an der Bar lehnt. Und die ihm schließlich glaubt, dass er noch niemals bei einer Frau gelegen hat. Er denkt, fühlt, steigert sich so tief in diese Rolle hinein, dass er schließlich selbst daran glaubt. Und nach stundenlangen, immer bunteren, immer ausschweifenderen Lügen nimmt ihn die Frau bei der Hand, tritt mit ihm zusammen in die Morgendämmerung hinaus und begleitet ihn nach Hause. Und ihre Haut zu berühren ist so, wie er sich das Gefühl vorstellt, einen Stapel Fünfhunderter zu durchblättern – einen dicken, feisten Packen, in dessen Besitz man soeben gekommen ist, ohne dafür gearbeitet zu haben.

Dass er sich für das erste Mal nicht schlecht angestellt habe, gar nicht schlecht, hat sie bei der Verabschiedung gesagt. Nur mit ihren Brüsten hätte er sich ruhig ein wenig entschlossener, nachdrücklicher befassen können.

Sie sind klein gewesen, sind ihm irgendwie empfindlich, verletzlich erschienen, weshalb er behutsam vorgegangen ist. Dabei hat er eigentlich gewusst, dass man kleine Brüste männlich anfassen muss. Cord hatte ihn darüber aufgeklärt. Mittlere hingegen solle er massieren – anständig aber nicht zu fest. Und die großen einfach nur streicheln oder besser noch wiegen. Eine Faustregel, natürlich gebe es Ausnahmen.

Wäre er glaubhaft geblieben, wenn er sein Wissen umgesetzt hätte?

Diese eine Begegnung hat er nie bereut. Eine von... wie vielen flüchtigen Begegnungen?

Welche Kraft, welches Potential dabei verpufft!

Bis man dann eines späten Abends in einem fremden Badezimmer steht und nach etwas Persönlichem Ausschau hält. Etwas, wodurch die Benutzerin dieses Bades sich von den anderen unterscheidet. Nichts. Alles gleich. Wie in einer Hotelsuite, nachdem die Putzkolonne ihr Siegel aufgeklebt hat. Und während einem das klar wird, drückt man auf den Knopf aus poliertem Hochglanzstahl und beobachtet, wie die goldgelbe Flüssigkeit mit einem gewaltigen Schwall frischen Trinkwassers weggespült wird. Sein Daumenabdruck bleibt auf dem Knopf. Er putzt ihn mit dem obersten der preußischblauen Gästehandtücher, die neben dem Waschbecken in einem Chromgitter aufgestapelt liegen, wieder blank, und die aufgestapelten kleinen Frotteetücher erinnern ihn an zuhause, an die Mutter, an diese unaufhörlich vor sich hin schmelzende Schneemännin, die ihre Locken unter eine Badehaube mit Gummirüschen zwängt und damit in die dänische See einsteigt. Er fühlt, dass da etwas nicht stimmt, dass kleine Jungen ihre Mütter eigentlich schön finden müssen. Aber das hat sie ja gar nicht gewollt. Wie eine Rüstung hat sie diese Unansehnlichkeit angelegt, um ihre geprüfte, faule Seele zu schonen. »Verzicht« hat sie das genannt. Was für ein Begriff! Dieser Vorwurf darin, diese Bezichtigung.

Und er selbst? Noch einmal dreizehn Jahre Verzicht?!

Kränklich hätte sie sein können, wie die schlanke Dame, die ihn gemustert hat, die mit dem schlanken Hund. Auf kränkliche Schönheiten kann man leichter verzichten. Oder bäurisch, wie die beiden Punkerinnen hinter ihm, oder affektiert wie die slawische Schönheit, die ihn keines Blickes würdigt, oder unverschämt oder kleinlich oder schwätzerisch oder nörglerisch oder misstrauisch, taktlos, überheblich, feige, unaufrichtig...

Und »Draußen nur Kännchen« hätte sie niemals akzeptiert.

Fünfzig wird er dann sein. Nein. Ganz sicher nicht! Ein ganzes Kännchen will er nicht, steht auf, schlendert weiter, kauft sich an der Ecke Joachimsthaler eine Laugenbrezel.

Über ein Jahr hat er nicht mehr an dem Brief geschrieben, hat ihn einmal sogar von der Festplatte gelöscht, dann aber wieder aus dem Papierkorb zurückgeklickt. Er beschließt, heute noch weiter zu schreiben.

Ein Gewitter zieht auf. Das zweite an diesem Tag. Oder ist es ihm hinterher gezogen? Er wittert den Urin der U-Bahntreppe, als er gerade das letzte Stück Laugenbrezel zermalmt und zwei gediegene Herren in einem Hauseingang bemerkt. Beide haben Gesichter, die sich nie über einen hupenden Verkehrsteilnehmer ärgern. Hermann gönnt den beiden ihre Zufriedenheit und überlegt, dass Zufriedenheit und Wohlstand und Ansehen sich zum Gegenteil eines Teufelskreises zusammenfügen, zu einer Art Engelskreis. Wie beim Flippern: Je mehr Punkte man hat, desto mehr kriegt man dazu.

Und als er dann an seinem Briefkasten vorbeigeht, liegt darin, ordentlich zusammengefaltet, sein dunkelgraues Hemd, das SIE nachts bei ihm getragen und das er ihr überlassen hatte. Hermann steigt damit nach oben. Hat sie es absichtlich nicht gewaschen? Er hält es vors Gesicht gedrückt, alle acht Treppen hinauf. Und der Geruch, dieser feine, noch warme Geruch nach Nussblättern, Kornblumen, braunem Kandis und Bitterklee ist ihre wohl erste wahrhaftige Hingabe.

32 | DIE ENTSTAUBTEN SINNESORGANE DER JUNGFRAU MARIA

Ich musste weg, raus aus meinem Biotop, so schnell wie möglich, nach Süden, mit meiner Tochter.

»Tochter« ist ein ausgewachsenes, hustendes Wort, für ein zartes Mädchen gänzlich unpassend, merkt Hermann beim Vorlesen.

Helen, die mittlerweile ein zweites Kind hat und mit Cord zusammenlebt, verweigerte mir den Wunsch. Ich ließ ein paar Tage verstreichen, bat sie nochmals, aber sie blieb hart, wollte nicht darüber diskutieren, redet auch sonst nicht mehr mit mir, es sei denn sie oder Cord brauchen Geld.

Ich kaufte zwei Last-Minute-Tickets, holte die Kleine vom Kindergarten ab, hinterließ einen Zettel und flog mit ihr nach Griechenland.

»Oh mein Gott!«

Svetlana schüttelt den Kopf, als könne sie dadurch die Verwirrung und den Schauder, der sie befallen hat, abschütteln. »Das ist ja... gruselig!«

»Tja...« murmelt Hermann und legt eine Pause ein – nicht, weil er selbst sie braucht, sondern ihr zuliebe. »Möchtest du etwas trinken? Orangensaft?«

Keine Antwort.

»Kaffee?«

»Nein.«

»Soll ich weiter lesen?«

»Ja. Aber langsamer. Bitte.«

In der ersten Nacht ließ sich ein ganzer Staat unsichtbarer Vampire mit dem Blut meines Kindes volllaufen. Diejenigen, die ein trockenes, reifes Bukett bevorzugten, schwärmten zu mir, ergötzten sich am Anblick des sich selbst ohrfeigenden Wirtes. Ich nahm die Kleine, trug sie in den lichtlosen Waschraum, zugleich das Etagenklo, stellte sie unter die Dusche und seifte sie ab. Zwecklose Maßnahmen. Die kleinen Blut-

sauger tankten auf Vorrat. Erst gegen Morgen fanden wir die ersehnte Schwere und Gleichgültigkeit – zwei oder drei Stunden vor Abfahrt des Busses zum Heimatort meines Vaters.

»Dass dein Vater Grieche ist, hast du damals nie erwähnt!«
»Weil ich es nicht wusste.«
»Und wie...?«
»Meine Großmutter hat es mir erzählt. Auf einem sehr langen Spaziergang, nachdem du mich... Nachdem es mir deinetwegen ziemlich schlecht ging. Schlechter als normal. Ich hatte sie beschworen, mir einen Tipp zu geben, was mit mir los sei.«

Zu niemandem habe seine Mutter ein Wort gesagt. Aus Scham vor der Schande. Auch habe es niemand bemerkt, weil sie gegen Ende des fünften Monats an Gelbsucht erkrankt und bis zum achten Monat zehn Kilo weniger geworden sei. Dann habe, durch Zufall, eine Ärztin sie gesehen und sofort ins Krankenhaus eingewiesen, wo sie bis zur Entbindung geblieben sei. Hermann selbst, ihr erster Enkel, sei am Tag seiner Geburt in ein Säuglingsheim verbracht worden und später dann in ein Kinderheim. Sehr hübsche und gemütliche Heime seien das gewesen. Und seine Mutter habe ihn einmal wöchentlich besucht. Samstagnachmittags meistens.
    Hermann hat sich wieder über den Text gebeugt.

Das Dorf heißt Delvinaki und ist ausgesprochen adrett. Meere und Berge von Bougainvillablüten. Es erinnert mich an die Toskana. Der Vorteil der Toskana gegenüber Delvinaki besteht in den Frauen – in ihrem Vorhandensein. In Delvinaki gibt es keine Frauen, jedenfalls keine zwischen zehn und sechzig. Mein Vater sagte, dies sei der Grund, warum er von dort fortgezogen war und sich – das sagte er nicht – wahllos zu meinem Vater gemacht hat.

Für eine große Persönlichkeit hat er ihn gehalten. Aber mit großen Persönlichkeiten ist es wie mit großen Bildern: Man braucht Abstand, um zu erkennen, dass sie schief hängen. In Wahrheit ist sein leiblicher Vater ein unablässig faselnder Philosoph, der wegen seiner chronischen Nackenschmerzen nicht mehr über den eigenen Mittagsschatten hinauszublicken vermag. Als Gaststudent im gelobten Wirtschaftswunderland nimmt er jubelnd die Defloration eines deutschen Fräuleins vor – Itsy Beetsy, na, was ist denn schon dabei? Ping Pengi und die Los Machucambos spielen den Samba dazu auf. Sucu-sucu. Zwei Wochen später ist seine Leidenschaft erloschen, und Pepita und Negra Maria Esther wiegen ihre Hüften dazu. Und sie? Stark bleiben, sich nichts anmerken lassen. Zu niemandem ein Wort. Nur eine Abschiedsträne, eine kleine, ganz heimlich noch. Tut, als scheine die Sonne ihr ins Auge, lächelt leise, als sei nichts geschehen – une larme aux nuages. In der Musik findet sie Trost, ein gutes Mittel zu verdrängen, zu betäuben, die Wartezeit auszufüllen, die Warterei auf das Schiff, das den einen bringen werde, der sie glücklich machen, ihren Traum erfüllen, ihre Sehnsucht stillen werde. Drei Jahre lang wartet sie. Dann nimmt sie einen anderen. Einen, der Hermann aus dem Heim befreien und sich fortan als dessen Vater ausgeben wird.

Wir spazierten zum Anwesen meiner Vorväter. Ich hatte ein dreihundert Jahre altes, leicht verwittertes Schloss erwartet. Das war es nicht. Auch kein Herrenhaus. Es war nicht einmal eine malerische kleine Villa – nie gewesen. Es ist ein windschiefes graues verfallenes Steinhaus mit einem heruntergekommenen Schieferplattendach. Das einzige was stimmte, war das Alter, weil das bei Häusern nach dem Ableben weiterzählt.

Dafür ist das Dorf drum herum sehr hübsch gewesen. Mitten darin steht eine mehrere hundert Jahre alte Platane, die ein so gewaltiges Ast- und Laubwerk gezeugt hat, dass die halbe Dorfbevölkerung Schutz vor Regen und wohl auch kleinen Bombenangriffen darunter findet. Es gibt viele solcher Platanen in Delvinakion. Die zweitgrößte überschattet ein mit dicken, ungeschliffenen Marmorplatten getäfeltes Plateau vor einer marmornen

Mauer. Weißer Marmor ist ja nach den Fremdwörtern der zweite Exportschlager der Griechen, und Hermann ist sich darüber klar geworden: Nur weil die Transportkosten des Marmors viel höher sind als die der Wörter oder des Retsinas, ist Marmor anderswo so teuer. Das besondere an der Marmormauer ist deshalb nicht das Material gewesen, sondern die drei konservendosengroßen Löcher darin, aus denen seit Jahrhunderten ein süßliches, eisgekühltes Quellwasser heraussprudelt – wie aus einem Hydranten in einem New Yorker Sommerfilm, nur dass hier keine Kinder plantschen und auch keine Blusen durchsichtig werden.

Der einzige Ort, wo der Menschenmangel niemanden deprimiert, ist der Friedhof: Eine helle, freundliche, von andächtigen Zypressen bewachte Versammlungsstätte vieler friedlicher, vor allem vieler Menschen. Eine gute Kulisse für Liebesszenen, Heiratsanträge, Agentenaustäusche, Intellektuellendispute, Eltern-Kind-Versöhnungen... Die positive Allround-Location schlechthin.
   Ich verballerte fünf Filme.
   Tags darauf nahmen wir die Fähre zur nächstgelegenen Insel, die eigentlich umständlich Kérkira heißt, weshalb das Ausland sie in Korfu umgetauft hatte. Ich war bisher immer dagegen, dass die Ausländer Cologne zu Köln und Monaco di Bavaria zu München sagen dürfen. Wir sagen ja auch

nicht Gute Luft zu Buenos Aires oder Nieder-Neustadt zu Nizhnij Novgorod, aber jetzt bin ich dafür.

Im Fensterglas spiegelt sich der glatte Ozean. Ein Cocktail aus adriatischem und ionischem Meerwasser – tiefanthrazit. Dahinter durchschneidet eine Hand mit kraftvollen Gesten die Rauchschwaden des Salons – südländische Betonungen dessen, was ich nicht höre und auch gar nicht verstünde, wenn ich es hörte. Es ist warm. Am Kiel unserer Stahlfähre schäumt die See, als schwitze sie ein wenig unter der kunstlosen Last ihres Reiters. Es ist früher Abend. Die Fähre ist beinahe menschenleer. Ein paar ältere Damen im Gespräch, ein Liebespaar, ein Geschäftsmann, Zeitung lesend, ein rauchender Steward. Große Nasen. Alles stimmt. Ein bald vierjähriges Mädchen mit silberblonden Locken turnt an den Pullmannsesseln. Nicht weit von hier hat ihr Großvater seine Kindheit und Jugend verbracht. Keiner der Passagiere hat eine Ahnung davon.

Ich sitze im weißen Oberhemd auf dem Zwischendeck, spähe hin und wieder durch die Scheibe, vergewissere mich, dass mein Kind nicht abgestürzt ist, lasse mir die Sonne auf den Rücken scheinen und schreibe Dir meine Eindrücke auf, weil ich nicht weiß, wem ich sonst schreiben soll. Du würdest diese Passage genießen, würdest die ganze Zeit diese Idylle belächeln, dieses Geschenk, würdest von Zeit zu Zeit lachen, auflachen, einfach so.

Wir suchten uns ein Hotel am Strand: Kieselsteine, so weit das Auge reicht, Milliarden und Abermilliarden bunter Kiesel. Der Wind wird noch Jahrtausende brauchen, bis er die alle zu Sand zerrieben hat. Nora machte das nichts aus, machte sich sofort daran, sie aufzusammeln – für ihre Mama.

Abends sitze ich auf dem Balkon unseres Hotelzimmers, lasse mich vom Zephir umgarnen, trinke Lutraki aus himmelblauen Plastikflaschen, die mich an Turbolader oder Turbinenmodule erinnern, und versuche, die griechische Folklore aus der Hotelbar vom Jodeln aus den BMW-Cabriolets unserer türkischen Stadtsöhne zu unterscheiden. Mein Vater besteht darauf, dass die Türken fast alles von den Griechen geklaut haben, sogar Döner Kebabs. Die Russen übrigens auch: Buchstaben, Friedhöfe und so weiter. Das mit der Musik war mir neu, und unverständlich. Ich persönlich hätte sie nicht geklaut – alles andere ja, aber nicht die Musik…

Das Heimweh, das mich hier jeden Abend anfasst, habe ich mit dieser Wucht, diesem Drang noch niemals erlebt. Nichts von all dem, was Millionen von Menschen immer wieder in den Süden zieht, kann ich genießen. Die Sonne tut mir Gewalt an, ich bin die ganze Zeit auf der Flucht vor ihr. Die schönen Frauen, die am Strand mit meiner Tochter flirten, sind mir allesamt fremde, seelenlose, künstliche Gestalten. Die prallen Kirschen vom Markt, die saftigen Pfirsiche, die Pistazien und Muscheln – Nahrung, nichts weiter.

Heute haben wir eine kleine orthodoxe Kirche besichtigt, in der es angenehm kühl war. Ein schwarzes, gebeugtes Mütterchen zielte mit dem Schlauchende eines uralten Hoover-Staubsaugers in die Ritzen und Kerben einer bronzenen Jungfrau Maria. Gleich am Eingang war ein Sandkasten aufgebahrt – gespickt mit strohhalmdürren Kerzen. Ich lud Nora ein, eine Kerze anzuzünden – für einen Menschen, dem sie Gutes wünsche. Sie war über diesen kultischen Akt hocherfreut und sprach ohne zu zögern ihren Toast aus – »Für Mama«. Nachdem auch ich eine angezündet hatte, fühlte ich mich besser. Die Kleine nickte – »Für mich, Papa, stimmt's?« Ich wurde verlegen. Das war nicht der Ort, nicht die Situation, in der man flunkert. Ich beeilte mich, das Versäumnis nachzuholen, weshalb sie darauf bestand, ebenfalls einen zweiten dieser magischen, mageren Wachsstäbe in den Sand zu pieksen. Ich untersagte ihr dies, um eine Inflation zu vermeiden. Sie fühlte sich um einen Engelsdienst betrogen – zu Recht. Aber es gelang mir, ihren Groll mit einem Armband aus violetten Plastikperlen wenn auch nicht in Dankbarkeit zu verkehren, so doch zu besänftigen.

»Weißt du, was ich glaube, Hermann?«

Natürlich weiß Hermann es nicht. Aber ihrem Gesichtsausdruck nach ist es etwas ziemlich Schweres, Bedauerliches. Wahrscheinlich hat sie genug und will ihm das nun in einem Anflug von Mut und Aufrichtigkeit mitteilen: Hermann, ich habe Heimweh, lass mich gehen.

»Ich glaube, du bist ein guter Vater. Ein sehr guter Vater!«

Sie hat jedes einzelne ihrer letzten Worte betont. Und niemand, nicht einmal Hermann, nicht einmal ZWEI Hermänner, hätten in diese Äußerung auch nur noch ein Spurenelement Falschheit hinein deuten können. Der Mensch, der das gesagt hat, meint, was er gesagt hat, mit jeder Faser seiner Lumbalzellen, mit jedem Newtonmillimeter seines Kraftfeldes. Kein doppelter Boden, kein Trick, kein Zweifel.

Nachdem Hermann diese Dimensionen erfasst hat, sieht er manche Szenen, die sich zwischen ihr und ihm in den vergangenen Tagen und Nächten abgespielt haben, in einem anderen Licht, seufzt, stellt eine seltene Deckungsgleichheit seiner verschiedenen Rollen fest und wundert sich kein bisschen, als Svetlana plötzlich aufsteht und sagt, dass es an der Zeit sei, einander zu umarmen.

Herrje, fühlt sich das gut an: So fest zu drücken, wie man selbst es liebt, so lange festzuhalten, wie man will, alles sagen, flüstern zu dürfen, und es nicht zu müssen, alles tun zu können, tanzen, singen, und zu wissen, dass es niemand sieht oder hört. Niemand!

»Und jetzt darfst du mir einen Kuss geben.«

Sie hält ihm die Wange hin.

»Hierhin bitte.«

Hermann kommt der Aufforderung nach. Unwillkürlich. Er hat sich nicht einmal die Zeit genommen, seine Lippen zu befeuchten oder zuvor weich zu beißen, und er schämt sich ein wenig dieses übereilten, trockenen, unfertigen, ungeübten Kusses.

»Brav!«

Die Beküsste lächelt, und in ihrem Lächeln zuckeln erstaunlich viele Spielarten von Verschmitztheit hin und her. Dann deutet sie mit dem Zeigefinger auf ihre andere Wange.

»Und hier bitte auch.«

Hermann gehorcht.

»Schon besser! Und jetzt hier.«

Diesmal küsst er den Kuss eines Connaisseurs. Weich und warm und luftdicht. Und sein Mund hebt sanft von ihrer Stirn ab. Und unverzüglich trocknet er mit seinem Handrücken den Speichelfilm ab, den der Saugnapf auf ihre Haut gehaucht hat. Hermann erachtet dies als einen Service, den eine Dame bei jedem erfahrenen Galant durchaus als selbstverständlich voraussetzen darf.

»Hm. Sehr schön!«

Er lässt es einen Moment lang geschehen, dass sie ihn betrachtet und seine Wange streichelt. Dann nimmt er ihre Hand, um sie zu drücken.

Grotesk, dieses Bedürfnis, jetzt eine Zigarette rauchen zu wollen.

33 | ARBEIT MACHT FREI

Helen erwartete uns in Tegel. Sie sagte, nachdem sie ihr Kind ins Auto gerettet hatte, dass ich von ihr höre, mehr nicht.

»Das kann ich ein wenig nachvollziehen!«

Ich fuhr gleich weiter, zu Adrian aufs Schloss, um die Fußböden des Westflügels aufzustemmen und neu zu betonieren. Die Arbeit befreite mich vom Denken und hatte den Nebeneffekt, dass ich gesund lebte. Mein Körper war eine Baumaschine, die sich täglich durch eine modernere, leistungsfähigere ersetzte. Vier Liter Schweiß kann so eine Maschine in einer Stunde abgeben – bis zu fünfzehn Liter pro Tag.

Mit einem der letzten Spitzhackenhiebe stieß ich auf einen vergessenen Aufzugschacht.

Ich wusste noch im Fallen, in diesem endlosen Fall, in dem einem so vieles noch durch den Kopf geht, dass ich das Stellenangebot des Poliers, der mir Radlader und Zementmischer ausgeliehen hatte, auf jeden Fall würde ablehnen müssen.

Das Merkwürdige an dem Unfall waren die Gedanken, die sich mir aufdrängten, als ich im Kellergewölbe auf den Steinplatten lag: Dass es eine Bestrafung war. Dass ich mich selbst bestraft hatte. Mit einem Stein, der zu schwer gewesen wäre, ihn mir selbst aufs Rückgrat zu werfen.

»So ein Quatsch! Du wusstest doch gar nichts von diesem Schacht. Wie kannst du dich da selbst bestrafen? Es war ein Unfall, mehr nicht!«

»Das hatte ich früher auch behauptet.«

Keine Spur von Überheblichkeit. Hermann ist von dem, was er sagt, überzeugt.

»Du glaubst also, dass dein Unterbewusstsein den Fahrstuhlschacht erfühlt hat, seinem Kollegen, dem Bewusstsein, dies aber absichtlich verschwiegen hat, um dich für die Entführung deiner Tochter zu bestrafen?«

Genau genommen ist es nicht die Entführung des Kindes, sondern die Ermordung einer Ratte gewesen...

Adrian hatte erzählt, Ratten seien schädlich, weil sie Löcher in die Getreidesäcke nagen. Es sei jedoch schwierig, ihnen beizukommen. Die bewährteste Methode sei die, ein Exemplar zu stellen, auf möglichst grausame Weise vom Leben zum Tode zu befördern und den geschundenen Leichnam dort zu platzieren, wo ihm die Artgenossen über den Weg laufen. Das wirke so abschreckend, dass die ganze Sippe für immer fortziehe.

Und dann spaziert seelenruhig die alte Ratte an ihm vorbei. Hermann wirft drei oder vier schwere, scharfkantige Bruchsteine nach ihr. Ihr Rückgrat wird zerschmettert. Sie krault weiter, versucht, sich in Sicherheit zu bringen – desorientiert wie ein Volltrunkener, der in einer nächtlichen Fußgängerzone den Laternenpfahl anrempelt, um den er einen weiten Bogen machen wollte.

Hermann Strauchler ist über seine Tat und über den Anblick so entsetzt, dass er am liebsten den Notarzt alarmieren würde, aber es gibt kein Zurück. Das Massaker, das er angezettelt hat, muss beendet werden. Und so stößt er der Kreatur mehrmals die Schaufelkante ins Genick – und wähnt sich plötzlich auf einem grauen Schlachtfeld mit dem Bajonett über einen röchelnden Soldaten gebeugt. Es dauert lange, bis das Säugetier endlich aufhört zu zucken und mit weit aufgerissenem Spitzmaul immer wieder nach Luft zu ringen.

Er schaufelt die Wackere zwischen die Getreidesilos, sieht sich nunmehr als Befehlshaber eines siegreich geschlagenen Scharmützels und erstattet seinem Feldherrn ausführlichen Bericht. Adrian aber regt an, man solle die Ermordete doch lieber bei Gelegenheit entsorgen. Und wenn Graf Adrian von Tunder ten Tronk »Bei Gelegenheit« sagt, dann meint er »augenblicklich«. Raucht man vor Ausführung einer solchen Anordnung erst noch eine Zigarette, läuft man Gefahr, dass er sie kurzerhand selbst befolgt, sich danach seiner Ungeduld schämt und abends Champagner spendiert.

Wird Svetlana das Selbstbestrafungsprinzip akzeptieren, wenn er ihr den Rattenmord beichtet? Wohl kaum.

»Ich glaube, dass hinter allem eine Absicht steckt.« antwortet er. »Je älter man wird, desto virtuoser prägen sich unsere Fähigkeiten aus, Dinge, Situationen, Menschen, Gesten, Geruchsmoleküle, den geringsten Laut, das nebensächlichste Zucken einer Miene, zu erfassen, einzuschätzen. Mit einem kurzen Blick, mit einer einzigen, leichten Berührung, mit dem geringsten Aufwand an Rezeption. – Wenn man auf eine Bananenschale tritt, muss sie vorher im Blickfeld aufgetaucht sein, Punktum. Rutscht man darauf aus, dann tut man es absichtlich.«

»Um sich selbst für irgendetwas zu bestrafen?! Entschuldigen sie bitte, Professor Strauchler, aber das…«

»…flößt einem Angst ein, ich weiß. Denn damit wird jedes ›Tut mir leid‹ zur Floskel.«

»Und worin besteht der Vorteil dieser Philosophie?«

»Dass man sich bei jeder noch so zufällig oder versehentlich erscheinenden Handlung darauf verlassen kann, unterbewusst einen bestimmten Zweck zu verfolgen.«

»Du scheinst dir deiner Sache sehr sicher zu sein.«

»Yes.«

»Was ist mit Kindern?«

»Kinder werden von anderen bestraft.«

»Wie auch immer.«

Ihre Augen fixieren den weißen Quader unter Hermanns Fingern.

34 | WIEDERSEHEN IM SPIEGEL DES SCHWABINGER SCHUHGESCHÄFTS

Ich habe jetzt viel Zeit und brauche mich um nichts mehr zu kümmern. Adrian hat eine Krankenschwester eingestellt, die für mich sorgt, nur für mich. Sie ist sehr zuvorkommend und wurde, wie fast alle Gäste hier, schon nach wenigen Tagen in den Kreis der Freunde aufgenommen. Deshalb kann ich jetzt unsere Geschichte weitererzählen.

»Na, da bin ich ja mal gespannt.«

Du warst weg. Bei Nats Eltern.
Das Schuhgeschäft, in dem ich Dich wiedersah, war in der Nähe der Universität.
Du standst mit dem Rücken zu mir. Vor einem Spiegel, der für ein Schuhgeschäft unnötig hoch war, und ahntest nicht, dass ich hinter Dir stand, etwas tiefer als Du.
Ich stand zweimal da. Einer von mir forderte mich auf, weiterzugehen, erst sanft, dann nachdrücklich, beschwörend, das Unglück könne nur größer werden. Der andere blieb stehen. Bis Du mich sahst, erkanntest.

»Oh mein Gott!« Svetlana hat ihre Augen weit aufgerissen. »Was für eine Situation!«

Es war Mittag. Ein schöner Frühlingstag. Ein schöner Zufall. Du sagtest die Fortsetzung eines Repetitoriums ab, das Du zur Mittagspause verlassen hattest.

Wir verbrachten den ganzen Nachmittag zusammen, und den Abend. Und den Auftakt der Nacht. Wir gingen fast sämtliche Wege des Englischen Gartens ab. Saßen in einem Café an der Münchner Freiheit. Ich scherzte, Du lächeltest. Du sagtest: »Ich begehre dich«. Wie heißt es so schön: So spielt der Wahnsinn lieblich mit den Schmerzen.

(Ich habe das Wort im Wörterbuch nachgeschlagen. »Begehren« setzt voraus, dass der Seele etwas mangelt. Es ist eine leidenschaftliche Gemütsbewegung, eine heftige Gemütsneigung, es bedeutet »leiden«.) Und wir hatten eine ziemlich verbindliche Verbindung mit unseren Augen und Händen, als Du das sagtest. Es bestand also kein Anlass, an irgendeinem Aspekt deines Satzes zu zweifeln. Nicht nach über einem halben Jahr der Trennung. Und ich sah Zweifel in Dir aufglimmen, Zweifel zu meinem Vorteil, einen zumindest – ich würde nicht beschwören, dass es zwei waren.

»Ich habe garantiert nicht gesagt, dass ich dich begehre«, korrigiert Svetlana ihren Biographen. »Nicht in dieser Situation.«

»Wie du meinst«, murmelt Hermann lächelnd, ehe er den nächsten, bereits überflogenen Satz vorliest.

Du würdest das wahrscheinlich nicht zugeben, aber es war auch gar nicht maßgeblich, was Du sagtest. Das Entscheidende waren Deine Blicke und Berührungen, Dein sicherer Geruch, Dein Atem an meiner Schläfe...

»Das steht da nicht!«

Svetlana steht auf, nimmt Hermann den Zettel aus der Hand, überfliegt das Geschriebene, bis sie die fragliche Stelle wider Erwarten gefunden hat und stößt einen Rest Bauchluft durch die Nase aus.

»Was stört dich so daran?«

»Ich weiß nicht. Wahrscheinlich die Konsequenz, eine Schlampe zu sein... Oder geistesgestört wie diese Diskoqueen mit der Nummer Neunhundertirgendwas.«

»Du bist keine Schlampe«, versichert Hermann, während er das Blatt auf den Stapel legt. »Und auch mit Sicherheit nicht geistesgestört.«

»Sondern?«

Früher wäre dieses »Sondern« koketter ausgefallen, denkt Hermann und rekapituliert innerlich einen der Dialoge, die ihn immer wieder wie Phantomschmerzen heimgesucht haben – manchmal mitten im Stadtgewühl: Sag mal, mein Lieber, was bin ich eigentlich für dich? – Und was noch? – Sehr gut! Und? – Ja, das hört sich richtig an! Weiter bitte! – So, so! – Das will ich meinen! – Das finden die anderen auch! – Woher weißt Du das? – Sehr nett, und jetzt...

»Sondern?«

»Das lässt sich nur schwer mit einem Wort beschreiben.«

»Dann versuch es doch mit zweien oder dreien. Oder hundert.«

»Genau das tue ich hier.«

Feixend zitiert sie das Confiteor der katholischen Messe und setzt sich wieder in ihren Sessel.

Dann der Exodus. Der dritte Aufzug eines zweiaktigen Schauspiels, die Zugabe. Wir folgten ausschließlich hedonistischen, eudämonischen Prinzipien. Wir hielten an einander fest, wollten uns bald wiedersehen, und dann wieder und wieder. Die Verabschiedung fiel mir leicht.

Zwei Tage später riefst Du mich an, wie wir es verabredet hatten. Bedauertest, dass wir uns nicht mehr sehen können. Nathanael habe es Dir untersagt – oder sagtest Du »verboten«? Jedenfalls tatest Du, was ER sagte. Damit erlaubtest Du einem Fremden, mich in meiner intimsten Welt zu maßregeln. Du hättest es zu Deiner Entscheidung machen sollen. Das war es. Das war der springende Punkt.

Hermann wirft seiner Zuhörerin einen verstohlenen Blick zu. DER SPRINGENDE PUNKT. Ob sie weiß, dass dieses Idiom auf einer Feststellung des Aristoteles beruht, der von einem frisch gelegten Hühnerei einen Teil der Schale entfernt und seinem Schüler, Alexander dem Großen, anhand des hin und her springenden Herzens die Wirklichkeit erläutert hat? »Siehst du, Alexi«, hat er vielleicht gesagt, »nur darauf kommt es im Leben an!« – Er verzichtet darauf, sein Wissen kund zu tun, will nicht altklug erscheinen.

Ich reagierte nicht affektiv. Ich reagierte so, wie ein Phantompilot reagieren würde, dessen Bordinstrumente ausfallen, dessen Maschine ins Trudeln gerät, der kurz davor ist, die Besinnung zu verlieren, und der das nicht tut, weil er es Hunderte von Malen blind geübt hat, weil er zur Elite gehört. Auch ich hatte das Hunderte von Malen geübt. Ich konnte das im Schlaf, ich war damit aufgewachsen. Auch ich gehörte zur Elite.

Ich blieb ruhig, griff nach der Sauerstoffmaske, presste sie auf mein Gesicht, öffnete den Hahn, atmete mehrmals tief durch, entsicherte den Schalter für den Notausstieg, sprengte das Cockpit auf, zündete den Katapultvorgang und verließ meine Hülle, mein Wunderwerk der Technik, ließ alles abstürzen, vernichten, was die menschliche Zivilisation nach Tausenden von Generationen an oberster, vorderster Spitze errungen hatte.

Man möchte dem, den man liebt, gern das Beste oder, wenn das nicht geht, das Schlimmste antun. Der Erfinder dieses Satzes hatte Recht. Du solltest fühlen, was ich gefühlt hatte. Ich forderte eine letzte, kurze Begegnung, um einan-

der Lebewohl zu sagen, wann immer und wo immer es Dir recht sei. Nur für eine Stunde, auf einen Kaffee.

Mir war elend. Vielleicht, weil ich wusste, dass ich Dich für immer verlieren würde. Oder weil ich mich zu schwach fühlte, zu klein, diese Mission zu erfüllen, dieses Exempel zu statuieren, die Bestrafung durchzuführen, für die ich mich verantwortlich fühlte. Wer, wenn nicht ich, sollte Dich wachrütteln, Dir zeigen, was Du angerichtet hattest, Dir klar machen, ein für alle Male, dass das nicht geht, dass man so etwas nicht tut – nicht ungestraft, nicht bei uns, nicht in der Zivilisation?

Du kamst zu mir. Wir redeten. Vorwürfe meinerseits. Die Einzelheiten dieser Phase sind verdrängt. Ich wollte es hinter mich bringen, will es auch jetzt hinter mich bringen, diesen letzten Abschnitt.

Meine Vorwürfe waren hart, wurden härter. Du machtest mir das leicht, widersprachst mit keinem Wort, machtest Anstalten, Dich zu verabschieden. Aber da war es längst zu spät. Ich sagte – an diese Einzelheit erinnere ich mich unfehlbar – »Du gehst nirgendwo hin.«

Hermann massiert die Sattellage seines Nasenbeins, die Jochbeine, die Stirn und den Nacken und wirft einen Blick auf die goldene Armbanduhr seines Großvaters, die nicht nur die Zeit misst, sondern auch die Gemütsverfassung: Sitzt sie fest am Handgelenk, geht es ihm nicht schlecht, schlabbert sie, geht es ihm nicht gut. Dreiundzwanzig Stunden noch. Wenn die Uhr dann aus irgendeinem Grund nicht mehr funktioniert, werden sie den Augenblick verpassen. –

Der letzte Tag

Der Morgen des letzten Entführungstages bringt unerwartet viel Schnee.

Als Hermann an diesem Morgen traumlos aufwacht, sieht er Plastikbestecke, weiß. Teller desselben Materials und derselben Farbe. Baguettekrümel, große und winzige, zu gleichen Teilen auf und neben den Tellern ruhend. Er sieht das fein genoppte Anstandsärmchen eines lilafarbenen Achtfüßlers, der besser Achtärmler hieße. Ein paar dunkelgrüne Salatfetzchen kleben am Rand einer weißen Plastikschüssel, werden umständlich abzuwaschen sein. Anstelle zweier Weingläser: Zwei Blechbecher. Eine Thermoskanne anstelle einer Weinflasche.

Und dann sieht er ein Augenpaar, das er, so sein erster Eindruck, noch nie gesehen hat.

Svetlana, den Kopf aufgestützt, beobachtet dies. Und auch, dass der Blick des Beobachteten über den zarten Sechstageschatten ihrer Achselhöhle zum Ansatz ihrer Brust wandert, die sich mit Gänsehaut überzieht.

Aus Hermanns Sicht ein erfreulicher und zugleich irritierender Anblick.

Die Sabinerinnen, von den Römern geraubt, haben das Vorbild geprägt…

Mitten in der blutigsten Schlacht stellen sie sich in die Flugbahn der Geschosse, um die Wütenden zu scheiden. Hier die Väter, dort die Männer anflehend, sich nicht mit dem Blut des Schwiegervaters, des Schwiegersohnes zu bespritzen. Es wird still. Dann treten, einen Vertrag zu schließen, die Generäle vor und machen einen einzigen Staat aus zweien.

»Guten Morgen.«

Hermann weiß nicht mehr, auf welcher Seite er steht. Undeutlich wird ihm bewusst, dass völlig neue Einflüsse in ihm walten. Er lächelt reflektorisch und trägt seinen Teil zum morgendlichen Konversationsritual bei.

»Was denkst du?«

»Es ist nicht sehr originell. Aber du bist…«

Hermann sieht, wie seine Hand, ohne dass er es befohlen hat, sich von der Bettdecke löst.

»…ein schöner Mensch. Ich meine: eine unbeschreiblich schöne Frau.«

»Doch, doch. Das ist sehr originell, mein Lieber. Es gibt für eine Frau nichts Originelleres.«

Ihre Stimme wirkt gedämpfter.

»Das war aber nicht alles. Was hast du noch gedacht?«

Ihr Arm ist weiß und glatt mit schmalen Handgelenken. Es heißt nicht zufällig die Hand und der Arm. Der Arm ist gefühllos und unflexibel, aber stark und weitreichend. Die Hand sensibel und geschickt, aber schwach und räumlich beschränkt. Ohne den jeweils anderen wären sie beide nichts. Sie ergänzen einander perfekt und könnten doch niemals miteinander tauschen.

Hermann ist von seiner eigenen Metapher beeindruckt.

»Was machst du dir schon wieder für schwere Gedanken? Heute ist Silvester! Und sieh mal, wie es schneit!«

35 | Sag nein

»Café au lait?«

»Und ein frisches Croissant bitte!«

»Tout de suite, Madame!«

»Ca va prendre combien de minutes?«

»Je crois que...« Hermann lacht. »Ich werde brauchen moins de cinque minutes.

»D'accord, je vais attendre ici.«

Mit flinken Handgriffen wird die Herstellung des Milchkaffees eingeleitet, die Reste des Abendessens vom Tisch geräumt, der Pyjama durch Cordhose, Oberhemd, Strümpfe, Schuhe und Pullover ersetzt. Beiläufig angelt Svetlana daraufhin ihren Schlafanzug vom Boden, um gleich darauf in ein versonnenes Nichtlächeln zu versinken. Hermann ertappt sie dabei, als er ihr den Becher hinhält.

»Bedauerst du es, dass wir keinen Spaziergang machen können?«

»Können wir nicht?«

»Wie? Meinst du, der Bruch ist schon verheilt?«

»Das geht bei jüdischen Frauen ganz schnell. Meinetwegen können wir sofort los.«

Hermann überlegt.

»Nein. Lass uns erst die... geschäftlichen Angelegenheiten hinter uns bringen. Wie wär's, wenn du noch ein bisschen liegen bleibst, während ich vorlese?«

»Oh mein Gott!«

»Was denn?«

»Ich glaube, ich fürchte mich ein wenig davor, dass es bald zu Ende sein wird!«

»Was?«

»Deine Vorlesung!«

»Ja. Ich auch. Aber es wird jetzt ein bisschen... Na ja, du weißt ja, was jetzt kommt.«

Zum voraussichtlich letzten Mal streckt Hermann sich nach der Fotoschachtel, hebt das obere Zehntel des Papierstapels heraus, rückt den Stuhl ans Bett, setzt sich, legt seine Füße auf der Bettkante ab, blättert die richtige Seite auf und beginnt seine letzte Lesung mit einem tiefen Seufzer.

»Du gehst nirgendwo hin!« Diesen Befehl, diese Prophezeiung kann ich nicht vergessen. Als ich es sagte, war es bereits geschehen. Unsere Verbindung brach ab. Die Linien, die der Pflug böser Visionen in ein Porträt eingräbt – sie zogen sich kreuz und quer über Dein Gesicht. Ich legte Musik auf, falls es Dir einfiele zu schreien. Du schriest aber nicht. Wehrtest Dich auch sonst nicht, hobst einmal nur, als ich Dich davon abhielt, meine Zimmertür zu öffnen, Dein Knie. Es war wirklich nur ein Heben.

Was hattest Du an? Etwas zum Knöpfen? Vergessen. Sagtest Du etwas? Weintest Du? Ich meine mich zu erinnern, dass einmal Tränen aus Deinen Augenwinkeln traten. Verdrängt. Jedenfalls warst Du irgendwann weitgehend nackt, lagst auf dem Rücken.

Mit Fotos von Frauen, denen eine Vergewaltigung unmittelbar bevorsteht, ließen sich Preise gewinnen, Höchstpreise erzielen. Da ist fast alle Eitelkeit ausgemerzt, und auch alle Überheblichkeit – alles, was Männer beunruhigen könnte.

Ich meine, etwas gesagt zu haben. Aber was? Dass Du es Dir doch einmal gewünscht habest – von mir vergewaltigt zu werden? Dass es keinen Zweck habe, sich zu wehren? Dass ich notfalls Gewalt anwenden würde? Hätte ich es getan? Hätte ich Dich geschlagen? Ich glaube es nicht gern, aber ich glaube: Ja. Zu diesem Zeitpunkt wäre ich noch dazu bereit gewesen. Und war doch froh, dass es nicht geschah – bin es immer noch. Dann die Antwort auf eine Frage, die ich mir wohl manches Mal gestellt hatte: Wie kann ein Mann erregt sein, der so etwas tut? Gar nicht. Er muss trennen. Muss die Realität seiner eigentlichen Mission ausknipsen und etwas anderes an – vielleicht seine Fantasie. Du höhntest, lachtest mich aus, wecktest meinen Ehrgeiz.

Es zählt zu den bemerkenswertesten Gesetzmäßigkeiten zwischengeschlechtlicher Begegnungen, dass eine Maßnahme, die Lust ins Erhabene, Überirdische steigern kann, dass exakt dieselbe Maßnahme allerbestens geeignet ist, das Erlebnis der Unlust bis zum Selbstekel zu vertiefen. Ich meine die Penetration. Das Zünglein an der Waage dieser Begegnung ist das, worum es hier geht: Gewalt. Und wer weiß, vielleicht ist ja die Bereitschaft zur Gewalt nicht mehr und nicht weniger als ein furchtbarer Zwang, der den Gewalttäter befällt, eine schreckliche Krankheit, so unerträglich, dass der Befallene, um zu überleben, einen Teil seines Schmerzes auf fremde Körper übertragen muss.

»Sag Nein, und ich höre sofort auf. – Nur dieses eine Wort – Nein – dann lasse ich dich gehen.« Ich bot Dir mehrmals an, sofort aufzuhören, zwei- oder dreimal, mit größerem Abstand dazwischen, mehreren Minuten. Du sagtest nichts. Und bis vor Kurzem war ich mir noch sicher, dass

ich es laut genug gesagt habe. Jetzt erst tauchen Zweifel auf, ob Du mich überhaupt gehört, verstanden hast – denn man fragt ja wohl beim Sterben nicht nach, weil man das Gefasel seines Mörders nicht verstanden hat: Entschuldige bitte, was hast du gesagt? Du sagtest nichts.

Ich habe nachgesehen: Das Penetralium ist das Innerste, Heiligste eines Hauses oder Tempels. War es umständlich, dahin vorzudringen? Ich meine nein. Ich meine, mich zu erinnern, dass Deine Pforten offen standen.

Woran ich mich deutlich erinnere: Dass Du schließlich auf dem Bauch lagst, mit übereinander geschlagenen Fußgelenken und ausgestreckten Armen – wie Jesus am Kreuz. Ich war das Kreuz. Ich legte meinen Kopf neben Deinen. Du wandtest mir Dein Gesicht zu, Deinen halb geöffneten Mund. Von Deiner Stirn tropfte Schweiß aufs Laken. Ich küsste Dich. Ich glaubte, Du wolltest das, glaubte, dass Du mir deshalb Dein Gesicht zugewandt hattest, jedenfalls waren Deine Lippen sehr entspannt.

Einmal, an einem Sonntagmittag, ich saß auf meinem Balkon, brach ein Bussard in den Hinterhof ein, schlug eine Taube, war aus heiterem Himmel hinunter gestoßen. Fünf bis sieben wuchtige Schläge für den Rückzug. Geordnet, gewaltig. Zwei der anderen, überlebenden Tauben kippten von ihren Fenstersimsen vornüber in die Tiefe – einfach so, zu Tode erschrocken. Das wurde auch so eine Sequenz, die sich immer wieder vor meinen Augen abspielte.

Du zogst Dich an, starrtest gegen die Wände, wolltest weg, nichts als weg. Ich begleitete Dich nach draußen, drängelte, zerrte Dich in den alten Mercedes Benz – aus einem Verantwortungsgefühl heraus, aus Sorge, Dich in Deinem Zustand alleine zu lassen. Fuhr Dich nach Hause – zum Amerikaner –, spürte schon auf der Fahrt die Anzeichen jenes Ekels, der mich dann wochenlang nicht mehr loslassen sollte. Die angespannte, ewig vibrierende Oberlippe und die flaue Fäulnis im Magen, spürte diesen ganzen, sich antizipierenden Selbstekel.

Wir gaben uns die Hände, ohne zu sprechen. Wie zwei Geschäftsleute, die sich im großen Stil verkalkuliert hatten. Bei laufendem Motor. Für immer. Sagten nur dieses Lebewohl. Es war das erste Mal, dass ich das sagte, und außerhalb eines Kinos hörte – »Leb wohl«. Das war ich, der das sagte. Und ich hatte den Eindruck, es war zum ersten Mal wirklich ich, den Dein Blick abtastete. Ich las aus diesem Blick, dass Du ahntest, was auf mich zukommen werde.

Die Fahrt zurück fand in einer Art Bewusstlosigkeit statt. Ich fühlte nichts. Erst zu Hause kam ich zu mir. Und dann ging sofort der ganze Komplex auf: Die Nervosität, das Vibrieren der Oberlippe, die immer deutlicher werdende Gewissheit, einen Fehler begangen zu haben. Einen Fehler, der zu einer Kriegserklärung gegen mich selbst mutierte. Nicht stornierbar. Krieg ohne Pardon. Ein verheerender Fehler. Ich hatte mich selbst vergewaltigt. Und es gab niemanden, dem ich mich anvertrauen, den ich um Trost ersuchen, und niemanden, den ich beschuldigen, bestrafen konnte, außer mich selbst. Viele Wochen sollte dieser Selbstekel anhalten. Die ersten fünf bis sieben waren die eigentliche Inkubationszeit. In dieser Zeit nahmen das Vibrieren und die Übelkeit stetig zu. Ich schlich wie ein bösartiges eingefangenes Tier in der Wohnung herum, wollte nicht mehr Hermann sein, nicht mehr ich.

Svetlana klopft das Kissen auf, drückt es gegen die Wand, lehnt sich an, winkelt die Beine eng an und zieht schließlich die Bettdecke über beide Schultern. Hermann reagiert darauf, indem er, seine Füße von der Bettkante nehmend, sich aufrecht hinsetzt und mit dem Weiterlesen wartet, bis sie ihre veränderte Position ganz eingenommen hat.

Ich hatte mir vorher, als ich das Verbrechen plante, keine Gedanken über die rechtlichen Folgen gemacht. Ich tat es nun, aber nur flüchtig, planlos, wirr. Zweifelte keinen Augenblick daran, dass Du die Angelegenheit auf sich beruhen lassen würdest. Ich weiß nicht, warum ich mir dessen so sicher war. Vielleicht, weil ich mir wünschte, dass Du es doch tust: unsere Sache an die Öffentlichkeit bringen. Ich stellte mir die Bestrafung als einen Segen vor, weil sie die Schuldgefühle, dieses lange, dumpfe Vibrieren mildern würde. Die Zweifel, ob ich den Tatbestand der Vergewaltigung, der schweren

Nötigung, wirklich erfüllt hatte, kamen erst später. Ich hatte eine geplant, und ich hatte sie in die Wege geleitet. Aber habe ich sie wirklich durchgeführt? Da es keine Jury gibt, die das entscheiden kann, und da die eigene richterliche Instanz viel strenger urteilt, als jede noch so gnadenlos feministische Richterin geurteilt hätte, lege ich diese Entscheidung in Deine Hände. Nimm diesen Brief als Plädoyer meiner eigenen Verteidigung.

WER EINE FRAU MIT GEWALT ODER DURCH DROHUNG MIT GEGENWÄRTIGER GEFAHR FÜR LEIB ODER LEBEN ZUM AUSSEREHELICHEN BEISCHLAF MIT IHM ODER EINEM DRITTEN NÖTIGT, WIRD MIT FREIHEITSSTRAFE NICHT UNTER ZWEI JAHREN BESTRAFT. Paragraph 177, Absatz 1 des Strafgesetzbuches. Sie hat sich tief in diese Materie hinein gelesen.

Trotzdem würde sie gerne aufstehen, sich hinter ihn stellen und seinen Nacken küssen. Etwas hindert sie daran.

Hermann lässt den Blätterstapel sinken und blickt auf.

Sie hat diese letzte Begegnung in den vergangenen Jahren einige Male ziemlich verklärt.

»Weißt du?...«

Ihre Stimme ist dünn geworden, vorsichtig.

»Manchmal, wenn ich allein war... und mich auch so fühlte, habe ich es mir vorgestellt....«

Sie hadert mit dem Gedanken, es gebe nichts mehr zu verzeihen, wenn man der Tat in der Erinnerung etwas Nützliches beimisst. Versteht nicht, warum er ihr nicht hilft, nicht fragt: Was hast du dir vorgestellt?
Svetlana schüttelt sich, um die Spannung aufzulösen.
»Das war aber noch nicht das Ende?«
»Nicht ganz.«
Hermann erhebt sich, nimmt sich Zeit, manövriert jedes einzelne Holz an eine langwierig ausgetüftelte Stelle und beobachtet zum unzähligsten Mal die Arbeit der Flammen, die in derselben parasitären Symbiose mit den Bäumen zusammenleben wie der Mensch. Sie brauchen den Sauerstoff des Waldes genauso existenziell wie der Mensch und vernichten ihn genauso radikal. Und beide, Mensch und Feuer, nähren den Wald mit ihren Verdauungsprodukten.
Leise klatscht er sich den Holzstaub von den Händen und dreht sich um. Svetlana hockt beinahe unverändert da.
»Ungefähr eine Stunde noch.«

36 | EINREISSENDE JOGHURTBECHERDECKEL

Ich hielt die Zeit für gekommen, meinen Aufenthalt in München zu beenden und an einen Ort zu ziehen, der weniger drückt. Ich entschied mich für Berlin, wegen der großen Spanischen Wand, die Geborgenheit verhieß. Kurz nachdem ich angekommen war, wurde die Wand zusammengeklappt und weggestellt. Cord behauptete, dass die Genossen erwachsen geworden seien und dass die Wand zu niedrig und zu dünn gewesen sei, dies zu verhindern. Jedenfalls seien sie jetzt erwachsen genug, um einzusehen, dass man Ungleichheit und Armut nicht einfach so aus der Welt kritzelt, dass Kultur irgendwie scheiße ist, dass private Katastrophen das einzige sind, was einen weiter bringt, und dass das die Wahrheit ist.

Es war die Zeit der großen Langweile. Die Evolution war bedeutend schneller vorgerückt, als Darwin prophezeit hatte. Die Videoverleihe hatten endlich auch an den Sonntagnachmittagen geöffnet und das Problem der sauber zu öffnenden Joghurtbecherverschlussfolien war beinahe gelöst. Das einzige, was sich nicht weiterentwickelt hatte, war unser großes Lied. Die Hymne auf die deutschen Weine und Frauen. Ausländische Weine hatten den Stolz auf die treuen deutschen Frauen erschlaffen lassen. Man wollte Hoffmans Lied wieder mit Stolz singen, und zwar ganz und so laut, dass der Mond platzt und die ganze Welt aufblitzt. Und alle klatschten Beifall. Und wenn ein Publikum lange genug klatscht, gerät das Klatschen irgendwann synchron, egal wie groß die Menge ist.

Ich selbst lud noch in der ersten Stunde des Geschehens eine Handvoll junger Kellner des Roten Rathauses zu mir nach Hause ein, ließ sie ihre Verwandten anrufen und stellte sie vor die Entscheidung, Orangensaft mit oder ohne Fruchtfleisch zu trinken. Das war sie, die Dekadenz, vor der man sie eindringlichst gewarnt hatte. Und als sie nun zum ersten Mal mit diesem Überfluss konfrontiert wurden, waren sie davon so überwältigt, dass sie lachten und weinten. Und noch während sie das taten und von meinen Säften nippten, bedauerte ich den Verlust der Freiheit, mich irgendwann für die Unfreiheit entscheiden zu können.

Die nächsten Tage sah man Bilder von wahren und tiefen Gefühlen, die einander annäherten. Man sah Tausende von Unterarmen und Händen auf Tausenden von Rücken und Schultern. Und natürlich sah auch ich diese Bilder.

Und dann wollte auch ich wiedervereinigt werden. Und fasste den Beschluss, meinem leiblichen, genetischen Vater vor die Augen zu treten, von dessen Existenz ich erst nach deinem Abgang erfahren hatte. Cord erklärte sich bereit, mich zu begleiten, und so nahmen wir uns am Morgen des vierten Weihnachtsfeiertages vor dem Tränenpalast ein Gas betriebenes Taxi nach Schönefeld, das Cord, noch ehe ich unseren Zwangsumtausch hatte herausreißen können, in Westmark bezahlte, und flogen mit einer kleinen Tupolev in die Stadt meines Vaters.

Hermann nimmt den dünnen Papierstapel in beide Hände, glättet dessen Kanten und liest weiter.

Hellbrauner Cordanzug. Um seinen Hals war anstelle einer Krawatte ein weinrotes Seidentuch gebunden. Er blickte mich erst freundlich und ruhig und dann stolz an und sagte: »*Ich bin dein Vater.*« *Da stand er, der Kerl, der vor sechsundzwanzig Jahren meine Mutter geschwängert hatte. Aus einer unbedingt naturverbundenen Laune heraus, wie er uns, meinem Freund und mir, noch auf der Fahrt zum Hotel versicherte. Und: weil es eine Sünde gewesen wäre, die Einladung einer so schönen Frau auszuschlagen. (Natürlich hatte auch er Katzantzakis gelesen, verinnerlicht.)*

Mit einem der ersten VW-Käfer, die von einem deutschen Fließband gerollt waren, fuhren wir quer durch die Stadt. Cord staunte über die kyrillischen Buchstaben auf denselben Werbeplakaten wie bei uns. Über die Massen von deutschen und französischen Autos, die aus allen Richtungen wie Wespen zentimeterdicht an uns vorbeiflitzten, und deren Hupen fröhlicher klangen als bei uns. Wir sahen Legionen von schönen Frauen, die allesamt zu hüpfen schienen. Das war meine Stadt. Und der Mann, der sich hupend und mit den Beinen arbeitend, als säße er in einem Tretboot, seinen Weg durch sie hindurch bahnte, hatte mich auch um sie betrogen. Aber ich hegte keinen Groll gegen ihn. Er hatte den Schalk im Nacken, und das begeisterte mich. Bedauerlich war nur, dass er ihn, wie damals mich, zu verleugnen schien.

Es war ein besonders milder Winter, und als wir aus dem Auto stiegen, atmeten wir die warme, frische Luft ein, die wie Blumensträuße vom Meer in die Stadt getragen wurde und erlebten die Genugtuung, dass sich unsere Investition jetzt schon amortisiert hatte. Wir bezogen Zimmer Nummer 404 einer Pension namens Hotel Afroditi in der Odos Apollonos.

Eine Stunde später saßen wir dann zum ersten Mal alleine zusammen. In einem gediegenen Athener Herrenclub mit gedämpfter Beleuchtung und Zigarrenrauch. Auf der schwarzen Glasplatte zwischen uns standen Weingläser und Tellerchen mit Oliven, verschiedenen Käsesorten und Tomatenstückchen. Mein Vater hatte unser Gespräch mit einem Satz eingeleitet, den der große Quintilian nicht feierlicher, nicht vortrefflicher hätte einrichten können:

»Ich werde dir zunächst etwas über deine Wurzeln erzählen, und du sollst wissen, deine Wurzeln sind gut, sehr gut.«

Ich hatte mir vorgenommen, Dir die Ereignisse dieser Reise in allen Einzelheiten zu schildern, doch die Erinnerungen daran sind abgestanden und schal, und ich muss mich zu jedem Wort überwinden. Ich lernte meine Tante kennen, die bald darauf von einem Krebs aufgefressen wurde. Meine andere Verwandtschaft. Ich liebte die Gerüche und Geräusche ihrer Straßen und Markthallen. Ich liebte die Pfirsichsäfte und die gläsernen Kühlschränke, in denen sie überall auf mich warteten. Die Kaffee getränkten Kassenbelege – diese Illusion des unermesslichen Reichtums. Aber die Welt hatte sich, als ich wieder zu Hause war, nicht verändert. Bis auf die Tatsache, dass ich nun zwei Väter hatte: einen eigentlichen und einen uneigentlichen.

Ich komme langsam zum Schluss des Briefes, und das fällt mir nicht leicht.

Svetlana scheint vollkommen in sich selbst versunken.

Die Kleine schläft. Ich habe sie eben ins Bett gebracht. Wir verfahren meistens so, dass ich mich noch eine Weile neben sie lege, den Kopf von ihr abgewandt, um das reizende, aber lange Spiel der blinzelnden Blicke zu unterbinden. Als ich vorhin dachte, sie sei eingeschlafen, und mich aus dem Zimmer stehlen wollte, richtete sie plötzlich das Wort an mich, fing an, wie ein Erwachsener zu reden, der sich in einem ernsten, schwierigen Dialog sehr viel Zeit mit seiner Antwort gelassen hat, und konstruierte einen für ein vierjähriges Kind erstaunlichen Konjunktiv. Ich stand bereits in der Mitte des dunklen Zimmers, als sie ohne Einleitung, ohne Appell, ohne jeden Auftakt ihre Hypothese vorbrachte:

»Wenn ein Mann dein ganzes Haus kaputt machen würde, dann müsstest du doch bei uns wohnen, oder?«

Ich hätte ihr diese Illusion gerne geschenkt. Aber ich sagte »Nein, ich müsste dann irgendwo anders wohnen, vielleicht bei einem Freund oder in einem Hotel.« Sie dachte wieder einen Moment lang nach und sagte mit einer sehr zufriedenen Stimme: »Ja.« Nichts weiter. Und dann fügte sie lächelnd hinzu: »Und dann kannst du ja alles wieder heile machen und wieder hier wohnen.«

Jetzt schläft sie, und ich frage mich, warum sie so zufrieden war.

Wegen der Klärung eines Problems? Ohne dass die Klärung ihren Wünschen entspricht? Vermag eine solch wissenschaftliche Genugtuung eine Vierjährige zu befriedigen?

Hermann geht und tunkt den Teekessel in die Plastikwanne. Zündet die Gasflamme an, ersetzt den lose aufliegenden Deckel der Thermoskanne durch einen Plastiktrichter, drückt Filterpapier in den Trichter, schaufelt drei gehäufte Löffel fein gemahlenes Kaffeepulver hinein und setzt sich wieder ans Bett.

Eine schlafende Ariadne, im Traum den Ausweg aus dem Labyrinth der Schönheit suchend, bewog mich gestern, den darunter abgedruckten Artikel, in dem es um die Schönheit ging, um die »La Beauté« in Avignon, zu lesen. Von dem Parcours des Papstpalastes, der die seelische Pilgerschaft Petrarcas auf der Suche nach Lauras Schönheit symbolisiere, war die Rede gewesen, weshalb ich losfuhr, mir die Sonette des Francesco Petrarca an die Madonna Laura zu kaufen, voller Hoffnung, doch noch einen Anhaltspunkt, einen Griff zu finden, an dem ich mich würde weiterhangeln können, zu Dir hin, um einen würdigen Abschluss zu finden.

Mein Bücherregal entstand aus der Überlegung, dass, wer Bücher schreibt, einsam ist, oder umgekehrt, dass, wer

*einsam ist, Bücher schreibt. Immer wieder hoffte ich, eine
Bedienungsanleitung zu finden – wie man damit umgeht.
Aber jedes einzelne Buch ist ein Ausrufezeichen der Ausweg-
losigkeit. Den einzigen Zweck, den sie erfüllen, ist der, den
Terror meines Nachbarn zu dämpfen. Und das ungenügend
bis schlecht.*

Der Teekessel hat angefangen zu pfeifen. Hermann gießt,
wohl wissend, dass er damit unerwünschte Bitterstoffe frei-
setzt, das kochende Wasser in den Filter.

*Ich werde nie wieder ein Buch lesen, geschweige denn kaufen.
Petrarcas war das letzte. Es ist mir ein Rätsel, warum Leute,
Intellektuelle, sich die Mühe machen, Gedichte ins Deutsche
zu übersetzen. Das ist Illusion – die Illusion der einfachen
Lösung. Verstümmelung bei einem guten Gedicht, Selbstver-
stümmelung bei einem schlechten.*
    *Ein, zwei, höchstens drei Sonette reichen aus zu erken-
nen, dass es für ihn selbst gut war, so viele Wörter aneinander zu reihen. Für wen aber noch? Petrarcas Wortschatz
ist die Bilanz eines Ramschhändlers, der seinen Kitsch für
Antiquitäten ausgibt. Der Kitsch, der aus dieser unermesslichen Sammlung von Reimen quillt, ist so schamlos, so
drastisch, dass er Deinen Knut Weinberg vollständig reha-
bilitiert!*
    Madonna Laura…

Hermann überfliegt den nächsten Absatz – *Sie sollte sich glücklich schätzen, niemals dessen Schweiß eingeatmet zu haben. Er dürfte nach Parafin und Staubraffinade gerochen haben* –, gießt, statt ihn vorzulesen, Kaffeewasser nach. Und fährt danach mit dem Lesen fort, als sei er allein im Raum.

Was mich über Petrarca, was mein Leben über das seinige erhebt, ist der Besitz der Madonna Laura. Ich war zu jung, zu unbegabt, hatte den falschen Glauben, die falsche Herkunft, und hatte sie, hatte Dich dennoch. Für einige Monate nur, mehr als zwölf, aber ich hatte sie – und er nicht. Und ich kann im Gegensatz zu ihm mit letzter Bestimmtheit sicher sein, dass ich mich nicht getäuscht, dass ich Dich geliebt habe, nicht bloß platonisch. Man sollte dieses Adjektiv umbenennen – in »petrarcisch«. Woher wollte Petrarca wissen, wie weit seine Liebe gereicht hätte, wenn er ihr doch nicht ein einziges Mal durchs Haar gefasst, ihre Haut nie gerochen hat, kein einziges Mal neben ihr aufgewacht ist?

Der Kaffee wird serviert und getrunken.

Physische Gesundheit ist die Gnade, die die Natur den Trauernden erweist. Erst wenn die Krise überwunden ist, schlägt die Natur zu. Vielleicht verschafft es Dir Genugtuung zu erfahren, dass es bei mir ungefähr neun Monate dauerte, bis ich stabil genug war, meine körperliche Strafe zu empfangen. Was für ein Zufall. Die Art der Krankheit und der Ort, wo sie ausbrach, war kein Zufall. Es war eine Ironie, ein Zynismus der Natur: Ein Geschwür im rechten Hoden, so groß wie ein Tennisball. Das Geschwür starb. Die Erinnerung nicht.

Den Rest...

Für einen Augenblick nehmen die Buchstaben und Zeilen ein elektronisches Schema an.

»Das war's.«

...kann er sich schenken.

37 | Die Weinprobe

Langgezogenes Ein- und Ausatmen vom Kopfende des Bettes. Svetlana streckt sich mit zusammengekniffenen Augen.

Stille.

Hermann legt die Blätter auf den Tisch und trinkt den letzten, bereits kalt gewordenen Schluck Kaffee.

Was hat er erwartet?

Applaus?

Hat er nicht selbst immer wieder das sofortige Losklatschen als Abklatschen, als Zeichen der Erleichterung, des Nichtverstehens empfunden?

»Hermann!?...«

Der leere Kaffeebecher wird auf dem Nachtschränkchen abgestellt.

»Das war der aufregendste Brief, den ich jemals... Hermann? Hörst du, was ich sage?«

Dröhnendes gelbes Gelächter, das Körperöffnungen verstaubt und Himmelsrichtungen aufhebt.

»Komm mal her, Hermann. Weißt du, wie das damals war? Als die Götter Aphrodites Geburt feierten? Da trank Reichtum, der Sohn der Klugheit, zu viel Wein und legte sich in den Vorgarten des Palastes, um seinen Rausch auszuschlafen. Dort wartete Armut, um zu betteln. Und als Reichtum eingeschlafen war, legte sie sich zu ihm und ließ sich ein Kind von ihm machen. So empfing sie Eros, die Liebe... Ja, so ist es gut. Schön entspannen... Stell dir vor, das Leben liefe rückwärts ab! Stell dir vor, du kämst als Greis auf die Welt und würdest mit jedem Tag jünger und mit jedem Jahr unschuldiger und gesünder. Bis eine Hebamme dich zur Stunde Null in den Schoß einer jungen Frau zwängt! Ein Glück, dass es nicht so ist! Nicht wahr?! So ist noch alles offen!«

Immer leiser und näher klingt ihre Stimme und immer besorgter hält sie ihn fest.

Er weiß ja selbst, dass es gar nicht stimmt, dass echte Männer nicht weinen. Robinson Crusoe ist ein echter Mann und weint oft. Zuerst im siebten Kapitel, wo die

Tränen plentifully sein Gesicht hinunterrennen, dann im achten, nach der ersten Missernte, die sein Herz a little toucht und Tränen aus seinen Augen bringt. Und dann bersten zehn Seiten weiter die Tränen aus seinen Augen, weil er sich vor Gott schämt.

Ihre Hand fährt durch sein Haar.

»Hermann Strauchler! Du bist etwas ganz Besonderes! Weißt du das?«

So vieles ist preisgegeben worden, und zu einem so dürftigen Zweck.

»Komm, lehn dich mal hier an. Gib mir deine Hand. Alles wird gut. Ich weiß es!«

Man stelle sich das einmal vor:

Dass ein Gewaltverbrecher eine geschlagene Stunde in den Armen seines Opfers liegt. Und fast pausenlos weint. Um dann plötzlich, beim Anblick der rötlichen Sonnenstrahlen, die sich ihren Weg durch die Wolken gebahnt haben, seine Contenance wiederzufinden und etwas Banales zu gestehen. Dass er nichts habe, womit man anstoßen könne.

Svetlana jedoch glaubt, eine Weinkiste gesehen zu haben. Direkt unter Hermann. In jenem dunklen Raum, dessen Bewohner sie Mores gelehrt haben. Vielleicht mit Flaschen darin, vollen Flaschen, weshalb Hermann kurz darauf in das Gewölbe hinuntersteigt. Lachend über die kleinen Frage- und Ausrufezeichen, die ihn tänzelnd ein Stück des Weges begleiten. Lacht: Gottes Wille geschehe.

Er selbst hat die Kiste für eine alte Obst- oder Werkzeugkiste gehalten. Deutlich ist im Petroleumschein unter einer dicken Staubschicht der Abdruck eines Gesäßes zu erkennen, nach einer Seite verwischt, wahrscheinlich beim Rattenkontakt.

In das Holz ist das Bild einer großen und einer kleinen Weintraube eingebrannt. Darüber steht, gut zu lesen, in lateinischen Lettern »Taylors Vintage Port«. Der Deckel sitzt fest. Vier Nägel sind daran Schuld. Um diesen Verdacht zu bestätigen, muss die Spitzhacke entmumifiziert werden. Eine Variation des Schattenspiels verrät, dass Svetlana sich dabei über den Einstieg gebeugt hat. Ihre Hände umfassen die Leiterenden.

»Und?«

»Wie es aussieht...!«

Der Holzkasten ist vollständig mit dunklen, nur leicht verstaubten Flaschen gefüllt, deren Hälse alle unterschiedlich hoch und dick und offenbar alle noch verkorkt und versiegelt sind. Hermann packt aufs Geratewohl einen der Hälse. Eine schwere Flasche.

»...ist der Abend gerettet.«

Die Gewichte einiger anderer Flaschen werden geprüft.

»Alles verschiedene Flaschen. Und alle voll!«

Hermann poliert das Etikett seiner ersten Wahl. Der Name »Clos l'Eglise-Clinet« ist am besten lesbar und steht in der Mitte. Darüber, etwas kleiner »Grand vin« und darunter »Pomerol« und »Mauléon-Rouchut« und »Proprietaire«. Links daneben die filigrane Skizze eines von Pappeln umgebenen Gutshofes. Und ganz unten links, beinahe nicht zu erkennen die Zahl »1899«. Alles in aufrechter, schnörkelloser lateinischer Druckschrift.

»Wahnsinn!«

»Was?«

»Ich halte hier einen hundert Jahre alten Wein in meinen Händen!«

»Hoffentlich noch genießbar!«

»O doch, ich glaube, da dürfte der eine oder andere genießbare Tropfen dabei sein.«

Hermann hat nur eine Ahnung von Weinen. Aber über Adrians Urgroßvater weiß er, dass er ebenfalls Adrian geheißen hat und in dieser Hütte seine Liebhaberinnen empfangen haben soll. Markgraf Adrian von Tunder ten Tronk. Wie mögen seine Geliebten geheißen haben?

Eva-Cynthia Baronesse von Löwenstein? Pauline Viardot-Garcia?

»Hier!«

Er reicht den »Grand Vin« nach oben, dann zwei weitere Flaschen – eine davon ohne Etikett.

»Sejtschás ustrójem málenkuju Weinprobe.«

»Dawáj!«

Man will den dreien während des Brotschneidens Gelegenheit geben, aufzuatmen.

Das Schweizermesser kommt mehrfach zum Einsatz.

Der eine Wein ist ein Weißwein und hat eine dunkle, leicht trübe Bernsteinfarbe. Der andere Wein eine dunkelgranatrote. Der dritte hat die Farbe eines gewöhnlichen französischen Rotweins.

Sein Geschmack aber wird in einer dicht gewirkten Struktur von alkoholischer Süße getragen.

»Genießbar ist stark untertrieben.«

»Beleidigend.«

»Rufmord.«

Der Weißwein hat eine dicke, beinahe ölige Beschaffenheit. Am Gaumen prägt er sich als Honigsüße aus, aber auf und unter der Zunge schmeckt er nach Karamell.

»Interessant.«

»Jaa...«

Aus der dritten Flasche scheint ein zarter Laub- und Unterholzduft aufzusteigen. Auch etwas Pilze. Hermann nimmt einen mutigen Mund voll und erlebt eine sehr angenehme Überraschung. Er hat eine schwere, trockene, alkoholische Flüssigkeit erwartet. Im Gegenteil: Hinter dem Traubensaftgeschmack, der beinahe zärtlich all seine Nerven umwebt, versteckt sich eine verhaltene, beruhigende

Süße, und schon kurz nachdem alles geschluckt ist, säuselt eine sanft ansteigende Leichtigkeit hinter seine Augen, die ihn zum Lächeln zwingt.

Svetlana traut diesem Wein gut und gerne weitere hundert Jahre zu. Hermann pflichtet ihr bei, trinkt einen weiteren Mund voll, schenkt ihr, die Abwesenheit von Gläsern bedauernd, ebenfalls ein und schlägt nach ein paar weiteren zunehmend beflügelnden Kostproben vor, noch einen kleinen Spaziergang zu unternehmen, bevor man zum gemütlichen Teil des Abends übergehe. Der Wein hat ihm alle Skepsis genommen. Er merkt nicht, dass alles plötzlich schneller geht und dass etwas daran nicht stimmt.

38 | LIFE FUNCTIONS TERMINATED

»Ich verschwinde noch mal eben.«

Svetlana steigt die Treppe zu ihrer Kammer leichtfüßig hinauf, dreht sich um.

»Eine Minute, höchstens zwei.«

Plättet mit ihren hüpfenden Bewegungen die dicke Schneedecke auf den beiden obersten Stufen.

»Okay?«

Schenkt dem ebenfalls hüpfenden Wartenden ein alles verzeihendes Lächeln und verschwindet.

Seine Großmutter hat das auch immer gesagt. Mit der Absicht, ihren Darm oder ihre Blase zu entleeren. »Mal eben verschwinden«. Nicht immer. Manchmal hat es auch »Verrichtung eines Geschäfts« geheißen, oder »dorthin gehen, wo der Kaiser zu Fuß hingeht«, oder »austreten«.

Eine weniger im Heim.

Er hat es gesehen. Hat mehrmals eine Weile dort ausgeharrt. Hat beobachtet, wie man sie in den Speisesaal geschoben hat. Hat mit angesehen, wie sie Bestandteil einer Masse von grimmigen, sabbernden Greisinnen wird, die appetitlos vor sich hin mümmeln.

Im Gegensatz zu Neugeborenen, die nur das Bedürfnis nach Nahrung und das nach Wärme kennen, um welche sich dann alle weiteren Bedürfnisse wie Atome um ihren Kern gruppieren, scheint im Altenheim das gesamte Bedürfnisspektrum zu einem einzigen Element einzutrocknen, zu einer einzigen Empfindung, einem einzigen Ausdruck. Und dieser Ausdruck ist derart einprägsam, dass ihn kein Grimassenschneider krasser nachahmen könnte. Bei der Frau neben seiner Großmutter ist es Eitelkeit. Bei der, die ihr gegenüber sitzt, Missgunst. Und bei ihr selbst: Skepsis.

Skepsis heißt keine Entscheidung treffen, heißt abwarten.

Und dann, als es zu spät ist, bäumt sie sich auf. Und das so wütend, dass einem unheimlich wird. Und der Friedhof ist dabei von einer gleichmäßig weißen Raureifschicht überzogen, hätte dadurch unbefleckt aussehen können, macht aber das Gegenteil daraus, eine Schimmelschicht.

Und zum Erstaunen aller findet sich im Fernsehschränkchen der Toten ein Tagebuch an, das mit einem schlangenledernen Einband und mit goldenen Schließen versehen ist, die Hermann aufbrechen muss.

Und es dauert eine Weile, bis er sich an die deutsche Schreibschrift gewöhnt hat, aber die Mühe wird belohnt. Mit Lebenseindrücken seiner vertrautesten Verwandten, die er sich aufschlussreicher nicht vorstellen könnte.

Im Hause ihrer Eltern sei sie von der Hebamme mit der Hohen Zange herausgeholt worden. Einen großen Garten hätten sie dort gehabt, mit einer Schaukel, auf der sie immerzu hin und her geschaukelt sei – singend. Aber da sei in der Nachbarschaft jemand gewesen, den ihr Singen gestört habe, weil es wohl nicht die reinsten Töne gewesen seien. Na ja, da sei sie dann still geworden und habe eine Lungenentzündung mit so hohem Fieber bekommen, dass ihr Vater nachts losgegangen sei und aus der Bahnhofswirtschaft Eis geholt habe, um ihr den heißen Kopf zu kühlen. Krieg sei damals gewesen – Völkerkrieg, den man erst später in Erster Weltkrieg umbenannt habe...

Auch die Eintragungen aus der Zeit des zweiten Krieges prägen sich ein: Die Plünderung schmelzender Lebensmittellager, von den eigenen Leuten angezündet, um dem vorrückenden Feind die Suppe zu versalzen. Die nächtelangen Bombardements aus der Sicht eines Luftschutzkellers – ein Begriff, den Word gar nicht kennt. Die Flucht aufs Land. Der Einzug der Alliierten. Die Heimkehr des kriegsgefangenen Familienvaters.

Ich war an diesem Tag mit den Kindern zu einer Freundin gefahren. Auf dem Rückweg hatte mich schon an der Kleinbahnstation eine unerklärliche Unruhe nach Hause getrieben. Und ich war noch nicht auf dem Grundstück, da rief die Kleinste »Mutti, da sitzt ein fremder Mann auf unserer Treppe!« Er trug einen schwarzen Arbeitsanzug mit den Buchstaben P.W. auf dem Rücken, und darunter einen sehr warmen, khakifarbenen Pullover, auf dem Prisoner of War stand. Und da Alexandra nichts Warmes anzuziehen hatte, nähte ich ihr daraus ein Jäckchen und ein Röckchen, das ihr sehr gut zu Gesicht stand. Es gab doch bis zur Währungsreform nichts zum Anziehen zu kaufen. Und zum Essen auch nicht. Die Bauern waren durch die Hungerei so reich geworden, dass sie mit unseren kostbaren Orientteppichen sogar ihre Ställe auslegten.

»Entschuldige, es hat etwas länger gedauert.«

Svetlana zieht die schwere Eichentür ins Schloss, atmet tief ein und bekundet hinsichtlich des Ausflugs eine überschwängliche Vorfreude. Doch schon ihr erster fröhlicher Hüpfer auf die Stufe, die sie zehn Minuten zuvor eisglatt getreten hat, wird ihr zum Verhängnis. Beide Beine hoch

in die Luft werfend, knallt sie mit der Schläfe gegen die
Kante eines der Baumstämme, aus denen die Holzhütte
gemacht ist, und bleibt diagonal auf dem unteren Drittel
der Stiege liegen.

Hermann ist nach der Unterdrückung eines Lachreizes
mit drei Sätzen bei ihr.

Sie flieht nicht.

Innerhalb weniger Sekunden weicht alle Farbe aus
ihrem Gesicht. Ihr benebelter Blick drückt keine Qualen
aus, sondern den Tod.

Ein tiefes, lasches Schmachten.

Ihre Hände.

Mit sieben haben sie das zweite Thema der Unvollendeten gespielt – mit einer Münze auf dem Rücken.

Sie liegen jetzt ganz entspannt.

Der Sturm hat geblasen. Die Blume ist verdorrt.

Der Name der Toten. Ein weiterer Ausdruck der Fassungslosigkeit. Das Knarren und Quietschen einer sich schließenden Schlossbrücke. Dann herrscht Stille.

39 | Es gibt schlimmere Arten zu sterben

Glücklich, wer den Roman des Lebens nicht zu Ende liest,
wer sich plötzlich von ihm trennen kann, so wie Puschkin
sich von seinem Onegin hat trennen können.

Hermann sitzt auf dem Bett seines Opfers, die Augen auf ein Stoffwechselsystem gerichtet, das aufgehört hat zu arbeiten, keinen Sinn mehr ergibt.

Die Gegenwart fordert ihr Recht. Wer geboren wird, schreit – wer stirbt, schweigt. Der Tod ist verschlungen in den Sieg.

Es ist kalt.

Hermann hat keine Lust mehr, tot zu sein. Jedenfalls keine, zu sterben.

Planänderung. Wesentliche Planänderung.

Er unternimmt den ersten von drei Versuchen, nachzudenken.

Die Unlust ist gut. Die Abwesenheit von Angst auch. Die Kälte nicht. Und der Anblick auch nicht.

Hätte er eine Kamera dabei, er würde sie nicht benutzen.

Oder?

Der zweite Versuch:

Schadensbegrenzung.

Wir kümmern uns nicht, dass wir nicht da gewesen, ehe wir geboren wurden. Warum uns kümmern, nicht mehr da zu sein, wenn wir gestorben sind?

Der dritte:

Notwendigkeit physischer Erwärmung. Entsorgung. Begräbnis.

Wo?

Er weiß.

Die Treppe flößt ihm Respekt ein.

Nach wenigen weiteren Schritten und Handgriffen verfügt Hermann Strauchler über Spitzhacke und Spaten.

Ein kurzer wilder Waldlauf.

In der Nähe das Plätschern des Baches. Ringsherum Bäume. Es kann losgehen.

Entschlossen rammt Hermann Strauchler den Spaten durch die Schneedecke ins Erdreich, wo zuerst ein Netzwerk fein verästelter Wurzeln durchtrennt werden muss. Gleich darunter ist bröckeliger, von Sand durchmischter Lehmboden, der leichter zu lösen ist, als erwartet.

Hermann hängt seinen Mantel an den nächstgelegenen Ast. Es dauert nicht lange, bis von den Tritten auf die Stahlkante seine Fußsohle schmerzt. Er wird jetzt eine Weile ausschließlich aus dem Oberkörper wuchten.

Aber vorher wird er noch einen guten Schluck trinken.

Ein kurzer Lauf zur Hütte. Der Hundertjährige löscht den Durst des 38-jährigen, der beschließt, sein Opfer mitzunehmen. Gottes Opfer.

Flasche und Taschenlampe zwischen Bauch und Gürtel geklemmt, transportiert Hermann die Tote beinahe freihändig zu ihrer hoffentlich letzten Ruhestätte, die bereits eine plastische Form angenommen hat.

»Der Herr hat's gegeben.«

Hermann macht sich wieder ans Werk. Ohne in die Hände zu spucken.

»Der Herr hat's genommen. Alles. Alles vernichtet, ermordet, gestohlen.«

Erfolglos hat der Totengräber mit seinen drei letzten Worten eine dicke Wurzelwulst zu zerhacken versucht.

Wie tief muss man graben, um herumschnüffelnden Jagdhunden den Verwesungsgeruch zu verheimlichen? Ein ganzes Stück noch. Und der Rücken tut jetzt schon weh. Und je tiefer das Loch, desto beschwerlicher. Und der linke Fuß ist zum Treten des Spatens vollständig ungeeignet.

Ein riesiger glitschiger Regenwurm glitzert im Schein der Lampe. Hermann bewertet die Existenz des Erdverdauers positiv, geht davon aus, dass der Boden seinetwegen lockerer beschaffen ist, teilt ihn – vielleicht weil das erheblich leichter ist, als die Wurzel zu zerhacken – trotzdem mitten entzwei und hört erst einmal seinem eigenen Schnaufen zu. Dann zieht er den Pullover aus. Dann ist das Hindernis endlich überwunden.

Hermann fragt sich, welchen der umstehenden Bäume er verstümmelt hat und wie groß die Gefahr sein mag, dass der betreffende Stamm in absehbarer Zeit umkippt.

Er lacht auf. Ein idiotischer Gedanke. Sein Lachen wird hysterisch, erschreckt ihn selbst, weshalb er einen Moment lang in allem inne hält und zur Beruhigung einen letzten großen Schluck nimmt. Die Flasche fliegt in einem hohen, annähernd perfekt gekrümmten Bogen viele Zweige streifend über den Bach.

»Gott...«

Hermann geht ihr nach, sie klüger zu entsorgen. Den Garderobenbaum benutzt er, um die schweren Lehmklumpen unter seinen Schuhen loszuwerden. Als er sieht, dass es sich um eine Birke handelt, hört er plötzlich auf, sie zu treten.

Sie ist weit und breit das einzige Exemplar ihrer Gattung!

Und sie hat vorher nicht dagestanden. Ganz sicher nicht. Das wäre ihm aufgefallen. Aber dann...

Wie ist das möglich?

Er sammelt die Flasche auf, füllt sie mit Bachwasser, trinkt, gurgelt, spuckt aus, holt den zweiten Rotwein aus der Hütte, verharrt ein zweites Mal in Ehrfurcht vor dem in eine Birke verwandelten Baum und beschließt, dass er sich getäuscht haben muss. Entweder bezüglich des Forstbestandes oder bezüglich seines Weltbildes.

Gott als Baum, der ihn zur Rede stellt. Wenn ER vorsprechen müsste, dann mit dieser Rolle!

He du, ich will dich fragen, lehre mich! Wo warst du, als ich die Erde gegründet habe? Sag es mir, wenn du so klug bist. Weißt du, wer ihr das Maß gesetzt, wer über sie die Richtschnur gezogen hat? Worauf sind ihre Pfeiler eingesenkt? Wer hat ihren Eckstein gesetzt? Wer hat das

Meer mit Wällen und Dämmen verschlossen, als es heraus brach wie aus einem Mutterschoß die Fehlgeburt?!
»Was?!«
Hermann – mittlerweile bis auf Unterhemd und Waffengurt entblößt – steigert sich so tief in seine Rolle hinein, dass sein Schnaufen und seine Wortfetzen gefährlich weit in den Wald dringen.
»Hast du zu seiner Zeit...?!«
Der Morgenröte ihren Ort gezeigt? Warst du es, der sich die Mühe machte, das Licht so weit zu tragen? Wer hat die Tropfen des Taus gezeugt? Und wer hat bewirkt, dass Wasser sich zusammenziehen wie Stein und der Wasserspiegel hart wird, so dass man darauf gehen kann, fahren, wohnen, leben? Kannst du die Bande des Siebengestirns zusammenbinden, ohne den Gürtel des Orion aufzulösen? Kannst du der Löwin ihren Raub zu jagen geben und die jungen Löwen sättigen?
»Mit einem einzigen Gedanken? Einer logischen Fantasie?«
Fast klingt seine Stimme jetzt wieder menschlich. Vielleicht liegt es an dem leisen Klirren und an dem kleinen goldenen Gegenstand, den sein Spaten getroffen hat. Die Uhr seines Großvaters, jetzt bedeutend wertloser als der Regenwurm, hat sich vom Handgelenk gelöst. Einfach so.
Hermann bückt sich.

Mors certa, hora incerta ist in das Ziffernblatt eingraviert.

Er kann nicht glauben, dass alle drei Zeiger exakt im selben Lot stehen. Dann setzt er die noch viertelvolle Flasche an den Mund, leert sie, greift nach der Pistole, schießt das Magazin leer und bringt dazu einen Schrei aus, der die Explosionen an Inbrunst und Lautstärke noch zu überbieten scheint.

Dann kommt das Geblüt in Bewegung und mit ihm die Gefühle. Durch eine breite Bresche kommen sie. Hermann schließt einen Bund mit seinen Augen, nicht lüstern auf den Tod zu blicken, aber Psyche, seine Seele zerfließt: »Warum?« Hast du mich nicht auf den Schoß genommen, nicht an den Brüsten gesäugt? Ein Baum hat Hoffnung, auch wenn er abgehauen ist, er kann vom bloßen Geruch des Wassers wieder ausschlagen und Schößlinge treiben wie eine junge Pflanze. Stirbt aber ein Mensch, so ist er dahin. Mach dem Fest ein Ende. Du verfolgst ein verwehendes Blatt.

Und nachdem Hermann, in aufgehackter Muttererde kniend, einen Teil der zuvor aufgenommenen Flüssigkeiten durch gewisse Augendrüslein wieder ausgeschieden hat, kommt er allmählich wieder zur Ruhe.

Will er auf seiner Ansicht bestehen bleiben? Will er Gott herausfordern, Hand an sich zu legen? Hat er überhaupt eine Ahnung davon, zu welchen Leiden jener den menschlichen Organismus vorantreiben kann?

Hermann stellt fest, dass es mühsamer geworden ist, die Erde hoch zu werfen.

»Nein.«

Der Rand des Grabes reicht ihm jetzt bis zum Gürtel. Hermann lässt den Spaten fallen.

Rückenverbiegungen.

Er holt Svetlana, legt als Grabbeigaben eine leere HK4 und zwei leere Grand Vins neben sie. Besinnt sich. Bedenkt, dass sein erster Liebesbrief eine Frau hingerichtet hat. Holt das Corpus Delicti und zerstreut es.

»Es gibt schlimmere Arten zu sterben.«

Die rund dreihundertfünfzig Blätter bedecken den Leichnam fast vollständig. Hermann erlebt einen Hauch von Genugtuung, schaufelt die beiden aufgeworfenen Erdhaufen in die Grube zurück, die nun ein Grab geworden ist und trampelt die Wölbung nieder.

Hacke, Spaten und Lampe kehren zurück. Mögliche Spuren werden mit heißem Bachwasser von den Eichenstufen geschwemmt. Plastikwannen und sämtliche anderen Gegenstände, die auf einen längeren Aufenthalt schließen lassen, verschwinden im Kellergewölbe.

Hermann packt seine Sachen.

Ende.

Postskriptum

Der Winter hängt in dicken Flocken an den Zweigen der Buchen, Fichten und Platanen, die an Hermann Strauchler vorbeirauschen. Vor dem Scheinwerferlicht blitzt Frost auf.

Atme. Die Arme deiner Freunde sind ausgebreitet. Hattest du nicht davon geträumt? Jahre deines Lebens hättest du dafür gegeben, und jetzt ist es Wirklichkeit geworden.

Auf dem Hof derer von Tunder ten Tronks brennen Lichter. Hermann geht die Freitreppe hinauf. Ein melancholischer Duft weht ihm entgegen, und Musik und Stimmen. Er bleibt im Rahmen der Eichenflügel stehen und betrachtet das Fest. Alle sind gekommen.

Cord steht mit Helen im Mittelpunkt eines Grüppchens. Er tippt mit dem Zeigefinger auf seine Armbanduhr, präsentiert seinen Daumen und grinst. Im Takt des Sambas, der jetzt gerade wie zwei hölzerne Zungen vibriert, tanzt Adrian auf der Tanzfläche. Bei Hermanns Anblick dreht er sich doppelt um die Längsachse und deutet auf ihn, als wolle er sagen »Du! – hast uns gefehlt.« Hinter der Bar steht seine Schwester, Katharina. Sie trägt ein krokusfarbenes, von schwarzen Samtjonquillen durchwirktes Kimonokleid, und ihr Dekolletee ist von einem Stein geschmückt, der dem Mond seine Farbe stiehlt.

Neben ihr steht die Frau mit der Nummer 966 und zündet Räucherstäbchen an. Eines von Ambraaroma, das die Leidenschaften aufstachelt, ein zweites mit Tschampakgewürz, das die Fantasie befleckt und ein drittes aus Aloe, das die Melancholie aus der Seele vertreibt. Und dort, wo sich der alte Aufzugschacht befand, auf der großen Leder-Chaiselongue, sitzen eine ältere Dame und zwei ältere Männer beisammen, die Hermann noch nie zusammen gesehen hat.

Und während er das denkt, bedecken zwei von hinten kommende Hände seine Augen.

Frohes neues Jahr!

Hand in Hand verlassen sie und er das Fest, biegen in eine Kopfsteinpflastergasse ein, spazieren an Bougainvilla überwachsenen Mauern entlang. Eine Wespe kriecht in die Trompete einer tyrischen Winde, Birkenblätter glitzern im Sonnenlicht, sprühen wie Wunderkerzen, wenn eine Brise durch ihre Zweige fährt.

Dass Birken seine Lieblingsbäume sind, warum, er wisse nicht genau. Heimat vielleicht, die Helligkeit, das Weiße, das Leichte. Vielleicht auch, weil sie im Herbst ihre Blätter am längsten halten.

Klare, weite Worte dampfen von seinen Lippen.

Behutsam werden die Worte zu zweit zum Strand getragen, wo der Wind mit Dünen und Wellen das gleiche Spiel spielt.

Setz dich auf den Dünenkamm. Sieh mich an. Mach deine Augen auf, weiter, noch weiter. Und jetzt kneif sie zusammen. So bleiben. Und die Haarsträhne aus dem Gesicht nehmen. Lass die Augen geschlossen! – Gut, wir sind fertig, mach sie wieder auf. Klacklacklacklacklack.

Du bist von einer Korona umgeben, weißt du das? So, wie das weibliche Ei von einer süßen Schicht aus Epithelzellen umgeben ist, die die planlos dahin schwänzelnden Spermien anlockt und dann alle wieder abstößt – bis auf eins, ein einziges von Hunderten und Tausenden von Millionen. Und das bin ich.

Klack.

Mensch wird im Lateinischen Homo genannt. Den ersten Buchstaben kann man nicht Buchstabe nennen, denn es ist nur eine Aspiration. Die zwei Os sind gleichermassen keine Buchstaben, sondern Nullen. Bleibt also in dem Wort Homo einzig das M, welches ein Entwurf der Heiligen Dreifaltigkeit darstellt. Denn obwohl das M nur ein Buchstabe ist, so trägt es doch drei Buchstaben in sich, nämlich zwei Is und in der Mitte ein V. Unter dem ersten I versteht man Initium, das ist Gott der Vater, der Schöpfer allen Lebens; das V steht für Verbum caro factum, der Sohn Gottes, welcher Menschengestalt angenommen hat, und das zweite I bedeutet Ignis, der Heilige Geist.

So trägt der Mensch mit seinem Namen ein immerwährendes Gedenkzeichen der Heiligen Dreifaltigkeit.

Ohne es zu wissen.

Bis jetzt.

Anmerkungen

Folgende Stellen, die – ungefähr so, wie Architekten auf vorgefertigte Türen und Fenster zurückgreifen – in die Geschichte eingebaut wurden, konnten aus ästhetischen Gründen nicht als Zitate kenntlich gemacht werden:

»Zum Richten sind wir immer bereit...«, *Camus*

»...und Psyche, meine Seele sah mich an...«, *Hofmannsthal*

»So wie die schillernden Schwanzfedern des Pfaus das lichtbrechende Vermögen eines an sich farblosen Hornstoffes...«, *aus einem Wissenschaftsartikel*

»Ich bewundere oft, mit welchem Feingefühl...«, *Stendhal*

Diese Worte gehen niemandem mehr entgegen, mit ausgebreiteten Armen stürmen sie in die Sonne hinein. – Und so ist es gar nicht erstaunlich, wenn Tragy zum Schluss erkennt, dass es niemanden gibt, dem er diesen Brief schicken kann, und dass niemand ihn verstünde.

RILKE

Lust auf Abenteuer im Kopf?
Gern schicken wir Ihnen unser Verlagsprogramm.

www.kato-verlag.de

Kato Kunst & Verlag
Berlin, 2007